权威·前沿·原创

皮书系列为
"十二五""十三五"国家重点图书出版规划项目

BLUE BOOK

智库成果出版与传播平台

大数据蓝皮书

BLUE BOOK OF
BIG DATA

中国大数据发展报告
No.4

REPORT ON THE INNOVATIVE DEVELOPMENT OF CHINA'S
BIG DATA No.4

主　　编／连玉明
执行主编／张　涛　宋希贤

社会科学文献出版社
SOCIAL SCIENCES ACADEMIC PRESS（CHINA）

图书在版编目（CIP）数据

中国大数据发展报告 . No. 4 / 连玉明主编 . —— 北京：
社会科学文献出版社，2020.5
（大数据蓝皮书）
ISBN 978 – 7 – 5201 – 6512 – 9

Ⅰ.①中…　Ⅱ.①连…　Ⅲ.①数据管理 – 研究报告 –
中国　Ⅳ.①F279.23

中国版本图书馆 CIP 数据核字（2020）第 061174 号

大数据蓝皮书
中国大数据发展报告 No. 4

主　　编 / 连玉明
执行主编 / 张　涛　宋希贤

出 版 人 / 谢寿光
组稿编辑 / 邓泳红　吴　敏
责任编辑 / 吴　敏

出　　版 / 社会科学文献出版社·皮书出版分社（010）59367127
　　　　　　地址：北京市北三环中路甲 29 号院华龙大厦　邮编：100029
　　　　　　网址：www. ssap. com. cn
发　　行 / 市场营销中心（010）59367081　59367083
印　　装 / 天津千鹤文化传播有限公司

规　　格 / 开　本：787mm × 1092mm　1/16
　　　　　　印　张：22.5　字　数：336 千字
版　　次 / 2020 年 5 月第 1 版　2020 年 5 月第 1 次印刷
书　　号 / ISBN 978 – 7 – 5201 – 6512 – 9
定　　价 / 128.00 元

本书如有印装质量问题，请与读者服务中心（010 – 59367028）联系

大数据战略重点实验室重点研究项目

基于大数据的城市科学研究北京市重点实验室重点研究项目

北京国际城市文化交流基金会智库工程出版基金资助项目

大数据战略重点实验室成立于 2015 年 4 月，是贵阳市人民政府和北京市科学技术委员会共建的跨学科、专业性、国际化、开放型研究平台，是中国大数据发展新型高端智库。

大数据战略重点实验室依托北京国际城市发展研究院和贵阳创新驱动发展战略研究院，建立了大数据战略重点实验室北京研发中心和贵阳研发中心，建立了中央党校研究基地、全国科学技术名词审定委员会研究基地、浙江大学研究基地、中国政法大学研究基地和上海科学院研究基地，并批准成立了贵州省块数据理论与应用创新研究基地、贵州省城市空间决策大数据应用创新研究基地和贵州省文化大数据创新研究基地，构建了"两中心、五基地、三平台"的研究新体系和区域协同创新新格局。

大数据战略重点实验室研究出版的《块数据：大数据时代真正到来的标志》、《块数据 2.0：大数据时代的范式革命》、《块数据 3.0：秩序互联网与主权区块链》、《块数据 4.0：人工智能时代的激活数据学》、《块数据 5.0：数据社会学的理论与方法》、《数权法 1.0：数权的理论基础》（中文简体、繁体及英、法、德文版）、《数权法 2.0：数权的制度建构》（中文简体、繁体及英文版）、《主权区块链 1.0：秩序互联网与人类命运共同体》、《大数据蓝皮书：中国大数据发展报告》（No.1～No.3）等系列大数据发展理论和实践的重大创新成果，在国内外具有较大影响力。

大数据战略重点实验室研究编纂出版的《数典》获得全国科学技术名词审定委员会和联合国教科文组织国际工程科技知识中心的认可与推荐，是迄今为止全球首部全面系统研究大数据标准术语体系的多语种专业工具书。

大数据战略重点实验室中央党校研究基地是贵阳市人民政府与中共中央党校共建的跨区域协同创新研究平台。基地充分发挥中央党校的战略优势、政策优势、人才优势、理论优势和京筑创新驱动区域合作平台优势，共建公共政策大数据分析北京市重点实验室，开发公共政策大数据智库服务平台，研究大数据与公共政策重大课题，建设成为国内一流水平和较大国际影响力的公共政策大数据新型战略智库。

大数据战略重点实验室全国科学技术名词审定委员会研究基地是贵阳市人民政府与全国科学技术名词审定委员会共建的跨区域协同创新研究平台。基地充分发挥首都科技创新资源优势，依托全国科学技术名词审定委员会组建大数据战略咨询委员会，指导贵阳大数据发展理论研究和实践应用，研究、编纂和出版多语种对照《大数据百科术语辞典》，开发大数据百科网络共享服务平台，推进大数据名词的审定、发布和应用，建设成为国内一流水平和较大国际影响力的大数据科技术语研究中心。

大数据战略重点实验室浙江大学研究基地是贵阳市人民政府与浙江大学共建的跨区域协同创新研究平台。基地充分发挥浙江大学学科、专业、人才优势，共建大数据金融风险防控重点实验室，研究开发大数据金融风险防控指数，开展大数据金融和互联网金融重大课题研究，建设成为国内一流水平和较大国际影响力的大数据金融风险防控理论研究中心、应用创新平台和人才培养基地。

大数据战略重点实验室中国政法大学研究基地是贵阳市人民政府与中国政法大学共建的跨区域协同创新研究平台。基地充分发挥中国政法大学的理论研究和学术创新优势，为国家大数据综合试验区建设提供法律智库服务，共建中国政法大学数权法研究中心和中国政法大学政法大数据研究中心，通过理论创新和应用创新抢占数权法理论研究和应用研究制高点，委托开展大数据地方立法及其大数据法律研究、培训和咨询服务，建设成为国内一流水平和较大国际影响力的大数据立法及大数据法律研究新型智库。

大数据战略重点实验室上海科学院研究基地是贵阳市人民政府与上海科学院共建的国际化开放型协同创新研究平台。基地共同推进以大数据标准术语体系为核心的数典工程，充分发挥上海计算机软件技术开发中心的科技创新优势和联合国教科文组织国际工程科技知识中心（IKCEST）平台优势，共建大数据国际工程科技知识重点实验室，研究开发"丝路数典通"和"数典云平台"，建设成为大数据开源开放动态数据库和世界通用语言的全球开放平台。

大数据蓝皮书编委会

主编简介

连玉明 教授、工学博士。现为全国政协委员，北京国际城市发展研究院院长。

连玉明教授是我国著名城市专家，北京市朝阳区政协副主席，北京市人民政府专家咨询委员会委员、北京市社会科学界联合会副主席、京津冀协同发展研究基地首席专家、基于大数据的城市科学研究北京市重点实验室主任。研究领域为城市学、决策学和社会学。主要代表作有《城市的觉醒》《首都战略定位》《重新认识世界城市》等。

连玉明教授同时担任贵阳市委市政府首席顾问，贵阳创新驱动发展战略研究院院长、大数据战略重点实验室主任，兼任中国政法大学数权法研究中心主任，主攻大数据战略研究。主要研究成果为《块数据：大数据时代真正到来的标志》、《块数据2.0：大数据时代的范式革命》、《块数据3.0：秩序互联网与主权区块链》、《块数据4.0：人工智能时代的激活数据学》、《块数据5.0：数据社会学的理论与方法》、《数权法1.0：数权的理论基础》（中文简体、繁体及英、法、德文版）、《数权法2.0：数权的制度建构》（中文简体、繁体及英文版）、《主权区块链1.0：秩序互联网与人类命运共同体》、《大数据蓝皮书：中国大数据发展报告》（No.1~No.3）等。主编出版的《数典》是迄今为止全球首部全面系统研究大数据标准术语体系的多语种专业工具书。

摘　要

如何把握好数字化、网络化、智能化发展机遇，处理好大数据发展在法律、安全、政府治理等方面的挑战，是习近平主席在致 2019 年中国国际大数据产业博览会贺信中提出的一个重要命题。围绕这个命题，《中国大数据发展报告 No.4》以指数评价为着力点，创新性地提出了"数博指数"，并构建了包括全球数字竞争力指数、大数据发展指数、大数据法治指数、大数据安全指数、大数据金融风险防控指数与治理科技指数六大指数的大数据评价指数群，全面衡量与评估我国大数据发展的综合水平，进一步为我国提升国家竞争力以及参与世界治理打好基础。

本书全球数字竞争力指数篇聚焦数字创新、数字经济、数字治理、数字服务、数字安全五个方面，构建全球数字竞争力指数，对 G20 和全球主要城市进行评估，勾勒在数字化转型发展过程中呈现的区域竞争格局，分析其优势与不足，为各国或地区更好把握数字化转型机遇提供重要参考。

大数据发展指数篇梳理世界主要国家的大数据国家战略调整和产业发展创新，以及由此带动的大数据整体发展态势和未来趋势的重要变化。围绕这些变化，对大数据发展指数的核心理论模型——数据价值链模型进行优化和完善，在此基础上对指标评价体系的测评重点和代表指标进行补充和调整。并继续对省域和重点城市的大数据动态和静态发展情况进行全面评估和系统分析，对区域大数据发展提出对策建议。

大数据法治指数篇从数据立法、数字司法和数权保护三个维度出发，在指标量化、数据搜集与统计分析的基础上，对我国 31 个省（自治区、直辖市）进行大数据法治指数研究。此外，还聚焦个人信息保护，对全国主要省份和城市的相关法律政策进行评估分析。

　　大数据安全指数篇在梳理国内外大数据安全发展态势的基础上，从安全制度、安全设施、安全能力、安全生态四个维度构建大数据安全指数，选取36 个大中城市进行综合评估，反映地方大数据安全发展状况。

　　大数据金融风险防控指数篇以代表性理论为指引，构建大数据金融风险防控的理论模型与评价指数。从宏观审慎监管与金融可持续发展的视角，对各地区大数据金融风险防控现状进行评价。

　　治理科技指数篇创新性地提出"治理科技"概念，构建治理科技评估理论模型，聚焦制度保障、发展环境、支撑能力、场景应用、效能评估五个评价维度，建构治理科技指标体系，衡量和评估国内各地区在推进治理现代化中数字技术的应用能力和治理效能，为各地区治理科技的发展应用提供参考借鉴。

　　关键词： 全球数字竞争力指数　大数据发展指数　大数据法治指数
　　　　　　　大数据安全指数　大数据金融风险防控指数　治理科技指数

数博指数：大数据发展风向标

大数据，是一项技术，是一种思维，更是一个时代，凝聚了新一代产业革命浪潮中涌现的新机遇和新挑战，成为时代发展关键新要素。如今，"谁掌握了数据，谁就掌握了主动权"已成为全球共识。全球主要经济体高度重视以大数据为代表的新一代信息技术在经济、社会和安全等方面的地位和作用，关注其对当前和未来国家核心竞争力与国际政治格局的关键影响。大国间战略竞争态势更趋激烈，围绕大数据以及相关领域的国家战略布局、产业发展创新和制度建设力度不断迈向新高度。

面对日新月异的全球大数据战略竞争态势，党中央、国务院审时度势、精心谋划，不断完善顶层设计和决策体系，加强统筹协调，围绕国家大数据战略，做出一系列重大决策。2015年8月，国务院印发《促进大数据发展行动纲要》，提出全面推进我国大数据发展和应用，加快建设数据强国；同年10月，中共十八届五中全会将"大数据"写入会议公报并升格为国家战略；2016年3月，国家在出台的"十三五"规划纲要中再次明确大数据作为基础性战略资源的重大价值，提出要加快推动相关研发、应用及治理。2017年12月8日，中共中央政治局就实施国家大数据战略进行第二次集体学习时，结合我国实际对实施国家大数据战略、加快建设数字中国做出部署要求。

大数据对经济发展、社会治理、国家管理、人民生活都产生了重大影响。如何把握好数字化、网络化、智能化发展机遇，处理好大数据发展在法律、安全、政府治理等方面挑战，是习近平主席在致2019年中国国际大数据产业博览会贺信中提出的一个重要命题。在此背景下，以大数据发展评价为主要目的的"数博指数"，亦称"贵阳指数"应运而生。

"数博指数"主要是通过指数构建与数据分析，真实、客观反映国家、地区和城市大数据发展和建设的发展现状、特点、趋势，展示地区数字中国建设取得的成就和问题，为社会全面、系统、深入了解大数据提供了一扇窗口，必将成为中国大数据发展的"风向标"。

数博指数是一个标志的指数

数博会，全称中国国际大数据产业博览会。2015年5月，首届数博会在贵阳举办。2017年5月，经党中央、国务院批准，数博会正式升格为大数据领域的首个国家级博览会。在各方推动下，已经成为充满合作机遇、引领行业发展的国际性盛会，成为共商发展大计、共用最新成果的世界级平台。数博会，已经成为世界认识贵州贵阳的新名片，而作为历届数博会举办城市的贵阳，在中国大数据发展大潮中也一直是一个标志。从2014年开始，通过发展大数据，贵州贵阳在新科技领域快速发展，成为中国首个国家大数据综合试验区，拥有中国大数据领域的多个创新和第一。2015年2月12日，工信部批准创建贵阳·贵安大数据产业发展集聚区。4月14日，贵阳大数据交易所正式挂牌运营，是我国乃至全球第一家大数据交易所。7月15日，科技部正式复函同意贵州省开展"贵阳大数据产业技术创新试验区"建设试点。2017年1月8日，贵阳市政府数据开放平台正式上线，是全国首个市、区两级政府一体化数据开放平台。5月1日，《贵阳市政府数据共享开放条例》正式实施，是全国首部关于政府数据共享开放的地方性法规。5月26日，公安部正式批准贵州省贵阳市建设全国首个大数据及网络安全示范试点城市。2018年5月25日，全国首个"大数据安全综合靶场"一期在贵阳建成。10月1日，《贵阳市大数据安全管理条例》正式施行，标志着我国第一部大数据安全管理地方法规诞生。贯穿贵阳大数据发展进程的一个重要经验，是以大数据理论创新引领制度创新、规则创新、标准创新、实践创新，推动大数据与经济社会深度融合。作为贵阳大数据理论创新的重要成果，数博指数实现了一个标志性指数和一个标志性城市的完美对接。

数博指数是一个创新的指数

大数据为人类提供了认识世界、探索世界和改造世界的新思维、新视角和新手段。正如联合国在《用大数据推动发展：挑战与机遇》中提到的：大数据为各国政府发展提供了一个历史性机遇，通过利用海量数据资源，实时分析经济社会发展现状与趋势，能够协助政府更好地推动经济社会的发展与运行。数博指数遵循"以数据探寻规律，以规律促进决策"的宗旨，构建全球数字竞争力指数、大数据发展指数、大数据法治指数、大数据安全指数、大数据金融风险防控指数与治理科技指数等六大指数，初步建立我国大数据领域指数群，开启了用数据监测发展、科学评判形势的新时代。数博指数以数据价值链模型、价值链竞争模型、金融风险防控模型和治理科技理论模型等为基础，从国家、地区和城市等不同维度进行指数测评和数据分析，反映数字化转型、数据驱动发展、数据立法进程、数据安全防范、金融稳定态势和政府治理创新等方面的区域格局与影响因素。大数据领域指数群的建立，有助于科学准确地呈现大数据发展各方面在整个经济社会运行过程中发生、发展的全过程，是认识运行状况、完善运行机制、消解决策盲区的重要依据，是指导政府运用大数据技术和大数据思维有效应对和解决不断变化、日益复杂的公共问题的新理念新视角，是政策评价、量化评估大数据在政用、商用、民用领域创新应用的重要组成部分，成为新时代科学观测经济社会运行状况的重要机制。

数博指数是一个发展的指数

大数据发展评估的目的之一，在于引起大数据决策者、研究者和实践者对于目前国内外大数据领域正在发生的关键性变化的关注。大数据发展已经从原来的技术和应用为主，向战略布局、产业创新、治理变革、规则竞争、价值发现等方面转变，而这些变化必然会对区域竞争格局和形态产生重大影响。数博指数的编制，努力做到与大数据发展的同频共振。随着大数据的持续发展和对其认识的持续深入，理论体系和模型框架不断丰富和调整，技术

方法和数据支撑在不断进步，而建立在这些基础之上的大数据发展指数群也在同步完善。同时，数博指数是由独立第三方智库机构编制的指数，这决定了其编制过程更加客观、更加持续和更加开放。

应该清醒地看到，以大数据为代表的新一代信息技术飞速发展，由于基础支撑、制度建设、技术生态等方面不够完善，中国面临的问题前所未有，不存在毕其功于一役的"灵丹妙药"，推进大数据发展与应用需要在理论和实践的探索和学习中不断总结经验、开拓创新。数博指数的发布，提供了一个观察和分析地区大数据发展进程的角度和方法，也正是这种创新的体现，希望通过"数博指数"，可以引发人们对于大数据领域热点难点焦点问题的关注和讨论，进而推进大数据发展、加快数字中国建设的进程。

目　录

Ⅰ　全球数字竞争力指数篇

Ⅱ　大数据发展指数篇

Ⅲ　大数据法治指数篇

Ⅳ　大数据安全指数篇

V 大数据金融风险防控指数篇

VI 治理科技指数篇

VII 附录

皮书数据库阅读**使用指南**

全球数字竞争力指数篇

Global Digital Competitiveness Index

B.1
全球数字竞争力指数的
理论体系与测算方法

摘　要：　当前，大数据发展日新月异，数据与社会经济深入融合，
数据资源成为各国或地区竞争的关键要素，数字竞争力赋
予了竞争力新的内涵，是未来核心竞争力所在。本文提出
数据价值链竞争模型，聚焦数字创新、数字经济、数字治
理、数字服务、数字安全五个评价维度，构建数字竞争力
指数，旨在衡量和评估全球各国或地区在数字化转型发展
过程中产生的竞争优势以及凭此优势带动其他领域发展的
能力，为各国或地区把握当地数字化发展形势提供重要
参考。

关键词：　数字竞争力指数　数据价值链竞争模型　数据价值链理论

2019年，以人工智能、物联网、大数据为代表的新一代信息技术持续保持迅猛发展势头，新应用新业态不断涌现。人类社会正在进入以数字化生产力为主要标志的全新历史阶段，新一轮科技革命和产业变革正在重构全球政治版图、重塑全球经济结构。与此同时，前沿技术的快速发展带来的安全问题日益凸显，传统网络信息安全威胁与新型数据安全挑战愈发严峻，全球大数据发展面临新的挑战。

一　全球经济社会数字化转型新时代

（一）5G商用正式启动，新一代信息基础设施支撑能力显著增强

2019年是5G商用元年，全球多个国家或地区的运营商都在积极推进5G商用部署。截至2019年6月底，全球5G用户已达到203万，已有94个国家共280家运营商开展了5G测试和试验，韩国、美国、瑞士、意大利、英国、阿联酋、西班牙和科威特均已开始提供5G商用服务。中国于2019年6月正式发放5G牌照，运营商开始大规模建设5G网络，首批试点城市将实现5G覆盖，陆续向公众放号。

5G、物联网的建设稳步推进，推动整个数字基础设施更新升级，为全球数字化转型提供基础支撑。5G设备连接密度将比4G提升10～100倍，达到每平方公里数百万个，传感器的大量存在为物联网提供了可能，智慧水务、智慧停车、智慧安防等相关领域将由此受益；5G低延迟和超高速率等特性可支持全部形式的车跟万物的连接（V2X），为车辆自动驾驶提供安全性和可靠性的保障。此外，8K视频传输及AR/VR与5G增强移动宽带结合，将提供更好的画质、更短的时延，优化沉浸式体验。

（二）数字经济实力日益分化，国际规则制定权竞争凸显

当前世界经济正处在动能转换的重要时期，数字经济成为推动经济和社会持续转型的强大驱动力。各国数字经济占GDP比重均呈上升态势，拉动

GDP 增长作用显著。数字经济已经成为各国提升国际竞争力的重要抓手，加快释放数字技术带来的红利成为各国的共同选择。

与此同时，不同国家或地区在网络普及、信息基础设施建设、技术创新、安全风险防范等方面的发展极不平衡，国际数字鸿沟问题突出，影响和限制了世界各国尤其是发展中国家和不发达国家的数字化转型。数字经济的经济地理没有显示出传统的南北鸿沟，美国和中国发展相对超前，新兴市场国家数字经济虽然取得一定发展，但政策法规相对滞后、传统产业与新技术的"认知壁垒"等问题仍未得到有效解决。

目前，世界主要国家积极通过双边及区域自由贸易协定来推动数字经济发展，其中有部分国家就此达成一致，并意图逐渐将其推广为多边国际规则。例如，日欧经济伙伴关系协定中将电子商务和跨境数据流动作为专门部分进行规定，美墨加协议（USMCA）中制定详细的"数字贸易"规则。据统计，世界范围内约有 70 个自由贸易协定（FTA）涉及数字贸易规则，双边带动多边趋势明显。但在国际层面制定统一的数字经济通用规则还需要进一步的努力和探索，新兴市场国家在话语权和规则制定权上仍处于劣势。印度、越南等发展中国家虽积极参与世界贸易组织（WTO）有关电子商务的谈判，却由于立场分歧和利益竞争等原因，在数字经济国际规则制定中处于较为被动的地位。

（三）数字政府建设机制逐步健全，建设模式更加开放

随着政府数字化转型推进，传统政府治理中的多头管理、职能交叉、权责不一、效率不高等弊端日益凸显，迫切需要加强政府部门间、层级间的统筹协作，建立跨部门统筹协调机制，提升专业管理和协作能力。在加强统筹协调的基础上，各国政府普遍采取设立专门的数据管理与协调机构、加强专业化协作等措施，积极推进政府内部跨层级、跨部门、跨地域的数字化协同。瑞典成立数字政府管理局，其职能包括组织与实施政府数字化工作，推进各类政务系统、政务数据库的建设和应用。美国政府专门成立"数字政府研究中心"，以期提高数字政府质量。澳大利亚设立维多利亚数据洞察中

心，收集整理公共服务数据，与其他政府部门和机构合作开展数据分析项目、推动澳大利亚和各国政府间的数据使用合作。此外，澳大利亚数字化转型局发起了数字化生活社区行动，通过在线论坛、定期会面等线上线下相结合的方式，推动社区公共问题解决。

政企数字政府相关合作进一步深化。企业在技术、资本等方面具有巨大优势，当前越来越多的企业参与数字政府的建设、管理和运行，日益成为推动数字政府发展的重要力量。例如，美国印第安纳州政府采用"建设—经营—转让"（Build-Operate-Transfer，BOT）方式构建网络综合服务系统，即系统前期由企业出资开发和更新运营，并对系统服务收取1%服务费用。若干年后，系统免费转为政府所有。英国广泛采用"建设—拥有—经营"（Build-Own-Operate，BOO）方式来建设政务云，由企业建设和维护云基础设施，政府仅购买其所需的服务，大幅降低了政府的投入和运营成本。

政府依托网络社交媒体和平台，与企业、社会组织等合作提供公共服务，在扩展服务渠道的同时，丰富服务形式，更好地满足社会公众和企业日益增长的信息和服务需求。《2018年联合国电子政务调查报告》显示，使用社交媒体发布信息、提供服务的国家从2016年的152个增加到2018年的177个。美国、欧盟等国家或地区通过与社交媒体或数字支付平台合作，提供生活缴费、信息查询类公共服务。中国的支付宝、微信等网络平台，整合提供社会保险、交通、医疗、环保等大量政务服务和公共服务事项。截至2019年6月，仅支付宝就开通了442项城市的政府服务。

（四）网络战成为新型威慑手段，全球数字空间军事化态势愈演愈烈

当前，大国战略博弈背景下的地缘政治因素日益复杂，网络空间的国际竞争不断加剧。世界各国把网络空间作为国家战略重点和竞争高地，加紧网络安全战略布局，强化网络国防力量建设。同时，网络空间军备竞赛的加剧，致使全球网络空间军事化态势愈演愈烈，世界和平受到新的挑战。

网络空间战略密集出台更新传统战争规则。美国出台《国家网络战略》等多部国家网络相关政策法规，提出使用数字武器保护国家的规定，不断巩固其在数字网络空间的竞争优势。2018 年 12 月，日本政府发布未来十年国防建设的纲领性文件新版《防卫计划大纲》，首次提出"跨域防卫"的国防理念，增强太空、网络等领域的多域联合防卫力量，重点强调加强网络作战快速响应能力及反击能力。2019 年 1 月，法国国防部发布进攻型网络作战条令，将传统军事作战与网络作战结合，通过为传统军事行动提供网络作战支持，实现军事行动目的。

大规模网络军队建设加大战争风险。从全球来看，已有 100 多个国家成立了网络战部队，国家间网络战风险加大，对网络空间战略稳定构成较大威胁。美国将网络司令部升为一级作战司令部，下属的 133 支网络任务部队已具备作战能力，同时海陆空等多兵种也不断加强网络国防力量建设。2019 年 4 月，美国陆军成立集网络攻击、情报和打击等于一体的新多域作战部队。日本新版《防卫计划大纲》提出，将扩充网络防卫部队编制，新设网络部队。9 月，法国总统签署《2019~2025 年军事规划法案》，规定法国政府到 2025 年将增加上千名网络作战人员，以提高网络作战能力。2019 年以来，美欧多国密集开展"军刀卫士 19""网络夺旗 191""网络闪电 2019""2019 网络 X-Game""Blue OLex 2019""水星训练""锁盾 2019"等一系列网络实战演习，参与规模不断扩大、演习领域更加广泛、模拟环境更加复杂。[①]

二 全球数字竞争力评估的理论模型

随着数字化技术的广泛应用和发展，数字资源的开发和利用能力成为全球各国或地区重要的竞争力，综合性、系统性的相关指数测评研究需求持续增长。

---

① 中国网络空间研究院：《世界互联网大会蓝皮书：世界互联网发展报告 2019》，电子工业出版社，2019。

（一）数字竞争力评估现状

目前，各国已充分认识到数字化的重要性与必要性，相关权威机构从经济、社会、技术等角度开展了丰富的探索和研究。国际电信联盟较早开展信息技术发展相关测度，自 1995 年开始发布 ICT 发展指数，专业性较强；2001 年，联合国开始对电子政务发展进行测度，并得到广泛认可；2002 年，世界经济论坛开启网络准备度的测算，并提出相关环境、应用和影响测评；欧盟委员会 2014 年开始测算数字经济发展程度，发布数字经济与社会指数；中国信息通信研究院、赛迪顾问、上海社科院也开展了数字经济指数和数字经济竞争力指数的测评，相关结果被广泛应用。此外，埃森哲、思科等企业也纷纷开展数字社会相关指数测量（见表 1）。①

表 1　全球数字竞争力相关指数

序号	发布方	指数
1	国际电信联盟	ICT 发展指数
2	世界经济论坛	网络就绪指数（NRI）
3	中国统计局	中国信息化发展指数
4	欧盟委员会	数字经济与社会指数（DESI）
5	经济与合作发展组织	全球知识竞争力指数
6	埃森哲	数字化密度指数
7	哈佛商业评论	数字进化指数
8	国际数据公司	全球信息社会指数
9	思科	全球云指数
10	联合国	电子政务指数
11	联合国	全球网络安全指数
12	罗兰贝格	全球智慧城市战略指数
13	华为	全球联接指数
14	英国开放基金会	全球开放数据指数
15	上海社会科学院	全球信息社会发展报告
16	中国经济信息社	全球智能制造发展指数

① 腾讯研究院：《国家数字竞争力指数研究报告（2019）》，2019 年 5 月 21 日。

（二）数据价值链理论与模型

数字竞争力评估基于国家或地区数字化发展的价值，评价国家或地区在数字化发展过程中产生的竞争优势以及凭此优势带动其他领域发展的能力。构建数字竞争力指标体系，首先要从数据价值链理论与模型入手，深入研究其内涵，明确数字竞争力的关键因素。

价值链理论是由"竞争战略之父"迈克尔·波特在《竞争优势》一书中提出的，经过不断的发展和应用，已形成相应的管理方法体系。随着全球数字化发展，价值链理论的重心不断转移。北京国际城市发展研究院2017年首次在《大数据蓝皮书：中国大数据发展报告No.1》中提出"数据价值链模型"，将价值链从物理世界延伸到数字网络世界、从线性拓展至网络结构。在此基础上，课题组进一步深化模型理论，提出基于数据价值实现与数字竞争力优势的多维网状结构——"数据价值链竞争模型"（见图1）。该模型包括要素层、价值层、竞争力三个维度。

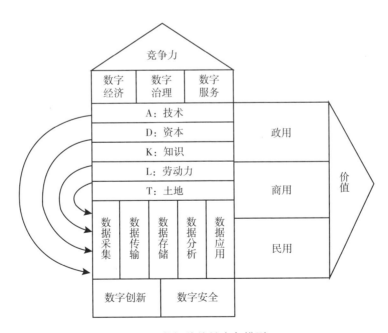

图1 数据价值链竞争模型

从要素维度来看，数据资源成为驱动经济社会发展的关键要素，成为继土地、资本、劳动力、技术、知识之外的又一核心生产要素。同时，数据与技术、劳动力等其他生产要素的融合发展，推动全要素数字化，为现代化社会经济体系注入新动力。

从价值创造来看，数据价值创造由数据基本价值和数据增值两方面构成。基本价值活动主要包括数据生命周期全过程，如数据采集、数据传输、数据存储、数据分析和数据应用；增值活动主要通过数据流引领技术流、知识流、物资流、人才流，优化资源配置，在各节点的价值增值过程中又会产生更多的新数据，而这些相互关联的价值活动便构成了价值链。同时，催生包含基于政府的全治理链、基于商业的全产业链和基于社会的全服务链的多元价值体系，[①] 最终体现为大数据的政用、商用和民用价值。

从竞争优势上看，衡量社会经济产出的生产函数将数据资源纳入其中，即 $Y = F(A, D, K, L, T)$。数据的集聚和流通减弱了传统要素有限供给对社会经济增长的制约，同时，数据推动价值链各个环节的优势资源转换，实现技术、知识、劳动力、土地等资源优化配置，最终为整个经济环境和经济活动带来系统性变化，形成由数字创新、数字安全、数字经济、数字治理、数字服务等关键因素共同作用的竞争优势体系。

（三）数字竞争力的关键因素

数据价值创造和价值传递通过现代信息网络、数字化基础设施、数字平台等载体，最终形成数字竞争优势体系，这些优势相互关联和支撑，其中数字创新和数字安全是基础保障，数字经济、数字治理和数字服务为核心优势。

1. 数字创新

大数据、人工智能等新一代信息技术飞速发展，数字创新驱动引领作用日益凸显，数字创新成为数字社会发展进步的重要动力，有力地推动了数字

---

① 连玉明：《大数据蓝皮书：中国大数据发展报告 No. 1》，社会科学文献出版社，2017。

经济、数字治理和数字服务的融合发展。数字化创新下衍生而来的新应用、新产品、新业态层出不穷，各项技术深度融合成为新的发展方向，极大提升创新发展的效率，另外，数字基础设施和数据已成为全球基础性、战略性资源。网络设施向新一代信息基础设施转型升级，更有力地支持数字基础向万物智联发展和延伸。

2. 数字经济

数字经济作为推动经济发展的新动能，不断孕育出电子商务、共享经济、科技金融等新模式、新业态。以分享经济的发展成效为例，近年来，以Uber、Airbnb、摩拜为代表的分享经济业态成为热点，从欧美向全球上百个国家迅速扩展，以中国为代表的新兴市场逐渐成为分享经济增长的新动力。全球超过2/3的消费者愿意分享或租赁个人资产。较早的一份资料显示，截至2017年底，全球估值在100亿美元以上的16家"独角兽"企业中，分享经济企业占50%以上。

3. 数字治理

以数字引领政府治理的核心是通过推进政府数字化、智慧化转型，助力建设人民满意的服务型政府。构建一体化数据资源体系，整合打通社会运行各方面数据资源，推进面向社会民生重点领域的智慧化应用，聚焦人民群众生产生活和办事创业中的难点、痛点、堵点问题，进一步深化"放管服"改革，推动现代治理体系建设向跨层级、跨地域、跨领域协同管理、协同服务、协同监管的纵深方向发展，切实增强人民群众获得感和满意度。

4. 数字服务

数字服务竞争力彰显了数字技术在促进经济发展、科技进步之外，对人民生活最本质的影响。一国数字化能否实现可持续发展，关键在于信息化和网络技术能否为广大人民群众的生活带来切实的便利，因此数字服务竞争力的评估至关重要。数字技术深度融入新时代的生活方式，商业数字化改变销售模式，企业逐步打开网络销售与在线服务的新局面；电子商务改变个人生活模式，网购商品范围的不断扩大使得数字生活成为主流。此外，数字产业

与基础教育、医疗等产业的融合速度明显提升，给人民的衣食住行带来极大的便利。

5. 数字安全

数字安全是数字化发展的基础保障。近年来，数字安全事件呈持续高发态势，破坏力越来越强，并蔓延到政治、经济、文化、社会等各个领域。木马和僵尸网络攻击事件居高不下，恶意程序数量稳中有降，勒索病毒猖獗，高级持续性攻击活跃。同时，数据泄露的总损失、人均损失和规模均呈逐年上涨的趋势。《2018 年数据泄露损失研究》显示，2018 年度单条攻击记录的数据泄露成本平均达到 148 美元，而被攻击目标通常需要 196 天的时间才能发现、需用 69 天来处理，有 48% 的数据泄露事件是由恶意攻击或犯罪类攻击所造成的。

三 全球数字竞争力指标体系构建

全球数字竞争力指标体系包括理论框架和可操作性指标两部分，理论框架是根据全球数字竞争力评估的理论模型得出的理论评估方向；在理论框架基础上，根据测量对象独特性和数据可获取性，调整形成了适合 G20 国家和全球重要城市比较的具体可操作性指标。

（一）全球数字竞争力指数理论框架

全球数字竞争力指数理论框架包括数字创新指数、数字经济指数、数字治理指数、数字服务指数、数字安全指数 5 个一级指标（见图 2）。

1. 数字创新指数

数字创新指数意在探究数字化领域的创新情况，从创新产出与投入、数字基础设施三个方面进行考察。第一，创新投入包括人才与费用等投入，人才投入衡量了国家或地区在智能化、网络化领域以及数字融合领域的人才储备，创新支出衡量了国家或地区在创新研究上的资源利用情况，尤其是通过创新支出的 GDP 占比可以反映国家或地区对科技创新的重视程度。第二，

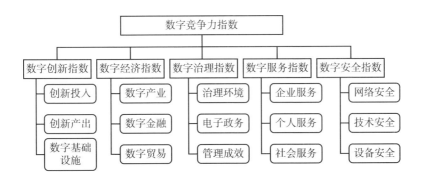

图2　全球数字竞争力指数理论框架

数字化产出推动信息技术与科学研究的创新融合成果落地，包括专利、期刊、商标、技术出口等多个方面，从成果价值来衡量一国创新成就的水平；第三，在基础设施和智能设备的基础上，数据驱动的互联网技术能够将云计算、大数据等充分应用于各个产业，重塑产业模式、整合技术创新，积极推动产业互联网等新兴业态的发展。数字基础设施情况主要体现在网络设施、终端设备及互联网普及率等方面。

2. 数字经济指数

随着新一代信息技术与经济环境、经济活动的不断融合和发展，原有经济发展模式不断受到冲击，并由此推动经济转型，催生新业态和新经济模式。数字经济指数主要衡量数字产业化和产业数字化。数字产业化，是信息通信技术创新与经济活动的集合带来的数字化转型之路。而产业数字化，是指数字经济与传统产业持续融合，强调了基础产业加入数字技术后带来的产能增加与效率提升。一国或地区数字经济的发展情况可以从数字产业、数字金融、数字贸易三个方面来描述。其中，数字产业指标重在评价数字经济基础发展部分，包括信息产业等的发展状况；数字化不仅颠覆了传统的支付方式，也推动了传统贸易的转型，数字金融、数字贸易是传统经济领域数字化转型发展的代表。

3. 数字治理指数

数字技术全面向现代社会渗透，政府作为现代社会运行中的重要参与主

体，数字化深刻改变着政府的运作方式和创新模式。数字治理指数主要从治理环境、电子政务、管理成效三个方面进行评估。治理环境包括政府数据开放共享水平和数字政府战略规划两个方面，分别设置全球开放数据指数和数字政府战略规划数量两个指标。电子政务指标下设政务使用电子参与度指数、在线政府指数两个指标，共同度量数字政务体系的完善程度。管理成效由政府效能指数和政府话语权指数构成。

4. 数字服务指数

数字技术深度融入新时代的生活方式，数字服务指数衡量一国或地区社会生活水平中信息技术的影响范围与有效程度。数字化从企业、个人、社会等三个层次服务民生。其中，企业服务由企业数字化应用程度衡量；个人服务由个人数字产品和智能家居使用情况共同测度；社会服务是对数字服务民生整体情况的评价，由在线出行、共享住宿等信息社会服务普及程度共同评定。

5. 数字安全指数

数字安全指数作为评定国家数字竞争力重要的一级指标，分别从网络安全、设备安全和技术安全三个方面来评估。网络安全方面，国际电信联盟进行全球网络安全指数调查，围绕全球网络安全相关法律、技术、组织、能力建设和合作情况展开全球网络安全情况调查；设备安全指标用每百人拥有的安全互联网服务器数量来衡量，比较的是一国或地区国民平均能够接触到的互联网设施规模；技术安全指标采用一国或地区掌握的信息技术和通信技术来共同衡量一国在维护数字安全方面所具有的能力。

（二）全球数字竞争力指数可操作性指标

1. G20国家数字竞争力评价可操作指标体系

涵盖世界主要经济体的二十国集团（G20）代表着全球数字化发展的前沿，G20 国家数字竞争力评价体现了全球主要经济体的数字化发展情况和数字化竞争优势。

表 2　G20 国家数字竞争力评价可操作性指标

要素层	指标层	代表指标
数字创新	人才支撑	R&D 研究人员数量
	研发支出	研发支出占比
	专利水平	专利申请数量
	科研水平	科技期刊文章数量
	技术产出	高科技出口额
	网络设施	每位互联网用户的国际带宽/LTE、WiMAX 覆盖比例
	终端设备	移动终端用户数
	互联网普及率	使用互联网的人口占比
数字经济	数字产业化	ICT 增加值的 GDP 占比
	数字支付	数字支付交易额
	众筹融资	众筹业务交易额
	金融电子化	数字汇款额
	电子商务	B2C 电子商务指数/电子商务市场收入额
	数字跨境贸易	信息和通信技术产品/服务出口占比
数字治理	数据开放共享	全球开放数据指数
	电子参与	电子参与度指数
	在线服务	在线服务指数
	政府效率	政府效能指数
	政府影响力	政府话语权指数
数字服务	数字化产品	电子产品市场额
	智能家居	智能家居市场额
	在线出行	在线出行收入
	社会信息化	信息社会指数
数字安全	网络安全	全球网络安全指数

2. 全球重要城市数字竞争力评价可操作性指标体系

数字网络空间已经成为城市发展的新领域，数字化为城市发展转型提供新的抓手，也是城市竞争重要的着力点。有必要对全球重要城市的数字竞争力进行评估与分析，为全球城市数字化发展寻找精准切入点提供有益借鉴。

表3　全球重要城市数字竞争力评价可操作性指标

要素层	指标层	代表指标
数字创新	人才支撑	大学指数
	科研水平	科技文章数量
	研发投入	研发投入额
数字经济	经济竞争力	福布斯全球 2000 强企业占比
	金融科技发展	金融科技使用者占比
	数字贸易环境	所在地的数字跨境贸易水平
数字治理	数据开放共享	全球重要城市开放数据指数
	电子政务	电子参与地方在线服务指数
数字服务	企业数字化	全球信息科技企业 TOP 200 市值
	智慧城市	智慧城市指数
	数字社会	社交网络使用率
数字安全	数字安全	数字安全指数

（三）全球数字竞争力指数的数据处理与指标测算

1. 数据采集

全球数字竞争力指标体系的数据主要来源于以下三方面：一是官方数据库，包括国际电联数据库、联合国数据库、世界银行数据库等公开数据；二是权威数据报告，如《"开放数据晴雨表"全球报告》《联合国电子政务调查报告》《智慧城市指数报告》等；三是权威研究机构发布的行业数据，如 Statista 数据、浙大 AIF 司南研究室与杭州摩西信息科技的金融科技城市数据等。

2. 指标无量纲化

全球数字竞争力指数由统计指标、调查指标和合成指标三类构成，需要对指标数据进行无量纲化，使数据具有可比性。为消除各指标间的量纲关系，课题组先对缺失数据进行补充处理，再进行极值无量纲化处理。记各评估指标的原始值为 X_i，无量纲化后的值为 $f(X_i)$，X_{max} 为最大值，X_{min} 为最小值。数值指标的处理如下[①]：

---

① 数字竞争力指数所涉及的所有指标均为正指标，因此只列出正指标计算公式。

$$f(X_i) = \frac{X_i - X_{min}}{X_{max} - X_{min}} \times 100$$

3. 确定权重与指数测算

全球数字竞争力指数权重确认采用的方法是德尔菲法，即专家评分法。由专家组依据各项评价指标的重要性程度赋予相应的权数。

全球数字竞争力指数计算采用加权平均法，国家或地区的全球数字竞争力 $Z(X_n)$ 计算公式为：

$$Z(X_n) = f(X_1) \times W_1 + f(X_2) \times W_2 + \cdots + f(X_n) \times W_n$$

其中，$f(X_n)$ 为第 n 项指标得分；W_n 为 n 项指标权重。

四　全球数字竞争力指数的特点

（一）结构体系性

全球数字竞争力指数测度理论体系以数据价值链竞争模型为依据，梳理各要素的含义、定位及内在逻辑体系，构建全球数字竞争力指数的理论框架，确保指标体系的系统性和稳健性。多个维度体系化指标测算，全面完整地反映全球数字竞争力的实际情况，不仅使数字竞争力评价体系更加完备，避免遗漏重要指标，而且调节各要素对数字竞争力总指数的影响力，避免某个具体方面对整体产生过大影响。

（二）指标操作性

构建评价指标体系的最终目的是投入实际应用，因此必须保证评价指标所对应的数据易于采集和量化计算。全球数字竞争力指标体系以理论框架各要素切入，明确各项指标概念和实际计量标准。同时，根据评估对象的实际情况和特点，充分考虑现有数据的可获得性和数据来源的可靠性，尽可能保证指标可采集、可量化和可对比，以便于后续数据收集和计算。

（三）数据代表性

在保证全球数字竞争力指标体系科学、全面的同时，要考虑数据的代表性。一方面，指标体系构建不宜过于烦琐和冗长，需要适当简化指标体系，删除对于评估结果影响很小以及重复测度的指标。另一方面，全球数字竞争力指数理论框架细化至国家和城市层面的数据具有一定的难度和挑战，在理论指标全集无法完全实现的情况下，全球数字竞争力指标需要确保数据的代表性。选取具有典型性的评估对象（G20 和重要城市）以确保评价结果具有指导性和借鉴性；同时，需要从烦琐的数据来源中提取可以准确反映评估对象状态的典型指标数据，提高数据的质量。

参考文献

中国网络空间研究院：《世界互联网大会蓝皮书：世界互联网发展报告2019》，电子工业出版社，2019。

王振等：《数字经济蓝皮书：全球数字经济竞争力发展报告（2019）》，社会科学文献出版社，2019。

于施洋等：《数字中国：重塑新时代全球竞争力》，社会科学文献出版社，2019。

吴翌琳：《国家数字竞争力指数构建与国际比较研究》，《统计研究》2019年第11期。

徐清源等：《国内外数字经济测度指标体系研究综述》，《调研世界》2018年第11期。

中国信息通信研究院：《全球数字经济新图景（2019年）》，中国信通院网站，2019年10月11日。

联合国：《2019年数字经济报告》，搜狐网，2019年9月4日。

B.2
G20国家数字竞争力指数分析报告

摘　要：　G20 数字化发展是全球数字化的缩影，对其数字竞争力的衡量和测评对于全球各国数字化转型具有重要的参考意义。本文从数字创新、数字经济、数字治理、数字服务、数字安全五个方面对 G20 国家数字竞争力进行综合测评。通过分析发现，G20 国家数字竞争力总体情况为中美两国领先，欧亚国家并驱，非洲南美洲国家暂处下风。中国在数字经济指数和数字服务指数排名中位列 G20 第一。

关键词：　G20　国家数字竞争力指数　综合评估

当今世界，以大数据为代表的新一代信息技术日新月异，有力推动经济增长，重构国家竞争力格局。二十国集团（以下简称"G20"）聚集了世界最主要的经济体，纷纷推动数字化转型，并将之视为实现可持续发展的关键依托。

一　数字化转型发展已成为 G20 共识

推动数字化发展，已经成为 G20 成员的共识，接连在 G20 峰会上被列为关键议题。

（一）数字化发展成为 G20 会议重要议题

在 2016 年的 G20 杭州峰会上，多国领导人共同签署了《二十国集团数字经济发展与合作倡议》，提出了数字经济、创新、新工业革命、结构性改

革等四项推动经济创新增长的行动，这是在数字经济领域首个由多国领导人共同签署的数字经济战略文件。

2017 年 4 月，在德国举行的首次 G20 数字化部长会议上，发布了《G20 数字经济部长宣言》，承认数字化战略在推进经济繁荣和包容性增长方面的巨大作用，提出"到 2025 年各国国内所有人都能实现互联"的目标，同时呼吁缩小数字鸿沟。会议还同时发布了《数字化路线图》《职业教育和培训中的数字技能》《G20 数字贸易优先事项》三个分报告。其中的《数字化路线图》列举了数字化过程中的 11 个重大关键问题，并有针对性地提出了初步解决方案。

同年 7 月，在 G20 汉堡峰会上，通过了峰会公报《塑造联动世界》。公报认为数字化转型是实现全球化、创新、包容和可持续增长的驱动力，有助于减少不平等，强调要更好发挥数字化潜力。为此，公报围绕缩小数字鸿沟、优化数字经济发展环境、数据安全与保护、发展数字贸易等提出了一系列重要建议。

（二）G20加快数字化战略布局

数字化战略是当今世界技术创新的竞争高地。为谋求竞争新优势，世界各国都将数字化战略上升到国家战略的高度，科学制定促进数字化发展的战略规划。G20 积极制定数字化战略，多数国家已专项出台数字化战略规划（见表1）。

表1　G20 部分国家或地区数字化战略规划

国家或地区	名称	发布年份
欧　　盟	《欧洲数字议程》	2011
美　　国	《大数据研究和发展倡议》	2012
法　　国	《公共数据开放和共享路线图》	2013
日　　本	《创建最尖端 IT 国家宣言》	2013
英　　国	《英国数据能力发展战略规划》	2013
澳大利亚	《公共服务大数据战略》	2013
德　　国	《数字议程(2014～2017)》	2014
加　拿　大	《数字加拿大150计划》	2014
韩　　国	《智能信息社会中长期综合对策》	2016

其中，美国先后提出了"先进制造伙伴计划"（AMP）、"联邦大数据研发战略计划"、《联邦云计算战略》、《支持数据驱动型创新的技术与政策》、《加强国家网络安全——促进数字经济的安全与发展》等，以强化在新一代网络设施、大数据、先进制造和人工智能等领域的主导优势。欧盟提出《欧洲数字议程》、数字单一市场战略、产业数字化规划等，破除欧盟内部数字贸易壁垒，推进统一数字市场建设。德国发布《数字化2015》，对未来德国数字化发展做出系统安排。日本出台《面向2020年的ICT综合战略》《创建最尖端IT国家宣言》《机器人新战略》《e-Japan战略》《u-Japan战略》《i-Japan战略》，全面实施IT立国战略。英国提出《英国数字经济战略》《英国2015～2018年数字经济战略》《数字经济法案》《英国数据能力发展战略规划》等，力图在数字经济、技术应用上抢得先机，增强信息产业整体优势。①

二　G20国家数字竞争力总指数

G20数字化发展是全球数字化的缩影，通过对G20国家数字竞争力进行评估与分析，可以对全球数字化动态有初步认识。课题组采用指数化思维，从数字创新、数字经济、数字治理、数字服务、数字安全五个数字化关键维度出发，构建由27项可操作的代表性指标组成的G20国家数字竞争力指标体系，并采集相关官方（如联合国、世界银行、国际电联等）权威数据和研究报告数据，对G20国家数字竞争力水平、层次、潜力和特点进行综合评估分析，为推动全球各国或地区的数字化转型发展提供借鉴参考。

（一）G20基本情况

G20包括19个独立国家和1个区域组织——欧盟，欧盟是由欧洲共同体发展而来的，创始成员国分别为德国、法国、意大利、荷兰、比利时和卢

---

① 中国网络空间研究院：《世界互联网发展报告2018》，2018年11月8日。

森堡。基于欧盟和其内部的部分主要成员国在G20内重叠的情况，课题组从代表性角度出发，选取欧盟范围内的德国、法国、意大利、荷兰纳入此次评估对象。

G20涉及人口占世界人口的70%，生产总值占全球的90%，贸易总额占全球的80%，是全球最重要的组成部分（见表2）。

表2 G20国家基本情况

国家	国土面积（平方公里）	人口数	GDP（百万美元）
阿根廷	2794760	44494502	475429
澳大利亚	7692024	25223100	1427767
巴西	8515767	210120000	1909386
加拿大	9984670	37337900	1733706
中国	9634077	1426490644	13457267
法国	640679	67392000	2794696
德国	357114	82887000	4029140
印度	2985397	1342230000	2689992
印度尼西亚	1910931	265015300	1005268
意大利	301339	60395921	2086911
日本	377973	126420000	5070626
墨西哥	1964375	126577691	1199264
俄罗斯	17124442	146877088	1576488
沙特阿拉伯	2250000	33413660	769878
南非	1221037	57725600	376679
韩国	100210	51635256	1655608
土耳其	783562	80810525	713513
英国	242495	66040229	2808899
美国	9629091	328530000	20513000
荷兰	41528	17260000	912872
总计	78509943	4579616416	66293517

注：人口数量和GDP为2018年数据。
资料来源：联合国以及世界银行。

（二）数字竞争力总体情况评估

1. 总体排名

在 G20 国家数字竞争力总指数排名中，居前三位的国家分别是美国、中国、韩国，处于领先水平。G20 国家数字竞争力总指数排名首尾两国（美国与阿根廷）水平差距较大，美国的数字竞争力指数约为阿根廷数字竞争力指数的 4 倍。同时，有 10 个国家的数字竞争力指数超过平均值（43.28），占比 50%（见表3）。

2. 洲际情况分析

从洲际来看，欧洲、北美洲和大洋洲总体领先，但是内部发展差距较大，呈现两极分化的特征；亚洲处于中等水平；非洲和南美洲处于相对落后的水平（见表4）。

欧洲国家的数字竞争力指数得分平均值为 48.42。其中，英、德、法、荷、意等国对数字竞争力发展给予高度重视，早早出台关于数字经济方面的重要政策，推动数字化进程。

亚洲国家的数字竞争力指数得分平均值为 45.39，身处亚洲地区的国家呈现明显的两极分化特征，尽管少数国家（比如中国、韩国、日本）处于世界领先的地位，但是亚洲其他国家均处于排名较靠后的情况，特别是印度尼西亚，排名倒数第四，未来仍有较大的发展机遇和空间。

非洲和南美洲国家数字竞争力指数平均值最低，仅为 23.43。这些国家由于政治、经济、文化等原因，数字基础基本设施较为薄弱，数字安全能力较弱，从而导致国家的数字竞争力指数排名较为靠后。

3. 数字竞争力水平内部结构

G20 国家数字竞争力指数内部结构并不均衡。其中，数字经济指数、数字服务指数均值分别仅为 3.91 和 4.41，总体水平偏低；数字创新指数均值为 7.03，数字治理指数和数字安全指数均值分别为 12.86 和 15.07。可以看出，大多国家正处于数字战略初步发展、产业转型蓄势待发的阶段，经济和社会服务的数字化转型、升级水平有待提高。

表3 G20国家数字竞争力指数评价结果

国家	总指数	排名	国家	数字创新	国家	数字经济	国家	数字治理	国家	数字服务	国家	数字安全
美国	69.0	1	韩国	12.53	中国	12.86	英国	19.16	中国	16.38	英国	20.00
中国	64.2	2	美国	11.91	韩国	8.64	澳大利亚	18.09	美国	11.20	美国	19.81
韩国	57.6	3	中国	11.13	美国	8.29	法国	18.00	印度	8.79	法国	19.50
英国	55.0	4	日本	10.43	印度	6.79	美国	17.76	印度尼西亚	5.35	加拿大	18.51
日本	53.6	5	英国	10.21	日本	4.72	日本	17.09	土耳其	4.91	澳大利亚	18.44
法国	51.3	6	德国	10.08	墨西哥	3.77	韩国	16.98	沙特阿拉伯	4.48	荷兰	18.24
德国	50.0	7	荷兰	9.02	德国	3.50	加拿大	16.83	俄罗斯	4.24	沙特阿拉伯	18.09
荷兰	47.9	8	法国	7.97	荷兰	3.38	荷兰	16.62	巴西	4.01	日本	18.05
澳大利亚	47.5	9	澳大利亚	7.89	法国	3.35	德国	16.51	墨西哥	3.83	韩国	17.79
加拿大	45.5	10	加拿大	7.07	英国	3.18	意大利	13.86	阿根廷	3.46	土耳其	17.02
意大利	42.0	11	意大利	6.74	印度尼西亚	2.50	墨西哥	12.20	日本	3.31	德国	16.87
印度	41.3	12	俄罗斯	5.78	意大利	2.47	印度	11.51	南非	3.17	意大利	16.41
俄罗斯	37.6	13	沙特阿拉伯	5.66	加拿大	2.25	巴西	11.12	德国	3.07	俄罗斯	16.37
土耳其	36.1	14	阿根廷	4.54	阿根廷	2.22	俄罗斯	9.54	意大利	2.50	中国	16.07
沙特阿拉伯	35.2	15	土耳其	4.23	巴西	2.19	土耳其	8.68	法国	2.49	印度尼西亚	14.08
墨西哥	30.9	16	南非	3.97	澳大利亚	1.77	中国	7.76	英国	2.45	印度	11.91
印度尼西亚	30.6	17	巴西	3.85	南非	1.77	南非	7.07	韩国	1.68	南非	9.35
巴西	27.7	18	印度尼西亚	2.68	沙特阿拉伯	1.69	阿根廷	7.04	澳大利亚	1.36	墨西哥	8.47
南非	25.3	19	墨西哥	2.65	俄罗斯	1.65	印度尼西亚	6.02	加拿大	0.88	巴西	6.49
阿根廷	17.3	20	印度	2.28	土耳其	1.29	沙特阿拉伯	5.27	荷兰	0.65	阿根廷	0.00

表4　G20国家分布洲际指标情况

欧洲	得分	亚洲	得分	北美洲和大洋洲	得分	非洲和南美洲	得分
英国	55.0	中国	64.2	澳大利亚	47.5	南非	25.3
荷兰	47.9	印度尼西亚	30.6	加拿大	45.5	巴西	27.7
法国	51.3	印度	41.3	美国	69.0	阿根廷	17.3
俄罗斯	37.9	土耳其	35.2	墨西哥	30.9		
德国	50.0	沙特阿拉伯	35.2				
		日本	53.6				
		韩国	57.6				
平均值	48.42	平均值	45.39	平均值	48.23	平均值	23.43

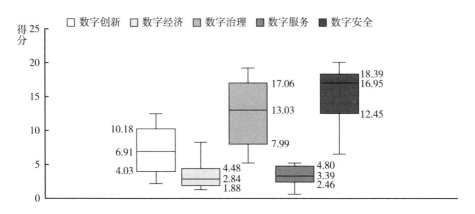

图1　G20数字竞争力指数内部得分

（三）数字竞争力类型划分

根据数字竞争力指数测评结果对G20各国所属数字竞争力类型进行划分，包括引领发展型、相对均衡型、优势主导型、中等追赶型、转型初期型五种类型（见表5）。其中，引领发展型国家包括美国和中国，在各分指数上得分均靠前，是G20数字化发展中的领头羊；相对均衡型国家包括日本、德国和意大利，在各分指数上发展均衡；优势主导型国家在某分指数上具有较大的优势，韩国在数字创新方面处于领先地位，英国、法国在数字治理、数字安全方面都处于领先地位，印度在数字服务方面表现优异，澳大利亚在

数字治理方面表现优异;中等追赶型国家虽然数字竞争力指数得分不高,但在各分指数上均有一定的发展基础,表现出较大的发展潜力;转型初期型国家数字化水平相比其他国家略低,经济发展水平相对落后,但存在弯道超车的可能,如印度尼西亚的数字服务水平排名第四,超过中等追赶型国家。

表5　G20国家数字竞争力类型

发展类型	国　家
引领发展型	美国、中国
相对均衡型	日本、德国、意大利
优势主导型	韩国、英国、法国、澳大利亚、印度
中等追赶型	荷兰、加拿大、俄罗斯、土耳其、沙特阿拉伯
转型初期型	墨西哥、印度尼西亚、巴西、南非、阿根廷

从数字竞争力类型分布情况来看,引领发展型国家仅占G20的10%,转型初期型国家占比达到25%,相对均衡型国家仅占G20的15%,优势主导型国家占比达到25%(见图2)。

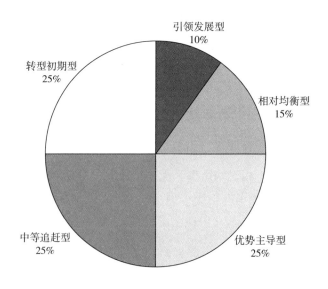

图2　G20国家数字竞争力类型比例分布

三 G20国家数字竞争力分指标分析

（一）数字创新指数分析

G20各国数字创新实力不断攀升，争相打造创新型国家。从G20各个国家数字创新指数得分情况看（见图3），有10个国家的数字创新指数得分高于平均值7.03，排前三的国家分别为韩国、美国和中国。

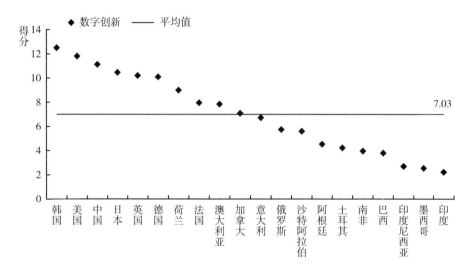

图3 G20国家数字创新指数得分与均值比较

从研发支出来看，2018年经费投入最多的G20国家为美国和中国，两国研发经费占全球研发总额的近一半。但从研发经费的GDP占比来看，韩国位列G20国家第一，占比高达4.3%。此外，韩国在科研人才支撑方面也位列前茅，2017年韩国R&D研究人员占比在G20国家最高，每百万人中就有7514名R&D研究人员，中国每百万人中R&D研究人员仅为1235名。

从G20国家创新产出来看，中国已超越美国，并在专利申请数量、科

技期刊文章发表数量、高科技出口总额等方面居第一位。中国 2018 年专利申请数量 1542002 个，是美国（597141 个）的 2.58 倍。中国 2017 年高科技出口总额是美国的 4.17 倍（见图 4）。但中国在深层次、综合性技术创新方面，如软件行业，仍较为欠缺。

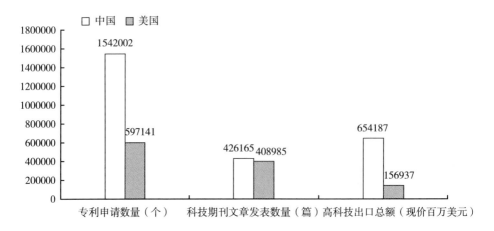

图 4　中美科研产出对比

注："专利申请数量"为 2018 年数据，"科技期刊文章发表数量"为 2016 年数据，"高科技出口总额"为 2017 年数据。

从 G20 国家数字基础设施来看，全球已经步入万物互联时代，各国掀起 5G 网络升级换代和建设热潮。韩国、美国、英国等国家的运营商已能够提供符合 3GPP 标准的商业 5G 服务。韩国在 2019 年 4 月抢先推出商业 5G 服务，成为全球率先对普通用户开通 5G 商用网络的国家，美国紧随其后也启动 5G 商业运营，中国于 2019 年 6 月正式发放 5G 牌照，大规模建设 5G 网络。

（二）数字经济指数分析

从 G20 各个国家数字经济指数得分情况看（见图 5），仅有中国、韩国、美国、印度、日本 5 个国家的数字经济指数得分在平均线以上，占比仅为 25%，说明数字经济指数首尾差距较大，且大部分国家提升空间很大。

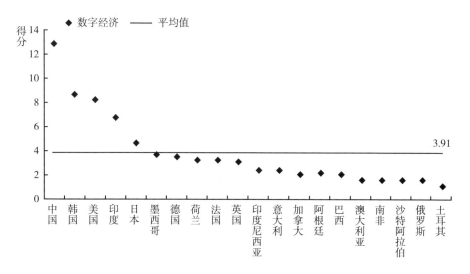

图 5　G20 国家数字经济指数得分与均值比较

中国数字经济指数以 12.86 的得分超越美国，位列第一名。中国全面推动数字与经济的深度融合，电子商务、互联网信息服务业蓬勃发展，互联网与产业融合发展的新模式、新业态不断涌现，为经济发展的结构优化、动力转换提供了新动能。2018 年，中国数字经济规模达 31.3 万亿元，占 GDP 的比重达 34.8%。从结构上看，2018 年数字产业规模为 6.4 万亿元，进入稳步增长期；电子商务蓬勃发展，2018 年中国电子商务交易额达 31.6 万亿元，2019 年初《中华人民共和国电子商务法》正式实施，电子商务行业迎来规范发展新阶段，网络购物、网络支付等领域逐步做到了有法可依，市场行为更加规范，消费者权益得到更好保障。①

目前，各国金融科技发展热度持续。2018 年，全球金融科技投资额达 1118 亿美元，投资事件 2196 例，创下最高纪录。美国依托于成熟的金融服务体系和雄厚的技术创新实力，居于领先地位，亚太地区则成长迅速。同时，金融科技创新也给现有金融体系、货币体系和储备体系带来巨大冲击，

————————
①　中国网络空间研究院：《中国互联网发展报告（2019）》，2019 年 7 月 11 日。

对金融监管提出新的挑战和要求。英国提出"监管沙箱"（regulatory sandbox），2016 年开始进行沙箱测试项目筛选，并得到新加坡、日本等金融监管部门的认同和采纳。

（三）数字治理指数分析

从 G20 各个国家数字治理指数得分情况看（见图 6），共有 10 个国家的数字治理指数得分高于平均值 12.86，占比 50%；其他 10 个国家的数字治理指数得分均低于平均值。其中排名前五的国家分别为英国、澳大利亚、法国、美国和日本。

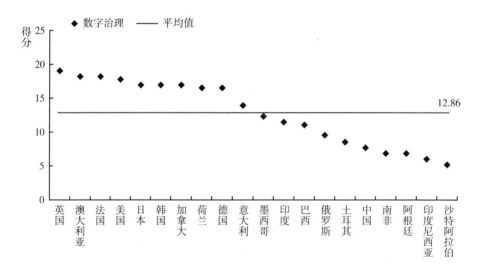

图 6　G20 国家数字治理指数得分与均值比较

美国作为早期发展电子政务的国家之一，其政务的数字化水平相对较高。2012 年，美国发布《数字政府：构建一个 21 世纪平台以更好服务美国人民》，以确保在数字治理领域的领先地位，开放政府数据推动应用创新，持续改进政府的服务。2019 年通过《开放政府数据法案》，要求政府建立全面的数据清单并定期更新、设立首席数据官及其委员会，建立开放政府数据的报告评估制度，为政府数据的开放、共享和应用提供保障。

英国电子政务起步晚于美国及欧洲其他一些国家，但电子政务水平居于全球领先地位。根据联合国最新的电子政务调查报告，英国政府的电子政务水平位居全球第四，电子参与、在线服务等指数也处于世界领先水平。目前，通过推广数字化技术、优化管理模式，英国向国民提供征税、网上预订驾照考试等在线电子政务服务，进一步推动政府数字化转型。

目前，各国对电子政务发展的关注已经转为对政府数据开放的期盼。历经了萌芽期和蔓延期，如今政府信息公开进入纵横拓展的发展期。英国、美国等国政府的数据门户不仅具有提交数据集、数据应用请求及在线评论服务等功能，还可以与优兔、脸书、推特等多个社交网站共享信息。同时，各国政府数据开放的数据集稳步增加。截至 2018 年 9 月，美国已开放 302944 个数据集，印度开放 213698 个数据集，加拿大开放81003 个数据集。[1]

（四）数字服务指数分析

G20 各个国家数字服务整体水平仍处于数字化融合初期阶段。从 G20各个国家数字服务指数得分情况看（见图 7），仅有 6 个国家的数字服务指数得分高于平均值 4.41，分别为中国、美国、印度、印度尼西亚、土耳其和沙特阿拉伯。

目前，网络社交平台用户总量日趋庞大，且区域差异明显，用户分布较为集中。2019 年，全球热门社交平台月活跃用户总量达 35.34 亿，占全球人口总量的 46%。其中，全球热门社交平台主要分布在美国和中国。截至2019 年 7 月，全球排名前 18 位的热门社交平台中，美国有 11 家，中国有 6家，日本有 1 家（见表 6）。

---

[1] 中国网络空间研究院：《世界互联网发展报告 2018》，2018 年 11 月 8 日。

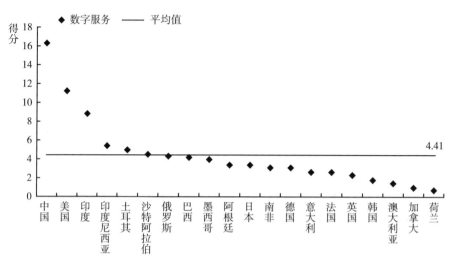

图7　G20国家数字服务指数得分与均值比较

表6　热门社交平台的月活跃用户

单位：百万

序号	平台	所属公司	用户量
1	脸书	脸书（美国）	2375
2	优兔	谷歌（美国）	2000
3	瓦茨艾普	脸书（美国）	1600
4	脸书即时通	脸书（美国）	1300
5	微信	腾讯（中国）	1112
6	照片墙	脸书（美国）	1000
7	QQ	腾讯（中国）	823
8	QQ空间	腾讯（中国）	572
9	抖音/Tiktok	字节跳动（中国）	500
10	新浪微博	新浪（中国）	465
11	红迪网（Reddit）	先进出版社（美国）	330
12	推特	推特（美国）	330
13	豆瓣	北京豆网科技（中国）	320
14	领英	微软（美国）	310
15	色拉布（Snapchat）	Snap Inc.（美国）	294
16	拼趣（Pinterest）	拼趣公司（美国）	265
17	韦伯（Viber）	乐天公司（日本）	260
18	Discord	Discord Inc.（美国）	250

资料来源：中国网络空间研究院：《世界互联网发展报告2019》，2019年7月11日。

新一代信息技术发展迅猛，与经济社会融合渗透程度持续深化，互联网医疗、在线旅游等服务模式成为发展亮点。中国拥有较大的人口规模和网民数量，市场需求强烈，为数字服务发展创造了有利条件。旅游市场从线下到线上预订的转变趋势尤为明显，2018年，中国数字旅游销售额达到1339亿美元，同比增长20.5%。2018年7月，中国互联网协会发布的《中国互联网发展报告2018》显示，2017年中国互联网医疗用户规模达到2.53亿人，年增幅为29.7%，网民使用率约32.7%。

（五）数字安全指数分析

从G20各个国家数字安全指数得分情况看（见图8），G20各国数字安全指数整体得分情况较好，大部分国家（14个）高于平均值，英、美数字安全指数全球领先。

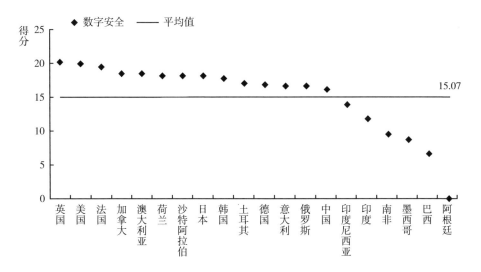

图8 G20国家数字安全指数得分与均值比较

美国高度重视网络安全，制定和出台了多项政策。2018年3月，美国出台《澄清境外数据合法使用法案》《数字身份管理政策》等以增强对用户隐私的保护。2018年5月，美国国土安全部发布了《网络安全战略》，为美

国提供未来五年执行网络安全责任的框架。欧盟则更加注重个人隐私保护。美国司法部宣布将成立"网络数字工作组"，旨在评估和解决恐怖分子及一般用户恶意利用互联网的行为。2018 年 5 月，欧盟颁布的《通用数据保护条例》（GDPR）正式生效，被称为史上最严数据保护法案。英国提出修正《数据保护法案》以增加信息专员调查权。2018 年 7 月，法国将"打击对个人数据的延伸或不合理使用"的条款列入修宪法案。

2019 年 6 月，G20 峰会在日本召开，会上发布《二十国集团领导人大阪峰会防范网络恐怖主义和暴力极端主义声明》，强调保护公民安全、打击恐怖主义势力是国家政府的重要职责，各国政府有责任加强与网络平台的合作，审核网络内容，防止恐怖主义势力利用网络进行恐怖主义活动。

四 G20国家数字化发展启示

（一）夯实坚实可信的数字化发展基础

数字化基础设施作为国际公认的战略性公共基础设施，在推动数字社会建设、助力数字转型发展方面发挥着至关重要的作用。纵观 G20 国家，均在不断完善数字基础设施，以应对新一轮数据升级的需求。目前，作为创新的关键驱动力，超过 30% 的专利申请集中在 ICT 领域，信息通信技术已成为科技创新领域的新热点。对此，各国应加快部署数字基础设施，探索数据有序开放和安全流动。一方面，要加快新一代数字基础设施等硬件系统的发展。加快包括 5G 在内的网络建设，提高服务能力与质量，推动普遍连接是实现数字化发展和转型的必要条件。另一方面，要加快推进围绕数据流动与保护的制度建设。当前数字贸易快速发展，大量数据在不同国家间频繁跨境流动，在有力推动全球数字经济发展的同时，带来了各国数据主权争端和网络安全威胁等新的挑战。各国应积极合作，在互利共赢的基础上，探索符合各个国家自身特点和全球利益的数据使用和监管规则。

（二）打造开放包容的数字化转型发展环境

G20国家数字服务已深度融入生产生活，深刻改变着人们的生活方式、思维习惯和消费模式，但也产生了一系列新的社会问题，技术进步与社会发展的关系还需进一步平衡。联合国《2019年数字经济报告》指出，"新数字鸿沟正在形成，并表现在数字技术掌握与运用能力不同的人群之间"。《科学》杂志预测，未来的25年时间里，全球一半左右的工作岗位将被人工智能取代，而中国的这一指标接近八成。这一预测的正确与否且不去评论，但它反映出的人工智能就业替代问题值得我们警觉。围绕这一问题，一是推动以人为中心的信息科技发展，提高数字素养，加大数字人才的培养力度；二是进一步加大以大数据和人工智能为代表的信息技术的应用与创新力度，解放生产力，在转型和升级中创造更多新型就业机会；三是针对劣势技能人群提供数字化教育培训，拓展劳动技能范围，增加个人和企业福利。

（三）加强G20国家间的数字化互利合作

数字技术提升了全球经济活力，推动了开放共享，极大地提高了全球劳动生产率，与此同时，G20国家内部数字化发展差距较大，国家间的数字鸿沟不断扩大，呈现两极分化的特征。基于此，各国应进一步构建互利共赢的伙伴关系，消除数字鸿沟。一方面，始终坚持网络治理多方参与，共担责任，维护各国网络空间数据治理平等的发展权、治理权。共同努力，缩小不同发展阶段国家之间、不同地区与群体之间的数字鸿沟，降低网络接入的门槛，探索以可负担的价格扩大高速互联网接入和连接的方式。另一方面，推进国与国之间数字伙伴关系的建立，以对话去分歧、以协商促发展，建立包容、透明、负责任的全球数字治理体系，增进数字经济合作，推进全球数字经济发展。

B.3
全球重要城市数字竞争力
指数分析报告

摘　要：　为客观反映全球重要城市数字竞争力发展现状，课题组从数字创新、数字经济、数字治理、数字服务以及数字安全五个维度构建城市数字竞争力指标体系，并选取全球重要的15个城市对其数字竞争力进行定量评估和特征分析。分析结果显示，城市数字竞争力的提升与其经济条件息息相关，全球城市层面的数字竞争力格局以美国城市占据优势地位、亚洲新兴经济体的城市在数字创新与数字经济方面后来居上为主要特征。

关键词：　数字经济　数字治理　数字化进程　数字竞争力　科技创新

城市是全球重要的空间地理单元和经济社会发展单元，也是国家关键的组成部分，在解决各国家经济社会发展全局和重大民生问题上发挥着重要作用。随着信息技术的发展，数字化与城市化有机结合，部分全球中心城市已进入数字转型的新阶段，并为解决"城市病"问题提供新的方案和思路。

一　全球城市数字化发展进程

当前，全世界范围内已有多个城市围绕城市数字化的建设开展了相关课题研究并制定政策，国内外许多国家或地区都把城市数字化转型列为实现城市可持续发展的战略支点，并在技术创新、数据开放共享、人才培养和产业应用等方面做了前瞻性布局。

（一）国外城市数字化实践

21世纪初期，美国、韩国、新加坡等国均开展了城市数字化的实践，全球掀起了数字化建设的热潮，其中，数字化建设开展较为积极的地区是欧洲和亚洲，采取了一系列智慧城市、数字政府等相关政策与措施。

欧美城市数字化建设中强调以人为本和绿色低碳理念，通过智慧城市建设实现低碳节能的发展目标。瑞典斯德哥尔摩市将信息技术广泛应用于城市管理的各个方面，通过建设智慧交通系统支撑"道路交通拥堵税"的征收；美国芝加哥市积极推行绿色城市计划，提出了城市减排目标；英国伦敦尝试打造"贝丁顿零化石能源发展"生态社区，通过智慧建筑减少能源消耗；法国巴黎市提出"数字巴黎"计划，打造全民共享网络。

亚洲方面，新加坡将信息通信技术作为提高生产力和竞争力的手段及重要工具，2006年启动为期十年的iN2015计划，通过信息通信技术推动新加坡的智能化建设，以期发展为智慧国家和全球化城市。日本东京提出"东京泛在计划"，目标是实现都市圈内任何人在任何时间、任何地点都可以利用电子设备获取所需信息，旨在将数字信息技术融入人们的生产生活。

（二）国内城市数字化探索

国内各城市的数字化探索在政策的推动下不断加快，数字化发展成为引领城市转型的重要战略。从国家政策出台和智慧城市试点，到各地纷纷掀起数字化建设热潮，形成一条顶层设计、全面覆盖的数字化探索道路。其中，北上广等一线城市借助各方面资源优势率先开展区域数字化探索，结合当地特色推出相关规划。

作为中国的政治、文化中心，北京依托于高校人才基础和强有力的政策支撑，形成较完善的数字产业生态，成为中国城市数字化中的领头羊。2009

年 12 月，北京正式启动"感知北京"的示范工程建设。2016 年，《"十三五"时期北京市信息化发展规划（2016～2020 年)》发布，提出建设新型智慧北京"一条主线"和发展"互联网＋"与物联网、大数据与云计算"两条辅线"。

作为中国重要的经济、金融中心，近年来，上海持续在传统产业数字化转型、高新数字产业扶持等方面发力，"数字上海""智慧上海"建设走在全国前列。上海市陆续出台智慧城市建设行动计划、大数据研究与发展行动计划等政策，以深化城市数字化为主线，推进区域示范，加速技术研发与创新产业发展。目前，上海已实现基础设施能级跃升，数字化城市建设总体水平国内领先。

二 全球重要城市数字竞争力指数总体评估

基于当前城市数字化发展的趋势与背景，有必要对全球重要城市的数字竞争力进行评估与分析。课题组采用指数化思维，从数字创新、数字经济、数字治理、数字服务、数字安全五个关键维度出发，构建由 12 项可操作的代表性指标组成的全球重要城市数字竞争力指标体系，并采集相关官方（如联合国、世界银行、国际电联等）权威数据和相关研究报告数据，对全球重要城市数字经济水平、层次、潜力和特点进行综合评估，为各个城市数字化转型寻找精准切入点提供有益借鉴。

（一）15 个全球重要城市基本情况

依据全球影响力、区域代表性、文化代表性等标准，全球重要城市数字竞争力评估从全球化与世界城市研究网络（Globalization and World Cities Study Group and Network，GaWC）编制的《2018 年全球城市分级排名》中选取当今最具规模且已经开展数字化转型的 15 个城市为研究对象，分别为纽约、伦敦、北京、新加坡、上海、悉尼、巴黎、迪拜、东京、芝加哥、莫斯科、多伦多、墨西哥城、首尔、开普敦（见表 1）。

表1　15个全球重要城市的基本情况

城市	所属国家	城市分级	基本情况
纽约	美国	Alpha ++	美国人口最多的城市以及世界最大的城市之一,联合国总部所在地,被称为"美国文化之都"
伦敦	英国	Alpha ++	英国首都,全球主要金融中心之一。拥有43所大学,高等教育机构密集度为欧洲最高
北京	中国	Alpha +	中国首都,是中国的政治、文化、科技和国际交往中心,中国绝大多数国有企业总部所在地,并且拥有全球最多的《财富》世界500强企业总部
新加坡	新加坡	Alpha +	亚洲四小龙之一,亚洲重要的金融、服务和航运中心之一,是继伦敦、纽约、香港之后的第四大国际金融中心
上海	中国	Alpha +	中国的经济、金融、贸易和航运中心,世界著名的港口城市
悉尼	澳大利亚	Alpha +	澳大利亚人口最多的城市,是澳大利亚的商业、贸易、金融、旅游和教育中心
巴黎	法国	Alpha +	法国首都,世界上最重要的政治和文化中心之一,联合国教科文组织、经济合作与发展组织、国际商会的总部所在地
迪拜	阿联酋	Alpha +	阿拉伯联合酋长国人口最多的城市,也是中东地区的经济和金融中心,世界主要的客运及货运枢纽
东京	日本	Alpha +	世界商业金融、流行文化与时尚重镇,是世界经济发展度与富裕程度最高的都市之一
芝加哥	美国	Alpha	美国第三大城市,也是世界著名的国际金融中心之一。美国最大的商业中心区和最大的期货市场之一,都市区新增的企业数一直位居美国第一
莫斯科	俄罗斯	Alpha	俄罗斯首都,是俄罗斯乃至欧亚大陆上极其重要的交通枢纽,也是俄罗斯重要的工业制造业中心、科技、教育中心
多伦多	加拿大	Alpha	加拿大最大的城市,世界上最大的金融中心之一。市区里有半数的居民来自全球各国共100个民族,也是全世界最多元化的城市之一
墨西哥城	墨西哥	Alpha	墨西哥首都,也是世界上海拔最高的都市。集中了墨西哥约1/2的工业、商业、服务业和银行金融机构,是墨西哥的政治、经济、文化和交通中心
首尔	韩国	Alpha	韩国首都,世界十大金融中心之一,世界重要的经济中心,消费者物价指数居世界第五。同时也是高度数字化的城市,网速和数字机会指数均居世界首位
开普敦	南非	Beta	南非人口第二大城市,南非立法首都。因美丽的自然及地理环境,被称为世界最美丽的城市之一,成为旅游胜地之一

注:GaWC城市排名分级主要有Alpha、Beta、Gamma等若干等级。

（二）数字竞争力指数总体评估

1.数字竞争力指数排名分析

由于数字化发展所处的阶段不同，各个城市的数字竞争力不一。由表2可见，纽约、首尔、新加坡、伦敦、北京等城市数字竞争力指数处于领先水平。数字竞争力指数最高的纽约得分为74.71，最低得分的开普敦仅为18.12，前者是后者的4.1倍，城市间数字竞争力差距较大。15个全球重要城市数字竞争力指数平均值为50.15，有10个城市数字竞争力指数超过平均值，占比为66.67%（见图1）。从榜单排名前八位的城市来看，中国和美国的城市共占4席。北京和上海在数字经济方面表现优异，位居15个城市数字经济竞争力指数前两名，但在数字安全方面排名相对靠后。

表2　15个全球重要城市数字竞争力指数得分

排名	城市	总指数	数字创新	数字经济	数字治理	数字服务	数字安全
1	纽　约	74.71	14.08	10.39	15.39	16.13	18.72
2	首　尔	72.27	13.61	13.29	17.69	11.45	16.24
3	新加坡	64.99	8.86	14.79	9.76	12.08	19.50
4	伦　敦	62.99	9.90	11.39	10.13	13.20	18.37
5	北　京	61.11	17.84	17.93	10.12	9.29	5.93
6	芝加哥	60.48	9.86	7.95	14.29	8.96	19.42
7	东　京	56.86	11.11	4.88	8.47	12.41	20.00
8	上　海	52.40	11.70	16.46	12.38	6.21	5.66
9	巴　黎	52.01	11.78	6.62	12.25	6.94	14.42
10	悉　尼	50.58	7.69	8.12	8.08	8.62	18.06
11	多伦多	45.41	4.73	5.36	8.24	8.56	18.53
12	迪　拜	33.71	0.00	2.09	8.57	10.92	12.13
13	莫斯科	25.43	3.28	8.20	11.90	2.04	0.00
14	墨西哥城	21.26	1.23	9.34	1.43	3.21	6.05
15	开普敦	18.12	0.79	5.62	11.01	0.70	0.00

2.数字竞争力指数区间分析

依据全球重要城市数字竞争力测评结果，将参与数字竞争力评定的15

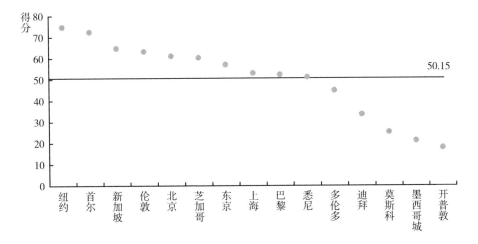

图1 15个全球重要城市数字竞争力指数得分与均值比较

个城市分为三个梯队，分别是领跑城市、加速城市和起步城市。领跑城市位于时代转型的最前列，数字竞争力指数得分均高于60。这些城市科技发展水平领先，新一代信息科技与各类产业相结合、转化、升级的过程正在如火如荼地进行。而加速城市数字竞争力指数得分在50~60，这些城市已经开始利用数字技术创造经济价值，但在进一步释放产能、加快产业转型升级等方面还有较大的潜力。起步城市互联网发展相对迟缓，数字竞争力指数得分低于50。这些城市宽带、云计算、物联网等技术无法释放足够的动能，致使这些城市数字竞争力不强（见表3）。

表3 15个全球重要城市数字竞争力指数得分分布情况

领跑城市(60~100)		加速城市(50~60)		起步城市(0~50)	
城市	得分	城市	得分	城市	得分
纽约	74.71	东京	56.86	多伦多	45.41
首尔	72.27	上海	52.40	迪拜	33.71
新加坡	64.99	巴黎	52.01	莫斯科	25.43
伦敦	62.99	悉尼	50.58	墨西哥城	21.26
北京	61.11			开普敦	18.12
芝加哥	60.48				
平均分	66.09	平均分	52.96	平均分	28.79

3.内部结构分析

对全球重要城市数字竞争力指数进行竞争力内部结构分析。如图 2 所示，纽约、首尔的各项竞争力指数均排名靠前，其竞争力来源于数字化发展中各个环节的均衡发展。新加坡、伦敦的数字服务和数字安全方面得分靠前，但是在数字创新、数字经济、数字治理方面竞争力不如上海。北京、上海在数字创新和数字经济方面竞争优势明显，而在数字服务与数字安全方面仍有很大进步空间。芝加哥和东京则在数字安全领域得分很高，而在数字经济领域相对落后。此外，城市数字竞争力指数排最后四位的城市（迪拜、莫斯科、墨西哥城和开普敦）分项指数得分相对较低，数字创新表现均相对较差，在数字人才和科研等核心要素方面均存在较大缺失。

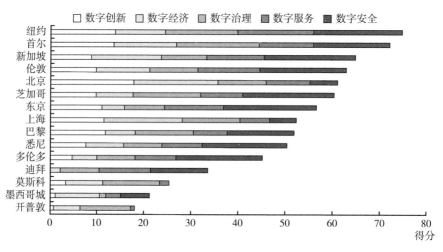

图 2　15 个全球重要城市数字竞争力分项指数得分情况

（三）数字竞争力指数与地区 GDP

结合各地 GDP 进行分析，可以得到各城市 GDP 与数字竞争力指数之间的关系及各城市的相对位置散点图。从图 3 可以看出，数字竞争力与各地 GDP 具有高度的正相关关系，即一个城市数字竞争力的提升与其经济条件息息相关。比如，经济实力较强的纽约、东京的数字竞争力指数得分较高。

但同时也要看到，存在少许城市的经济发展水平相对于其他城市并不落下风，但是数字竞争力指数得分却低于经济水平略低的城市。比如，东京、巴黎 GDP 超过北京，但数字竞争力指数不及北京。由此可见，一个城市在经济发展过程中如果不注重构建完整的数字基础设施条件，无法集聚高素质的数字人才，不注重信息通信技术的创新，即使其属于发达国家或地区，但在数字经济社会领域也很有可能处于落后的地位，被其他城市赶超。

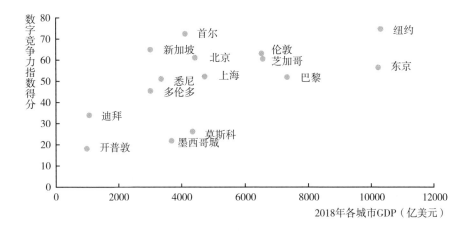

图 3　数字竞争力指数与各城市 GDP 相关关系分析

三　全球重要城市数字竞争力分指数评估

（一）数字创新指数

15 个全球重要城市的数字创新指数得分可分为三个梯队。从数字创新指数区间看，北京、纽约、首尔、巴黎、上海、东京 6 个城市处于第一梯队，尤其是北京数字创新指数遥遥领先；伦敦、芝加哥、新加坡、悉尼 4 个城市处于第二梯队，其数字创新指数在平均线上下浮动；多伦多、莫斯科、墨西哥城、开普敦、迪拜等 5 个城市的数字创新指数处于第三梯队，与所选城市的平均水平差距较大（见表 4）。

表4　15个全球重要城市数字创新水平分布情况

第一梯队	第二梯队	第三梯队
北京、纽约、首尔、巴黎、上海、东京	伦敦、芝加哥、新加坡、悉尼	多伦多、莫斯科、墨西哥城、开普敦、迪拜

数字创新竞争力领先城市在全球科技创新中引领作用显著，具有强大的原创策源能力。2012～2017年，数字创新指数得分排前七的城市（北京、纽约、首尔、巴黎、上海、东京和伦敦）人口相对全球人口占比不到1.8%，但它们对于全球的科技创新贡献率占比高达14.6%。①

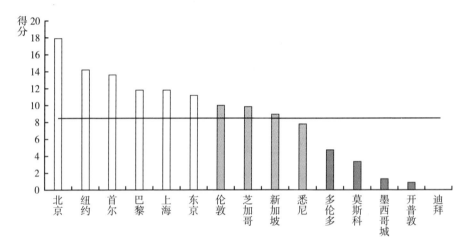

图4　15个全球重要城市数字创新指数得分与均值比较

纽约、伦敦创新基础较好，北京创新投入最多。欧美一直是科技创新最发达的地区，在创新基础方面，伦敦和纽约的大学指数领先于其他城市。纽约的哥伦比亚大学、纽约大学分别居2020 QS世界大学排名榜单②第18名、第39名；伦敦共有4所大学入围2020 QS世界大学排名榜

---

① 上海市科学学研究所：《2019"理想之城"全球科技创新策源城市分析报告》，2019年5月24日。
② 2020年QS世界大学排名是由英国高等教育资讯和分析数据提供商QS发布的QS世界大学排名，是历史第二悠久的全球大学排名，也是目前影响力最大的世界大学排名之一。

单前 50 名，其中伦敦大学学院、帝国理工学院分别位列第 8 名、第 9 名。北京和上海作为国内高校综合办学实力较强的 2 个城市，北京的清华大学、北京大学和上海的复旦大学均入围 2020QS 世界大学排名榜单前 50。在创新产出方面，全球各城市科技文章发表数量前三名分别是北京、纽约和东京，三者 2017 年"自然指数"① 论文计数（AC）分别为 4396、4383 和 2601。2018 年，北京以 222668 篇论文数在科学论文出版方面蝉联全球首位，占全部论文出版数量的比重达 2.65%；在 PCT 国际专利指标方面，北京以 23014 件排名全球第 6，占全部 PCT 国际专利申请量的比重达 2.3%。② 在创新投入方面，北京、首尔研发投入最多，同时，研发投入排名靠前的城市所在国的研发投入也在全球靠前，前七名城市所在国的研发投入之和占全球的 64.68%。

（二）数字经济指数

亚洲城市在数字经济指数方面表现优异。全球 15 个重要城市数字经济指数总分达到 142.42，平均分达到 9.49。值得注意的是，从洲际来看，城市数字经济指数得分前四名均为亚洲城市，领先于欧美（见图 5）。

北京、上海位列 15 个全球重要城市数字经济指数得分前两名，从侧面反映了中国已成为全球数字经济中的领头羊。中国全面推动互联网与经济的深度融合，电子商务、互联网信息服务蓬勃发展，2018 年，中国数字经济规模达 31.3 万亿元，占 GDP 的 34.8%。③ 其中，北京拥有中国最多的"互联网 100 强企业"和"独角兽企业"，分别达到 32 家④和 87 家⑤。上海电子商务发展快速稳健，电子商务规模保持中国领先。

金融科技逐渐成为全球金融和经济发展的全新驱动力与增长点。2013

---

① 自然指数是根据全球 82 种顶级期刊，统计各大高校、科研机构（国家）发表论文数量的数据库。
② 世界知识产权组织发布的《2019 全球创新指数报告》。
③ 国家互联网信息办公室发布的《数字中国建设发展报告（2018 年）》。
④ 中国互联网协会发布的《2018 年中国互联网企业 100 强》。
⑤ 前瞻产业研究院发布的《2018 年中国独角兽企业研究报告》。

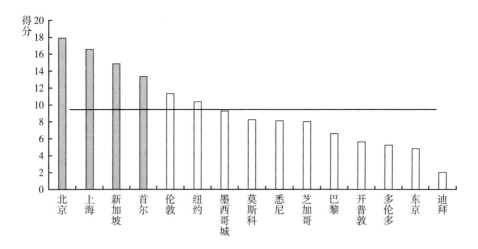

图5　15个全球重要城市数字经济指数得分与均值比较

年，第三方支付公司、网贷、众筹等新兴金融机构大量出现。随着大数据、区块链和 AI 的发展，金融大数据处理能力大幅提升，金融行业服务模式更加个性化，金融监管的方式更加智能化。从全球金融科技城市发展来看，呈现出以北京、上海为代表的中国城市引领世界格局。北京出台《北京市促进金融科技发展规划（2018 年~2022 年）》，推动以金融监管科技为核心的产业集聚。现拥有京东金融、度小满金融、拉卡拉等近 73 家金融科技企业，金融科技使用者占比达到 83.9%，具有 138 个第三方支付场景、12 项特色服务，覆盖广泛而全面。上海诞生了中国首家互联网保险——众安保险，拥有陆金所、点融网、拍拍贷等 27 家金融科技企业，金融科技使用者占比达到 85.4%。此外，伦敦作为全球金融中心，资本投资者众多，英国金融行为监管局（FCA）设立创新中心，促进金融科技企业国内外协调发展。美国CFPB 计划推出的监管沙盒，将有助于纽约金融机构创新和发展金融科技相关业务。① 纽约、伦敦虽然在金融科技企业数量方面具有一定优势（分别有66 家和 48 家），但在金融科技使用程度方面远低于北京和上海（见图 6）。

---

① 浙大 AIF：《2018 全球金融科技中心城市报告》，2018 年 11 月 12 日。

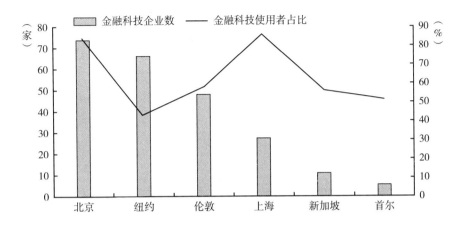

图6 数字经济指数前六名城市的金融科技情况

资料来源：浙大 AIF 司南研究室、杭州摩西信息科技。

（三）数字治理指数

城市数字化发展深刻改变着政府的运作方式和创新模式。20 世纪 90 年代初期之后，电子政务的概念应运而生，推动政府服务的效率极大提高。全球重要城市积极顺应新一代信息技术发展趋势，深刻把握数字化背景下政府治理新规律，纷纷革新理念，前瞻布局，大力推进数字政府建设。

在 15 个全球重要城市中，首尔数字治理程度最高。从数字治理指数来看，首尔得分 17.69，居第一位，排第二位的是纽约，得分为 15.39，与首尔存在一定差距，而其他排名前十的城市之间得分差距不是很大。首尔电子政务城市水平一直位居前列，已实现行政审批、证件办理等业务的全面在线办理。

全球重要城市积极提升数据开放水平，各地政务信息的管理和开发利用日益向数字化、开放化和共享化方向发展。从城市数据开放指数①来看，首尔、纽约、芝加哥位列前三。其中，首尔可用数据集 5201 个，开放机构

① 2019 年全球重要城市开放指数由上海社会科学院信息研究所发布。

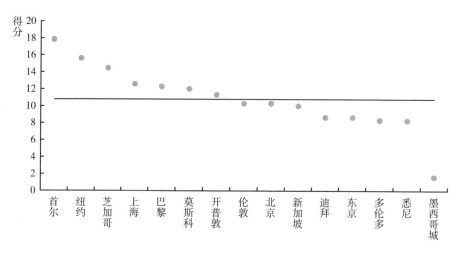

图7 15个全球重要城市数字治理指数得分与均值比较

574个，开放平台展示447个开放数据应用产品；纽约2012年市议会决议通过开放数据法律《开放数据法》（*Open Date Law*），于2018年12月31日正式实施，有效API应用程序接口和API兼备比均达100%；芝加哥2012年发布数据开放行政令，明确政府数据开放范围及数据保护标准。

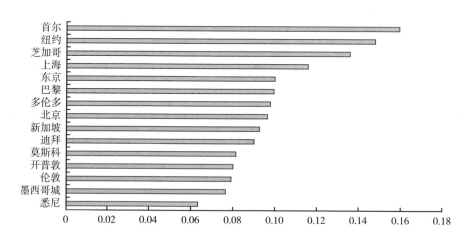

图8 15个全球重要城市数据开放指数

（四）数字服务指数

纽约、伦敦、东京、新加坡、首尔数字服务指数排名前五。如图9所示，数字服务指数平均值为8.7，8个城市得分高于平均值，占比53.3%。数字服务指数得分较低的是开普敦，仅为0.7。在数字竞争力排名前五的城市中，有4个进入数字服务指数前五位行列。这些城市在推进数字服务的进程中都制订了相关计划，并积极采取相关举措。

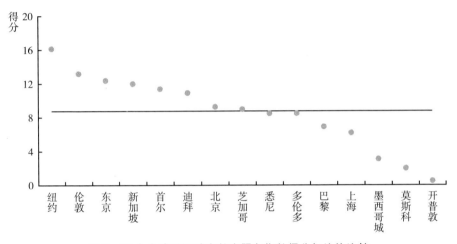

图9　15个全球重要城市数字服务指数得分与均值比较

（五）数字安全指数

北京和上海数字安全指数得分仅位于第三梯队。从数字安全指数得分区间看，东京、新加坡、芝加哥、纽约、多伦多5个城市的数字安全指数得分处于第一梯队；伦敦、悉尼、首尔、巴黎、迪拜的数字安全指数得分处于第二梯队，得分在平均线上下浮动；墨西哥城、北京、上海、开普敦、莫斯科的数字安全指数得分处于第三梯队，与所选城市的平均水平差距较大。其中，北京和上海得分仅分别为5.93和5.66，远低于平均水平12.87。东京、新加坡的数字安全优势主要来源于绝佳的网络防御状态，伦敦、巴黎等欧洲城市则在网络信息安全领域保持着更加谨慎的态度；同时，中国城市（北京、

表5　部分城市数字服务举措

城市	重要举措
纽约	2005年纽约市启用电子健康记录系统,并不断推进该系统的建设和升级。目前,纽约市各大医院和社区医疗保健机构普遍采用全套电子病历系统,提高医生调档会诊的便利度和医疗措施的准确性。在此基础上,开发移动医疗应用程序,为居民提供随时随地的医疗健康服务 纽约智慧交通的建设始于20世纪末,已建成一套智能化、覆盖全市的智慧交通信息系统,成为全美最发达的公共运输系统之一。纽约智能交通信息服务系统可以及时跟踪、监测全市所有交通状态的动态变化,为相关部门进行交通疏通处理提供便利
东京	东京电子病历系统在各类医院已基本普及,该系统整合了各种临床信息系统和知识库。医院采用笔记本电脑和PDA移动终端,方便医生移动查房和护士床旁操作,实现医护环节无线网络化和移动化。通过在家中设置感应器及无线网络,随时随地将患者的生理状况传送到医院数据系统 东京提出"智能化高速公路",实现汽车高度信息化,车载终端可以利用外部信息选择最佳行驶方案,从而避免追尾、碰撞障碍物和违规行驶等问题。另外,包括高速公路在内的所有公路均由信息技术控制和监测,随时提供重组的信息服务,避免各种自然灾害的发生,进一步提升城市公路运行安全管理智能化水平
新加坡	新加坡建立综合医疗信息平台,通过整合医疗信息资源,利用传感器、电子记录等多种信息化手段,将医疗相关服务一体化,提升医疗信息共享水平和就医效率。开发建成医疗影像信息管理系统,通过该系统,可以在任何地方快速访问影像数据,为集团下属的医院、专科中心与诊所创建一个统一的患者影像档案,以及更好地获得医院、专科中心和诊所的信息 新加坡资讯通信管理局联合新加坡教育部推出第三代未来教室项目,打造了一个包括动力学、4D沉浸技术、语义搜索以及学习分析等20多种新技术在内的智能教室空间 新加坡城市智能交通管理体系的规划和建设大致经历了交通管理系统整合、公共交通系统整合、智能交通体系建设三个阶段,实现了对城市智能交通建设的智能化管理,方便出行者和道路使用者,同时更注重车辆最佳行驶路线规划、繁忙时间道路控制、公共交通的配合和衔接,为高密度的人流和车流提供优质的服务
首尔	首尔的网络系统由正在普及的公共免费无线网络、连接市政府与各区政府的专用政务网络以及监控探头网络三个部分组成。2003年建成"e-首尔网"行政光纤网络,并在2011年对该网络进行了升级,为了适应移动互联网技术的发展,开发一系列智能手机应用,其中以"智慧首尔地图"为代表,用户通过该应用可以查询市区免费无线网络热点、图书馆以及行政信息等,同时推广建立NFC(近距离无线通信技术)基础上的支付系统 在城市安全方面,利用红外摄像机和无线传感器网络,在监测火灾时突破人类视野限制,提高灾难监测自动化水平;在城市生活方面,首尔街道或广场安装了生态友好的媒体显示屏,这种显示屏利用电子芯片,可以使LED的能耗降低26.7%

上海)虽然在网络安全立法方面具有一定优势,但是在网络安全风险防控方面与其他地区仍存在较大差距,值得引起重视。

表6   15个全球重要城市数字安全水平分布情况

第一梯队	第二梯队	第三梯队
东京、新加坡、芝加哥、纽约、多伦多	伦敦、悉尼、首尔、巴黎、迪拜	墨西哥城、北京、上海、开普敦、莫斯科

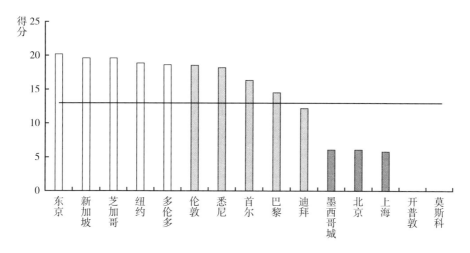

图10   15个全球重要城市数字安全指数得分与均值比较

四   全球重要城市数字化启示

（一）数字化转型已成为共识，强者愈强和换道超车将长期并存

从全球重要城市的数字竞争力整体水平来看，这15个城市均已开启数字化转型发展。但各个城市的数字竞争力有所差异，数字化发展所处的阶段不同。发达城市通过强化技术创新巩固数字化先发优势，掌握先进技术和创新能力的高新技术型、创新型地区将会获得更大的发展机遇，人才和资金等资源将日益向经济发达大城市集中，这将造成城市之间经济发展水平的差距拉大。同时，我们也意识到发展相对落后的地区仍可以通过深化融合应用努力实现赶超。尽管其他地区在传统资源集聚方面缺乏优势，但仍在数字创新

和应用方面存在潜力，政策和扶持资金的倾斜使发展相对落后城市换道超车成为可能。

（二）聚焦城市数字化建设短板，推动城市数字化各维度协调发展

城市数字化发展不是一个简单的数字化工程项目，其发展需要激发内生驱动力量，通过数字竞争力各构成要素之间的自我调节、优化实现持续发展。各地在数字化过程中，应认清所处的发展阶段和发展的优劣势，避免盲目跨越式发展。各地既要把握大数据和人工智能等数字技术改革劳动力市场与经济市场的机遇，也要客观认识到政治决策、监管与经济发展水平带来的数字市场不均衡发展问题；既要明确本地所处的数字发展阶段与数字发展优势，也要重视本地发展过程中的薄弱环节，及时转换战略重心、调整战略布局，做到各方面均衡发展、稳步提升。

（三）以城市群数字化建设为契机，打造城市群下各具特色、功能互补的数字标杆城市

不同城市的定位和资源禀赋不同，在数字化过程中，仅仅依靠单一城市自身的发展和调节，其带动力和资源调配力有限。城市群覆盖的城市众多，跨城市、跨地区、跨行业、跨领域的发展优势尤为明显。借助城市群发展力量，结合城市群中各个城市的特征和资源优势推进区域一体化发展，一方面促进城市之间的合作联动，支撑城市群的科学发展、跨越式发展；另一方面，各具特色的城市在数字化转型中错位互补，更有利于城市聚焦优势资源，打造特色鲜明的数字标杆城市。

参考文献

王振等：《数字经济蓝皮书：全球数字经济竞争力发展报告（2019）》，社会科学文献出版社，2019。

倪鹏飞等:《全球城市竞争力报告(2017~2018)》,中国社会科学出版社,2018。

熊璋等:《智慧城市》,科学出版社,2015。

浙江大学互联网金融研究院等:《2020 全球金融科技中心城市报告》,杭州政府网,2019 年 12 月 7 日。

联合国:《2018 联合国电子政务调查报告》,https://www.un.org/,2018 年 7 月 19 日。

经济学人智库:《2019 年全球城市安全指数》,经济学人智库网站,https://perspectives.eiu.com,2019 年 9 月 3 日。

《2020 年全球人才竞争力指数》,瑞士德科网站,https://gtcistudy.com/,2019 年 1 月 21 日。

大数据发展指数篇

Big Data Development Index

B.4
中国大数据发展趋势与
大数据发展指数研究

摘　要： 当前，全球大数据正进入加速发展时期，以大数据为代表的新一代信息技术的国家战略布局和产业发展创新进入新高潮，大国间尤其中美之间战略竞争态势更趋激烈。中国共产党十九届四中全会首次提出数据可作为生产要素按贡献参与分配。美国的《联邦数据战略与2020年行动计划》指出，"将数据作为战略资源开发"是核心目标。由技术转向资产，成为中美两国大数据战略的共同关注点，也带动了大数据整体发展态势和未来趋势的重要变化。围绕这些变化，本文对大数据发展指数的核心理论模型——数据价值链模型进行了优化和完善，在此基础上对指标评价体系的测评重点和代表指标进行补充和调整，同时在最大程度上保持了与之前评价体系的一致性。

关键词： 大数据发展指数　数据价值链模型　大数据发展

2019 年，全球主要经济体高度重视以大数据为代表的新一代信息技术在经济、社会和安全等方面的地位和作用，关注其对当前和未来国家核心竞争力与国际政治格局的关键影响。大国间尤其中美之间战略竞争态势更趋激烈，围绕大数据以及相关领域的国家战略布局、产业发展创新和制度建设不断迈向新高度。

一 2019年大数据发展的态势与特征

2019 年以来，全球大数据战略、产业、贸易、规则等方面呈现新态势。

（一）国家层面的数据战略布局与竞争持续深入

近年来，各个国家相继出台国家数据战略，力图搭建国家层面的数据治理方案，探索数据开放使用和数据安全的平衡之道。

为了进一步释放数据潜力，推动数据共享，美国在现有立法政策的基础之上，率先制定了国家数据战略。2019 年 6 月，美国白宫行政管理和预算办公室（OMB）发布了《第一年联邦数据战略行动计划》草案，向社会公开征求意见。2019 年 12 月，在充分吸收公众意见的基础上，OMB 发布了上述草案的最终版本——《联邦数据战略与 2020 年行动计划》。以 2020 年为起始，联邦数据战略描述了美国联邦政府未来十年的数据愿景，并初步确定了各政府机构在 2020 年需要采取的关键行动。该战略的突出特点在于，美国对数据的关注由技术转向资产，"将数据作为战略资源开发"成为核心目标，其中更是着重提到了金融数据和地理信息数据的标准统一问题。

2019 年 3 月，英国政府发布《解锁数字竞赛》报告。该报告对英国的数字时代建设进行审查时发现，英国数字市场建设面临体制和规则落后、科技巨头垄断和新规则亟须建立的局面。报告建议，英国建立专门的数字市场部门，统筹数字市场相关的战略、制度和法律等方面的建设，以为公民提供更多的选择和创新机会。

2019 年 10 月，中国共产党十九届四中全会提出，健全劳动、资本、土地、知识、技术、管理、数据等生产要素由市场评价贡献、按贡献决定报酬的机制。这是首次将数据与资本、土地、知识、技术和管理并列作为可参与分配的生产要素，体现出对数据在国民经济运行中的作用的认识和理解的进一步深入。

这些国家的数据战略侧重点有所不同，但是相同的是对数据的重视程度继续提升，营造数据驱动的文化氛围，在国家层面逐步形成强大的数据治理能力，充分利用数据为公民、企业和其他组织提供相应的服务，这将对整个国家经济和安全产生深远影响。

（二）先进制造业成为大数据与实体经济深度融合的核心领域

如果说过去时间里，大数据的主要作用是面向个人提供社交、购物、教育、娱乐等服务，那么未来大数据的主战场将是面向各行业，特别是先进制造业领域。当前，新一轮工业革命正在拉开帷幕，在全球范围内各国正在积极布局（见表 1）。

2019 年 2 月，德国发布《国家工业战略 2030》（*National Industrial Strategy 2030*），其在时间上承接《德国高技术战略 2025》。该战略指出，聚焦机械与装备制造、光学与医学仪器制造、增材制造等关键行业领域；通过加大国家投入，打造德国的头部企业，保持德国工业的全球竞争力；到 2030 年，德国工业附加价值占 GDP 比重提高至 25%，占欧盟国家比重提高至 20%。几乎与此同时，2019 年 2 月 19 日，法德经济部长签署《法德关于 21 世纪欧洲工业政策的宣言》，呼吁制定更加雄心勃勃的欧洲工业战略，明确 2030 年目标，认为未来的欧洲工业战略应围绕三大支柱建立，同时提出 14 项实施建议。

如果说，德国代表着工匠模式，在产业链纵向升级方面做到了精益求精和极致化，那么，美国则代表着价值链掌控模式，在重振制造业发展过程中更加重视产业横向升级。2008 年国际金融危机之后，美国提出"再工业化"战略，聚焦包括先进制造业在内的前沿领域，推动 3D 打印、传感器等新技术在各领域的深入应用。同时，美国的市场型创新主体也层出不穷，涌现了谷歌、苹果、特斯拉、亚马逊等大量高科技公司。2019年2月7日，美国白宫网站发布了《美国主导未来产业》，这是一项描绘美国未来产业的发展战略，重点提及了人工智能、5G、量子信息和先进制造等关键技术。该文件是一个纲领性的指导文件，在此基础上美国白宫科技和政策办公室（Office of Science and Technology Policy）陆续出台具体行动计划。

而我国正处于由数量和规模扩张向质量和效益提升转变的关键期，作为制造大国和互联网大国，我国推动工业互联网创新发展，努力形成竞争新优势。2019年11月，国家发改委牵头十五部门联合印发了《关于推动先进制造业和现代服务业深度融合发展的实施意见》，提出了先进制造业与现代服务业融合发展的目标、模式和路径，明确了面向2025年的发展目标，梳理出10种创新业态和发展模式以及10条重点行业领域融合的路径。同月，工业和信息化部印发《"5G+工业互联网"512工程推进方案》，其中"512"是指，未来三年将打造5个产业公共服务平台，在10个重点行业进行内网建设改造，在20个以上典型工业应用场景形成样板工程，最终促成5G与工业互联网融合发展的态势。

表1 全球先进制造业发展战略格局

国家	制造业发展战略	代表企业
美国	工业互联网联盟	GE、波音、IBM、英特尔、思科等
德国	工业4.0、德国2030	SAP、西门子、博世等
法国	新工业战略	施耐德电气
日本	工业价值链促进会	三菱、东芝、日立、索尼、富士等
韩国	互联网+工业	三星、ETRI
中国	工业互联网、制造强国战略	华为、海尔等

资料来源：华夏幸福产业研究院。

（三）以5G为代表的数字基础设施建设成为博弈焦点

2019年，韩国、美国、瑞士、英国、意大利、西班牙、德国和中国等国通信运营商陆续推出5G服务，拉开5G商用序幕。2019年，全球已有109个国家的328家运营商开始进行5G方面的投资，27个国家的50家运营商已完成5G基础设施的初步建设。世界主要经济体持续颁布5G扶持政策和规划。美国发布《美国无线通信领导力研发优先事项》《新兴技术及其对非联邦频谱需求的预期影响》两份5G技术报告，推动制定长期的国家频谱战略。欧盟发布《5G挑战、部署进展及竞争格局》，为提高欧洲5G竞争力提出建议。韩国公布《5G应用战略推进计划》，通过减税等措施刺激5G部署。

同时，基于5G技术的数据安全竞争日益激烈。2019年，美国国防部发布《国防部数字现代化战略》，计划组建5G技术专项办公室，以确保美国在网络空间领域的领先地位。法国发布《网络战略》，将开发和部署网络攻击武器，并将拟定新法律，强化对5G网络设施的监管。日本将5G定为国家战略，并在《2020财年防卫预算》中提出将优先提升太空、网络和电磁频谱作战能力，培育网络防御人才，以应对网络攻击。韩国发布《国家网络安全战略》，制定"5G+战略"，以建立网络安全产业发展基础，提高网络攻击应对能力。

（四）数字贸易规则制定开始进入加速阶段

当前，在新一代信息技术助推下的国际贸易正呈现高度数字化的特征，对世界各国产生了巨大影响。一方面，数字贸易更加便捷、高效，提高了全球经济运行效率，在更大范围内释放数字红利。另一方面，数字贸易加剧了全球市场竞争，互联网马太效应通过数字贸易影响着世界经济各个领域。数字贸易成为各国竞争的焦点。

2019年前后，全球数字贸易领域的数字税成为一大焦点。从2018年10月开始，英国、西班牙、法国等国家相继提出对在当地运营的全球性大型科技企业按照2%~3%的比例征收数字税。进入2020年，全球范围开征数字税的国家还在增加。意大利、奥地利、捷克、新西兰和印度等国家都开始对全球互联网巨头征收数字税，税率区间在3%~7%。从全球范围看，谷歌、亚马逊、Facebook等公司是开征数字税后的主要受损者。2019年年中开始，美国的贸易部门基于相关国家的数字税征收情况采取了针对性的措施。欧盟和美国之间围绕数字税进入新一轮博弈之中。

除了数字税之外，跨境数据流动监管是另一个焦点。2019年5月，《欧盟非个人数据自由流动条例》正式生效，同步还出台了关于该条例的实施指南。条例针对欧盟国家在非个人数据流动监管方面做出规定，提出了"自由流动、规则透明、公共安全保留"的基本原则。条例及指南的实施，标志着欧盟在推进数字单一市场构建方面迈出了实质性的一步，这对其他国家或地区在数据流通和保护方面产生了重要影响和示范作用。

围绕数字税和跨境数据流动监管等重点议题，基于全球数字贸易快速发展的形势，急需制定高标准的新规则。2019年1月，世界贸易组织的76个成员在瑞士达沃斯举行的电子商务非正式部长级会议上签署《关于电子商务的联合声明》，中国、美国、日本、欧盟、俄罗斯、巴西等国家或地区共同确认在WTO现有框架基础上，启动数字贸易相关议题谈判。

（五）数据合规性方面的重视程度越来越高

2019年5月25日，旨在保护欧盟公民的个人数据安全、对企业的数据处理提出了严格要求的《通用数据保护条例》（GDPR）实施满一周年。GDPR正式实施之后，引起了全球各国政府的高度重视，并带动一系列相关法律法规的出台。

2019年4月17日，欧洲议会和理事会通过第2019/881号条例（EU），主要内容涉及欧盟网络安全局（ENISA）以及信息和通信技术网络安全认证和废除条例（EU）。旧版网络安全法案（No.526/2013）被取代，欧盟新版《网络安全法》于2019年6月27日正式施行。欧盟新版《网络安全法》是欧盟继《通用数据保护条例》（GDPR）之后又一项重磅数据法律方面的顶

层设计，也是欧盟后续出台的《电子隐私条例》《电子证据条例》的制度起点，必将在全球产生广泛的影响。

2020年1月1日，美国《加利福尼亚消费者隐私法案》（CCPA）正式生效，这是最具典型意义的州隐私立法，被称为最严厉、最全面的个人隐私保护法案。法案强调企业和组织在收集使用消费者信息时的责任，对于过去的通过平台收集利用用户信息进行精准营销的商业模式产生了比较大的影响。

2019年，中国发布了《数据安全管理办法（征求意见稿）》，明确了收集、处理、使用个人信息数据以及对其进行有效监管的相关规定。同时，还有其他三项关于数据安全的管理办法相继发布征求意见稿，其中，《儿童个人信息网络保护规定》已正式公布，并于10月1日开始施行。

此外，各国政府强化对科技公司和数据平台的管控，打击网络虚假信息和网络恐怖主义。2019年4月英国政府发布《网络危害白皮书》，首次将政府对社交媒体公司的监管内容具体化，坚决遏制谣言、极端言论、恐怖袭击和网络霸凌等信息和视频的传播。美国发布《保护美国人免受在线审查》行政令，要求联邦通信委员会审查Facebook、推特等社交媒体，以规范社交媒体删除及限制用户内容的行为。加拿大出台《数字宪章》，保护公民在线权益，防范破坏选举和民主制度的网络威胁和虚假信息。新加坡提出《在线虚假信息与操纵规避法案》，授权政府可要求社交媒体公司、新闻机构或个人删除不良内容。澳大利亚出台法律明确，对未能迅速移除暴力内容的社交媒体可处以巨额罚款。日本拟在2020年修改电信企业法，加强对苹果、亚马逊等海外科技巨头的监管。法国、德国、新西兰、日本和印度等18国政府机构和Facebook、亚马逊、谷歌等8家科技公司签署协议，共同打击网络恐怖主义。

二 大数据发展评估与数据价值链模型优化

大数据发展评估的目的在于引起大数据研究者和实践者对目前国内外大

数据领域正在发生的关键性变化的关注。从原来的以技术和应用为主向战略布局、产业创新、治理变革、规则竞争、价值发现等转变，而这些变化必然会对区域竞争格局和形态产生重大影响。

（一）大数据的价值本质

正在进行的第四代技术变革，实质上是数字世界与现实世界更加紧密融合的运算模式。作为其中代表的大数据，其价值本质上表现为提供了认识世界的全新思维和手段。通过综合运用感知、计算、建模等技术，在足够的算法和算力的支撑下，对现实世界数字化，构造出与现实世界拥有相同特征和规律的映射数据集合。对这个映射数据集合的观察、分析和预测，将在一定程度上有助于对相应现实世界的认识和理解。

从功能视角来看，大数据的价值主要包括描述、诊断、预测、决策四个递增层次。其中，描述是对物理实体的数字化感知和记录；诊断是通过对事物历史数据的汇集和发掘，找到相应的问题和原因；预测是基于历史数据和相关因素，描绘趋势、预测未来；决策是综合运用描述、诊断、预测等功能对行为进行指导。

同时，数字世界不仅仅是现实世界的镜像，也要接受现实世界的实时信息，更要反过来实时驱动现实世界，进而实现物理空间与数字空间的交互映射。应该说，大数据为人类提供了认识世界、探索世界和改造世界的新思维、新视角和新手段。

（二）数据价值链模型

随着大数据的持续发展和对其认识的持续深入，数据价值链模型所涉及的内容不断丰富，而建立在该模型之上的大数据发展指数也在同步完善。中国共产党十九届四中全会首次提出"健全劳动、资本、土地、知识、技术、管理、数据等生产要素由市场评价贡献、按贡献决定报酬的机制，这是中央首次在公开场合提出数据可作为生产要素按贡献参与分配。数据作为生产要素，其作用愈发为各界所重视，同时，也标志着我国正式进入数据红利大规模释放的时代。

数据在代表现实世界和数字世界的现实域和数字域之间流动，通过描述、诊断、预测与决策等价值发现和创造，对价值链各环节涉及的要素流进行价值增值，形成包含基于政府的全治理链、基于市场的全产业链和基于社会的全服务链的多元价值体系，体现为大数据政用、商用和民用价值，进而推动数字政府、数字经济和数字社会建设（见图1）。

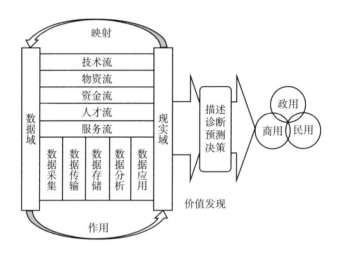

图1　数据价值链模型

三　大数据发展指数的测评重点与体系调整

（一）测评重点与理论体系

基于数据价值链模型的总体构想，大数据发展指数设计思路确定为大数据政用、大数据商用和大数据民用三个方面，进而根据对大数据发展形势的综合认识，形成大数据发展指数的基本框架。

大数据政用发展聚焦数字政府建设领域，从政府数据资源汇集、政务基础设施建设等政府自身数据应用情况，以及通过政策手段引导区域大数据发展等角度进行评价。

大数据商用发展聚焦数字经济建设领域，重点针对数字产业化、产业数字化和数字基础支撑能力建设方面的情况进行评估，通过对数据引领的各类要素的优化配置，实现更高效率的人才、技术支撑，资金和物质流动，以及与其他产业的融合发展。

大数据民用发展聚焦数字社会建设领域，包括基于大数据应用的以政府为主体提供的公共服务、以社会组织和商业企业为主体提供的涉民服务。通过完善信息基础设施、提升公共服务领域的大数据应用能力、降低数字资源使用门槛等，提高公共服务产品供给能力和供给质量。

大数据发展指标体系在构建过程中，还适当考虑了大数据领域的最新进展，包括：地区层面数据治理整体布局与体系设计问题；数字产业领域各界对于工业互联网的关注；区域信息基础设施建设中 5G 相关项目建设与应用；区域对外大数据合作交流与数字贸易进程推进；数据安全、数据流通中的合规性举措与制度建设进程。

在此基础上考虑区域大数据发展统计指标的可获得性和数据质量，建立由 3 个要素层和 26 个指标层组成的大数据发展指数理论指标体系（见表 2）。

（二）省域评价体系与市域评价体系的指标调整

从 2017 年开始进行大数据发展指数测评以来，每年的指标体系都会遵循动态性和稳定性平衡的原则，基于当年的大数据发展重点与基础性指标的变化予以相应调整。

大数据发展指数主要开展面向 31 个省、自治区、直辖市的省域测评和面向 36 个大中城市的市域测评。由于省域层面和市域层面大数据发展的内在机理与代表指标的不同，在具体的指标体系设置上，在保持总体评价结构确定的同时也做了差异化处理，进而形成了侧重于总体情况与规模性指标的省域大数据发展评价可操作指标体系（见表 3）和侧重于领域进展和项目应用的市域大数据发展评价可操作指标体系（见表 4）。

表2 大数据发展指数理论指标体系

要素层	指标层	指标含义
政用指数	发展关注度	反映地区大数据发展受关注的程度
	政策力度	反映地方推进大数据发展的积极性
	试点创新	反映地区大数据发展在国家战略中的地位
	在线政务	反映政府在线服务水平
	数据统筹	反映地区对于数据进行总体统筹的制度建设、机构设置和落实情况
	数据标准	反映区域数据标准化工作进展
	数据开放	反映数据开放程度及开放的公平性
商用指数	人才基础	反映大数据发展的人才支撑
	产业规模	反映大数据相关产业发展情况
	应用惠及度	反映地区大数据应用惠及的程度
	商业普及	反映地区企业数据化水平
	营商环境	反映地区对新兴产业投资的吸引力
	网络安全	反映大数据运行保障能力
	科技投入	反映大数据发展的科研支撑
	吸纳就业	反映大数据发展潜力和持久力
	创业创新	反映地区创业创新活力
	工业融合	反映大数据与工业融合程度
	商业融合	反映大数据与商业融合程度
	数据流通	反映地区数据交易规模和规范程度
	数字贸易	反映地区数字贸易规模
民用指数	终端普及	反映个人数据采集的便利化
	网络基础	反映网络信息基础设施的建设情况
	5G网络	反映地区5G网络覆盖率
	服务通达度	反映政府利用大数据提供公共服务的能力
	数字技能	反映居民数字素养
	消费能力	反映公众对信息消费的承受能力

表3 省域大数据发展评价可操作指标体系

要素层	指标层	具体指标
政用指数	社会关注度	"大数据"热度
	政策力度	大数据相关政策发布数
	试点创新	是否有大数据综合试验区
	区域影响力	是否举办国家级大数据相关会议
	数据开放	是否上线数据开放平台

要素层	指标层	具体指标
商用指数	产业规模	软件和信息技术服务收入占 GDP 比重
	应用惠及度	App 应用的网民占全国网民的比重
	商业普及度	每百家企业拥有网站数
	科技投入	规模以上工业企业 R&D 经费占 GDP 的比重
	创业创新	高新企业新产品销售收入
	工业融合	工业互联网企业数占全国比重
	商业融合	有电子商务交易活动企业占全国比重
民用指数	终端普及率	移动电话普及率
	网络基础	人均移动互联网接入流量数
	服务通达度	是否上线政务服务 App
	数字技能	人口平均受教育年限
	消费能力	居民交通通信支出占总消费支出的比例

和上年相比，省域大数据发展评价可操作指标体系进行了微调，部分修改内容为：政用指数删掉了"在线服务"，增加了"区域影响"；商用指数删除了"人才基础"和"网络安全"。

表 4　市域大数据发展评价可操作指标体系

要素层	指标层	具体指标
政用指数	社会关注度	"大数据"热度
	政策力度	大数据相关政策发布数
	数据开放	是否上线数据开放平台
	在线政务	政务服务能力
	数字政府	数字政府服务能力
商用指数	人才基础	信息传输、计算机服务和软件业从业人员
	产业规模	电信业务总量
	营商环境	城市营商环境
	吸纳就业	高附加值行业就业情况区位熵值
	创业创新	双创指数
	工业融合	工业互联网企业数
民用指数	终端普及率	人均移动电话数
	网络基础	互联网宽带接入率
	服务通达度	智慧城市影响力
	移动支付	移动支付发展指数

和上年相比，市域大数据发展评价可操作指标体系删除了两个指标，增加了一个指标。其中部分修改内容为：政用指数删掉了"示范项目"，增加了"数字政府"；商用指数删除了"网络安全"。

四　2020年中国大数据发展趋势与展望

（一）信息消费提质升级趋势加快

信息消费已经渗透到衣、食、住、行、娱各个层面，是网络消费的重要表现形式。在2020年的新冠肺炎疫情期间，居家隔离带动了在线娱乐、在线教育、在线办公、远程医疗等新模式新业态的发展。线上线下融合的全场景信息消费比例持续提升，逐步拓展了网络消费新空间。随着疫情得到有力控制，经济社会生产恢复正常，教育、医疗、办公等庞大的在线化市场需求将吸引大量社会资本涌入，有望催生出像微信、滴滴等一样的超级应用。同时，2019年我国GDP达到99.1万亿元，接近100万亿元人民币；按平均汇率折算，人均GDP达到了10276美元，突破了10000美元大关。根据国际上已有实践与理论研究，人均GDP达到10000美元左右，消费结构会发生重大转变，从生存型转向发展型、从数量型转向享受型。消费能力的提升带动消费层次从"有"加速向"好"、从实物向服务转变的趋势日益明显，智能化、信息化、体验式消费成为新趋势。信息技术创新迭代与新型消费需求迸发相互叠加，产生巨大的聚合和倍增效应，进一步释放"信息＋消费"潜力，是中国经济稳定运行的有效方式。

（二）工业互联网建设进入高速发展新阶段

2017年以来，《关于深化"互联网＋先进制造业"发展工业互联网的指导意见》《工业互联网发展行动计划（2018～2020年）》《工业互联网综合标准化体系建设指南》等相继出台，工业互联网创新发展政策环境不断完善，带动各方面建设取得积极进展。初步形成以五大国家顶级节点为核心、二级节点加快布局的标识解析体系。2019 年三季度末，全国除 5 个国家顶级节点外，二级节点已建立 21 个，同时实现了超过 1 亿个的标识注册量。工业互联网平台供给能力不断提升，截至 2019 年年中，形成超过 50 万家的平台数量，其中重点平台的平均工业设备连接数近 60 万台。工业互联网成为备受关注的领域，但在一定程度上存在"政热企冷"的情况，在企业设备和数据连接方面，政府表现得更为积极，而企业由于各种原因和限制条件，接受程度还较低。此次新冠肺炎疫情的发生也许会在某种程度上助推部分传统企业数字化改造提升，通过引进生产设备、进行自动化升级，改革用工模式、建设人机混线工作环境，提升管理效率、提高工人技能等，推动产业数字化转型从而实现跨越式发展。

（三）"一带一路"沿线国家数据合作机制逐渐形成

在全球贸易领域，以传统贸易为主体形成的贸易便利化、非歧视待遇的贸易规则已经相当完善，而当前面对数字贸易，以跨境数据流动、数字关税、知识产权保护等为主要内容的新一代贸易规则正在逐渐形成。当下以及未来的一段时间里，围绕跨境数据流动与本地化监管、数字税征收的平台化和属地化等的争议，将成为国家间在数字贸易领域的博弈焦点。在国际数字贸易规则重构的关键时期，各国均在争取规则制定的主导权。其中一个重要的动向就是通过国际协议、自贸区协议等机制建立由主要经济体主导的"朋友圈"。当前，"一带一路"建设进行得如火如荼，参与其中的国家或地区也越来越多。在区域合作的框架下，中国将积极推动数字丝绸之路建设，强化大数据领域的国际合作，完善互利共赢的跨国数据合作机制，与沿线国家共享数字红利，积极促进数字经济背景下人类命运共同体的构建。

（四）治理科技在政府治理领域应用更广泛

治理科技是由新一代信息技术驱动的治理创新，是国家治理体系和治理能力现代化的重要内容和基础支撑，是科技强国和现代化强国的重要标志。

近几年，政府治理一直是治理科技发挥重要价值的主战场，开始应用于经济发展决策分析、智慧社会治理、主动预见式公共服务等方面。然而，就效果和深度而言，当前治理科技应用尚处于初级阶段。此次新冠肺炎疫情是在互联网高度发达、"人人互联"的背景下发生的，广大网民和网络媒体每天24小时关注疫情动向，防疫物资供应、防疫物资调配等均在公众视野下，政府应急能力、治理能力全面接受社会舆论监督。未来，强化治理科技应用，利用大数据手段完善政府治理体系、提升政府治理能力的需求将更加凸显。

（五）数权立法工作亟待提上国家立法议程

随着对数据价值的认识逐渐加深，越来越多的国家和区域，围绕数据开放、个人信息和数据安全等数据治理要素开展法制建设。然而，我国的数据治理体系远未形成，数权的法律地位尚未明确，成为制约大数据发展的重要瓶颈。如果仅仅是立足现有法律框架和体系的修补和拓展，则容易造成系统性和一致性缺失。大数据治理须从数权确认的源头入手，予以全面、系统化考虑。中国共产党十九届四中全会《中共中央关于坚持和完善中国特色社会主义制度　推进国家治理体系和治理能力现代化若干重大问题的决定》提出，将"数据"作为生产要素之一，参与分配。数据的财产性在生产要素层面、审计层面的确立，也会推动数据在产生阶段就开始进一步严格确权。这一重大理论突破有望推动数权法等相关立法工作的进程加速，明晰数据的法定权益，促进数据共享开放以及多领域数据的融合应用。

（六）个人信息和数据保护的综合立法时代即将来临

我国围绕个人信息和数据保护出台了一系列法律文件，如《侵权责任法》《电子签名法》《居民身份证法（2011修正）》《关于加强网络信息保护的决定》《中华人民共和国网络安全法》等，在推动大数据发展方面发挥巨大作用。但不可否认的是，从法律体系方面来看，我国的数据安全法律法规仍不够完善，存在缺乏综合性统一法律、缺乏法律细节解释、保护与发展协调不够等问题。如何从更加体系化和一致性的角度出发，制订专门的数据安全法、个人信息保护法是必要的。2018 年，十三届全国人大常委会立法规划中的"条件比较成熟、任期内拟提请审议的法律草案"包括《个人信息保护法》《数据安全法》两部。2019 年，《数据安全管理办法》《个人信息出境安全评估办法》相继对外发布征求意见稿，并完成相关程序。这一切都意味着，我国个人信息和数据保护的综合立法时代即将来临。

（七）大数据与区块链深度融合构筑数字社会信任基础

中央政治局第十八次集体学习提出，加快区块链和大数据等深度融合，推动集成创新和融合应用。基于共识机制和智能合约等多种技术的区块链，作为一项影响深远的集成创新，提供了一种在存在诸多安全和稳定隐患的互联网中进行信息与价值传递交换的可信通道，开创了一种在不可信、不可靠、不可控的竞争环境中低成本建立信任的新型计算范式和协作模式。大数据和区块链在技术和应用方面具有很好的互补性，一方面区块链可以在一定程度上解决数据确权难、数据孤岛严重、数据垄断等"先天病"，另一方面隐私计算技术等大数据技术也反过来促进了区块链技术的进步。伴随着主权区块链等技术的创新升级形态的出现，区块链的应用方向和领域不断拓展，将与大数据、人工智能等技术深度融合，成为未来数字社会的重要基石。

（八）中国大数据技术生态亟须完善

近年来，大数据的各环节技术进步明显，但技术体系尚不完善。需要注意的是，我国在大数据技术领域存在"空心化"和"低端化"的迹象，特别是在基础理论、核心硬件和算法开发等方面，仍明显落后于世界领先国家。同时，我国对大数据技术生态方面的自主性、影响力和控制力较弱。在大数据相关工具和系统方面，主要依赖国外开源社区。在大数据时代，软件开源和硬件开放已成为不可逆的趋势，掌控开源生态，已成为国际产业竞争的焦点。国内有识之士建议，国家在开源相关政策法规和开源基金会制度建立方面应给予支持，引导市场主体成为中国大数据技术生态中的核心力量，

一方面对国外开源社区积极融入、争取话语权，另一方面打造以国内力量为核心的自主可控开源生态，逐渐成长壮大。

（九）大数据龙头企业马太效应愈加明显

中国计算机学会（CCF）大数据专家委员会从2013年开始每年都要进行大数据发展趋势单项调研，对于"我国大数据发展的最主要推动者来自于？"这一问题，2015年的答案包括大型互联网公司、政府机构、国内大学和科研院所、公共服务机构和创业企业，而到了2020年，同样的问题但答案只剩下大型互联网公司和政府机构。总体看来，市场份额向大数据龙头企业的汇集趋势明显。阿里、腾讯、百度、华为、京东、浪潮、联想等大型公司从2013年前后就开始积极布局大数据市场，一方面充分利用自身积累的数据形成规模优势，另一方面围绕产业链各个环节，通过资本运作和业务联系不断拓展发展空间，初步形成了贯穿大数据产业链的业务闭环。目前这些大型公司已经在基础支撑、数据服务、联合应用、运营服务等多个方面形成综合优势，市场占有率不断提升，进一步挤压了独立大数据厂商的市场空间。

（十）大数据行业人才结构性缺口依然较大

从2016年起，国内高校开始增设"数据科学与大数据技术"专业，意味着国家为培养大数据人才加快布局。截至2019年年中，教育部正式批复的各类院校中，474所本科院校设立"数据科学与大数据技术"专业、30所本科院校设立"大数据管理与应用"专业、399所高职院校设立"大数据技术与应用"专业。然而，由于学科建设的周期与行业快速更新之间的差距，在大数据人才供给总量爆发式增长的同时，人才结构性缺口较大的情况依然存在。猎聘发布的相关调查报告显示，中国人工智能人才缺口超过500万，大数据人才缺口高达150万。

参考文献

连玉明:《大数据蓝皮书:中国大数据发展报告 No. 1》,社会科学文献出版社,2017。

中国信息通信研究院:《大数据白皮书(2019 年)》,中国信通院网站,2019 年 12 月 10 日。

中国电子信息产业发展研究院:《2019 年中国数字经济发展指数白皮书》,Useit 知识库,https://www. useit. com. cn/,2019 年 11 月 5 日。

数字孪生体实验室:《数字孪生体技术白皮书(2019)》,信息技术专业知识服务系统,http://it. ckcest. cn/,2019 年 12 月 30 日。

梅宏:《大数据:发展现状与未来趋势》,全国人大网,2019 年 10 月 31 日。

B.5

2019年中国省域大数据
发展指数分析报告

摘　要：　本报告延续了 2016～2018 年的研究方向与重点，聚焦大数据在政用、民用和商用三个方面的应用，动态对比 2016～2019 年度的大数据发展指数。通过分析发现，我国大数据发展指数持续提升，大数据发展整体态势向好。整体而言，我国区域大数据发展大致分为三个梯队：东部地区大数据发展水平遥遥领先，处于第一梯队；中部和西部地区整体发展水平相当，处于第二梯队；东北地区整体表现较弱，处于第三梯队。从大数据发展类型划分情况看，商用主导型地区数量增加，大数据在驱动各地商业运营方面的价值逐渐得到体现。

关键词：　大数据发展指数　政用指数　商用指数　民用指数

一　总体情况评估

中国省域大数据发展评估，是基于国家官方数据和权威机构数据，从大数据政用、商用、民用三个维度对全国 31 个省（自治区、直辖市）进行的综合评估。

（一）总体排名

总体来看，中国大数据发展依然处于持续上升阶段，大数据在各领域的应用更为深入。2019 年，中国大数据发展总指数的平均得分为 40.38，较上年得分提高 1.29，大数据政用与民用指数得分较上年也显著提高（见表1）。从各地来看，北京和广东的大数据发展依然保持全国领先位置，两者大数据发展总指数得分均突破 70，远远高于全国平均值。整体来看，共有14 个省份超过总指数平均值（较上年增长 2 个），占比突破 45%。

综合以往得分情况发现，大数据发展的省份间差距有所缩小，但发展不均衡问题依然严重。排名前五位的北京、广东、上海、贵州和浙江平均总得分达到 63.12 约是排名靠后的青海、吉林、黑龙江、山西、云南和西藏平均总得分的 3 倍。排名首位的北京总得分甚至是排名末位的西藏总得分的 5.41 倍，省域间大数据发展水平存在明显的差异。

表1　2019 年全国 31 个省份大数据发展指数评价结果

省份	总指数		政用指数		商用指数		民用指数	
	得分	排名	得分	排名	得分	排名	得分	排名
北　京	74.55	1	28.56	3	22.57	2	23.42	1
广　东	70.65	2	29.50	2	22.85	1	18.30	5
上　海	61.01	3	27.75	4	15.92	6	17.34	7
贵　州	56.42	4	32.99	1	5.66	23	17.77	6
浙　江	52.97	5	16.78	14	17.35	4	18.84	4
山　东	50.77	6	21.03	8	16.60	5	13.14	20
天　津	50.57	7	25.73	5	8.31	17	16.53	10
江　苏	49.54	8	13.67	18	19.11	3	16.76	9
内蒙古	45.56	9	24.05	6	4.53	27	16.98	8
河　南	43.81	10	22.15	7	9.78	13	11.88	24
重　庆	43.23	11	17.75	10	10.38	12	15.10	15
福　建	41.92	12	17.65	11	10.46	11	13.81	17
安　徽	41.69	13	18.18	9	12.72	7	10.79	29
宁　夏	41.57	14	16.00	15	6.15	21	19.42	2
河　北	40.29	15	17.62	12	9.50	14	13.17	19
海　南	40.23	16	17.61	13	7.42	20	15.20	12
辽　宁	38.62	17	15.77	16	8.48	16	14.37	16
陕　西	37.83	18	12.29	21	9.38	15	16.16	11

续表

省份	总指数		政用指数		商用指数		民用指数	
	得分	排名	得分	排名	得分	排名	得分	排名
四　川	36.64	19	13.11	19	10.97	9	12.56	23
湖　北	35.84	20	12.65	20	11.37	8	11.82	25
广　西	35.18	21	13.77	17	7.98	19	13.43	18
湖　南	33.35	22	11.26	24	10.82	10	11.27	28
江　西	30.18	23	11.78	23	8.18	18	10.22	30
甘　肃	28.97	24	11.93	22	5.24	25	11.80	26
新　疆	27.19	25	10.24	26	4.10	30	12.85	21
青　海	26.45	26	2.86	30	4.37	28	19.22	3
吉　林	26.45	26	7.10	28	4.16	29	15.19	13
黑龙江	26.13	28	10.84	25	3.76	31	11.53	27
山　西	25.46	29	7.59	27	5.16	26	12.71	22
云　南	24.87	30	3.70	29	6.05	22	15.12	14
西　藏	13.78	31	0.01	31	5.29	24	8.48	31
2019 年平均值	40.38		15.87		9.83		14.68	
2018 年平均值	39.09		14.68		10.83		13.57	
2017 年平均值	32.90		11.44		9.99		11.47	
2016 年平均值	30.67		11.02		8.51		11.14	

从 2019 年各省大数据政用、民用和商用指数的平均得分可看出，大数据聚集政策资源的能力更加明显。早在 2015 年，我国便正式提出实施国家大数据战略。随着大数据发展的不断成熟，各行各业的管理者对其关注度越来越高。各地政府都积极发展大数据，大数据逐渐成为汇集"政策资源"的重要领域。为持续抓住产业机遇，2019 年，各地政府纷纷出台相关政策文件，全力支持大数据的发展。指数评价结果显示，大数据政用指数依然占据重要位置，全国 31 省份中有 19 个省份（较上年增加 1 个）政用指数高于民用、商用指数，占比达到 61.3%。

（二）历年排名对比

从 2016～2019 年各省大数据发展总指数排名来看，各省大数据发展

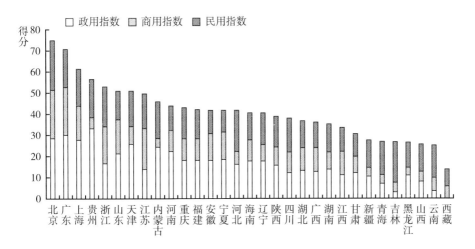

图1 2019年各地区大数据政用、民用和商用指数得分情况

指数排名虽有变动，但波动幅度较小，整体排名较为稳定。对比2016年，2019年各省排名变化的绝对值平均值仅3.26位。北京、贵州、天津、安徽、宁夏等地区的排名持续上升，其中，宁夏2019年的排名较2016年上升了16个位次，大数据发展水平显著提高。分析发现，宁夏在商用、民用方面的指数得分并未出现大幅波动，但政用指数得分逐渐提升。宁夏作为中国唯一的回族自治区，是古代丝绸之路的重要驿站，是"一带一路"建设中的重要节点。近年来，宁夏抓住共建"一带一路"的历史机遇，坚持创新驱动发展，在互联网、大数据、人工智能等前沿领域取得了长足进步。

表2 2016~2019年各省大数据发展总指数排名

省份	2016年	2017年	2018年	2019年	变化趋势
北 京	2	2	1	1	持续↑
广 东	1	1	2	2	波动↓
上 海	3	4	4	3	波动→
贵 州	7	7	5	4	持续↑
浙 江	4	3	3	5	波动↓
山 东	8	6	9	6	波动↑

续表

省份	2016 年	2017 年	2018 年	2019 年	变化趋势
天 津	12	8	8	7	持续↑
江 苏	5	5	6	8	波动↓
内蒙古	15	20	16	9	波动↑
河 南	10	11	11	10	波动→
重 庆	6	9	7	11	波动↓
福 建	9	10	13	12	波动↓
安 徽	18	18	14	13	持续↑
宁 夏	30	21	21	14	持续↑
河 北	11	12	10	15	波动↓
海 南	20	24	17	16	波动↑
辽 宁	16	16	12	17	波动↓
陕 西	17	15	18	18	波动↓
四 川	13	13	15	19	波动↓
湖 北	14	14	22	20	波动↓
广 西	24	27	28	21	波动↑
湖 南	19	19	20	22	波动↓
江 西	23	22	25	23	波动→
甘 肃	25	25	27	24	波动↑
新 疆	29	29	30	25	波动↑
青 海	26	26	23	26	波动→
吉 林	27	28	26	26	波动↑
黑龙江	28	30	29	28	波动→
山 西	22	17	24	29	波动↓
云 南	21	23	19	30	波动↓
西 藏	31	31	31	31	持续→

注："趋势变化"指的是31个省（自治区、直辖市）2016～2019年大数据发展总指数排名变化。其中，"持续↓"表明该省大数据发展总指数排名连续四年呈持续下降状态；"持续↑"表明该省大数据发展总指数排名连续四年呈持续上升状态；"波动↑"表明该省大数据发展总指数排名在2016～2019年出现波动，并且2019年的排名较2016年呈上升状态；"波动↓"表明该省大数据发展总指数排名在2016～2019年出现波动，并且2019年排名较2016年呈下降状态；"持续→"表明该省大数据发展总指数排名连续四年保持不变。

对比2018年排名，多数省份2019年大数据发展总指数排名取得进步，大数据发展呈现"你追我赶、奋力争先"的良好态势。较2018年，2019年大数据发展总指数排名上升的省份数量达到 12 个，排名维持不变的省份数量为 6 个，其余 13 个省份排名出现下滑。其中，内蒙古、宁夏和广西的表现尤为突出，排名较上年均上升 7 个位次，大数据发展势头强劲。

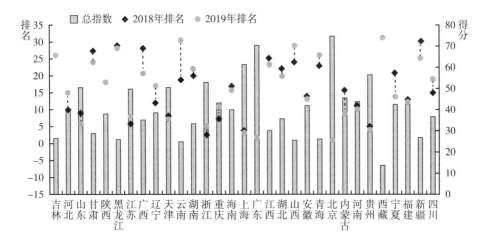

图 2 2016～2019 年各省大数据发展总指数排名变化情况

（三）地域分布情况

为客观反映我国不同区域的大数据发展情况，我们将 31 个省（自治区、直辖市）划分为四大区域。① 从四大区域的大数据发展指数平均得分来看，区域间差距有拉大趋势。整体而言，区域大数据发展大致可分为三个梯队。其中，东部地区发展遥遥领先，处于第一梯队；中部和西部地区平均得分差距较小，处于第二梯队；东北地区大数据发展整体表现较弱，处于第三梯队。2019 年，东部地区指数平均总得分达到 53.25，远高于其他三个地区的得分，部分地区（如北京、广东、上海等）还处于全国领先位置。中部

① 东部地区包括：北京、天津、河北、上海、江苏、浙江、福建、山东、广东和海南；中部地区包括山西、安徽、江西、河南、湖北和湖南；西部地区包括内蒙古、广西、重庆、四川、贵州、云南、西藏、陕西、甘肃、青海、宁夏和新疆；东北地区包括辽宁、吉林和黑龙江。

和西部地区发展较为均衡，得分分别为 35.06 和 34.81。东北地区大数据发展指数平均值仅 30.40，区域内各省份得分均未超过 40，整体处于落后状态。（见表3）。

表3　2019 年四大区域大数据发展指数得分

东部地区		中部地区		西部地区		东北地区	
省份	得分	省份	得分	省份	得分	省份	得分
北　京	74.55	河　南	43.81	贵　州	56.42	辽　宁	38.62
广　东	70.65	安　徽	41.69	重　庆	43.23	吉　林	26.45
浙　江	52.97	湖　南	33.35	四　川	36.64	黑龙江	26.13
上　海	61.01	湖　北	35.84	内蒙古	45.56		
江　苏	49.54	山　西	25.46	陕　西	37.83		
天　津	50.57	江　西	30.18	云　南	24.87		
山　东	50.77			宁　夏	41.57		
河　北	40.29			青　海	26.45		
福　建	41.92			甘　肃	28.97		
海　南	40.23			广　西	35.18		
				新　疆	27.19		
				西　藏	13.78		
平均分	53.25	平均分	35.06	平均分	34.81	平均分	30.40
标准差	11.44	标准差	6.32	标准差	9.12	标准差	5.81

从区域内部各省份得分来看，东部与西部区域间各省份大数据发展水平差距大，而中部与东北地区各省份大数据发展水平较为均衡。虽然东部地区整体呈现了较高的发展水平，但得分标准差为 11.44，区域内排名首位的北京比区域内排名末位的海南得分高出 34.32。西部各省大数据发展水平差距也十分显著，既有总排名第 4 的贵州，也有部分省份排名垫底。相较而言，中部各省大数据发展总体处于中等偏上水平，各省份之间发展相对均衡。

从 2016～2019 年东部、中部、西部与东北地区平均得分变化情况来看，多数地区大数据发展都取得实质性的进步，尤其是西部地区与东部地区，不仅指数得分提高，而且发展速度也快于其他地区。相较于 2018 年，2019 年西部地区和东部地区的得分分别提高 4.88% 和 4.62%。中部地区大数据发展指数的平均值有所提升，但幅度不大。相较而言，东北地区大数据发展指数的平均值在 2019 年出现拐点，不增反降，需要引起注意（见图 3）。

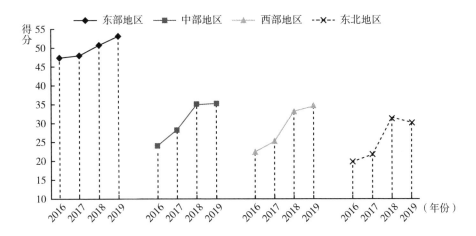

图3　2016～2019 年四大区域大数据发展指数均值变化情况

二　发展类型分析

各省份大数据发展的总体情况和结构各不相同，通过大数据发展指数测评结果对各省份所属大数据发展类型进行划分，有助于更好地评估各省份的发展情况。2019 年在对各省大数据发展类型进行划分过程中，我们根据各省在政用、商用、民用三个方面的具体得分情况，采用聚类分析方法，将 31 个省份划分为全面领先型、相对均衡型、政用主导型、商用主导型、民用主导型和低度均衡型六种类型。其中，"全面领先型"表示该省大数据在政用、商用和民用三个方面的发展都处于领先位置；"相对均衡型"表示该省大数据在政用、商用和民用三方面的发展较为均衡且排名处于中上水平；"政用主导型、商用主导型、民用主导型"表示相较于大数据在其他两方面的发展，该省在对应方面的表现更为突出；"低度均衡型"表示该省大数据在政用、商用和民用三方面的发展较为均

衡但各方面排名处于中下水平。

从 2019 年各省大数据发展类型划分情况来看，我国多数省份的发展仍然处于单方面主导型（包括政用主导型、商用主导型和民用主导型），均衡型（包括相对均衡型和低度均衡型）与全面领先型省份数量相对较少，这也表明各省发展基础、发展重点不同，在挖掘大数据的管理价值、商业价值和社会价值的同时，还较难做到各方面统筹一致发展。2019 年，单方面主导型的省份共有 20 个，较上年增加 3 个。其中，商用主导型省份数量达到8 个，较 2018 年增加 3 个。均衡型省份共有 8 个，较上年下降 3 个。而北京、广东和上海依然为全面领先型，大数据发展优势明显。

相比 2018 年，大多数省份的大数据发展类型维持不变，但也有 11 个省份发生较大变化。其中，广西、辽宁、福建和黑龙江由单方面主导型发展为均衡型，四者大数据发展平衡性有所提升，表现为大数据发展更加注重全方位；天津、内蒙古、湖北、四川、山东、江西和陕西由相对均衡型转变为单方面主导型，其中，天津、内蒙古转变成政用主导型，陕西转变成民用主导型，湖北、四川、山东、江西转变成商用主导型（见表4）。

表4　2019 年各省大数据发展类型

类型	省份
全面领先型	北京、广东、上海
相对均衡型	福建、海南、辽宁、广西
政用主导型	贵州、天津、内蒙古、河南、重庆、河北
商用主导型	山东、江苏、安徽、四川、湖北、湖南、江西、西藏
民用主导型	浙江、宁夏、陕西、吉林、青海、云南
低度均衡型	甘肃、新疆、黑龙江、山西

从 2019 年各省大数据发展类型所占比例的分布情况看，全面领先型、政用主导型和民用主导型地区所占比例与2018 年相比没有发生变化，分别为9.7%、19.4% 和 19.4%；相对均衡型所占比例呈现下降趋势；低度均衡型所占比例呈现上升趋势。值得注意的是，商用主导型所

占比例增长迅速，2019年达到25.8%。从往年数据来看，商用主导型所占比例一直处于较低水平，大数据在驱动各地商业运营方面的价值迟迟未能得到较好体现。2019年，商用主导型占比增加，从侧面表明了我国部分省份大数据发展主要靠政府推动的现象有所改变，各省正在推动大数据商业应用的纵深发展。

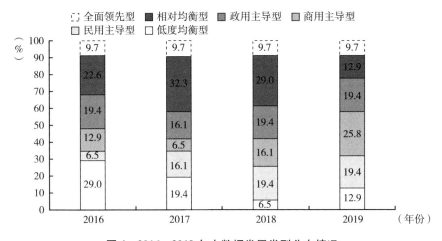

图4　2016～2019年大数据发展类型分布情况

三　分指数评价结果分析

（一）大数据政用指数评价结果分析

大数据政用指数主要展现大数据在政用领域的应用发展情况，具体从社会关注度、政策力度、试点创新、区域影响力和数据开放等方面进行综合评价分析。其中，社会关注度主要反映各省大数据发展的受关注程度；政策力度主要考察各省对于发展大数据的积极性；试点创新主要考察各省大数据发展在国家战略中的地位；区域影响力主要考察各省举办国家级大数据相关会议的情况；数据开放主要反映各省在线服务水平和政务公开程度。

从2019年各省大数据政用指数得分情况看（见图5），我国大数据政用

水平提升，大数据政用能力不断增强。2019年，大数据政用指数平均值为15.87，较上年得分提高1.19。2019年，共有15个省份的政用指数得分高于均值（2018年仅11个），占比达到48.39%。在所有省份中，排首位的为贵州省，大数据政用指数得分达到32.99，比排第2名的广东得分高3.49。相较而言，新疆与西藏等的大数据政用得分排名靠后，大数据政用水平仍待提高。

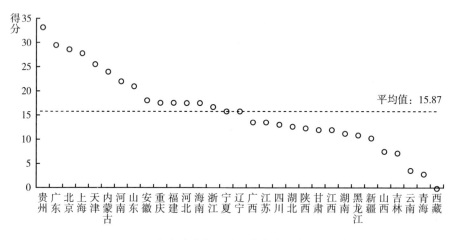

图5　2019年各省大数据政用指数得分与均值比较

从历年各省大数据政用指数排名变化情况来看（见图6），多数省份历年的排名较为稳定，但也有少数省份排名波动较大。相较2018年，2019年各省份排名变化的绝对值平均值仅3.55位，变化最大的地区为宁夏，排名上升了14个位次。近年来，宁夏以"一带一路"建设为契机，结合自身优势，创新发展模式，不断推进大数据云计算产业发展。2019年，第四届中国—阿拉伯国家博览会在宁夏开幕，国家主席习近平致贺信，对会议的召开表示热烈祝贺。未来，相信宁夏也将发挥好中阿博览会共建"一带一路"的重要平台作用，进一步拓展在经贸、科技、能源等领域的合作发展。

从各分指标具体得分情况看，各省在各方面表现不一，发展差异化现象明显（见图7）。在社会关注度方面，表现前五的地区分别为广东、北京、

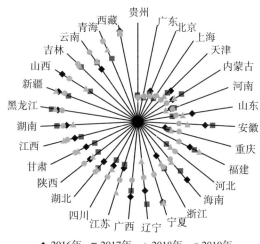

图6 2016～2019年各省政用指数得分排名变化情况

注：每条射线反映一个城市的排名变化，分布从内往外
延伸表示该城市位次从前往后下降。

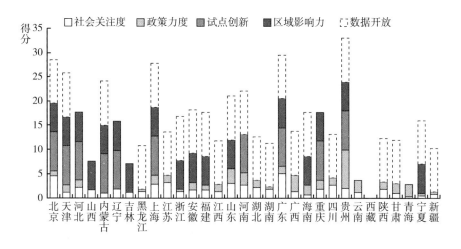

图7 2019年各省大数据政用指数得分情况

江苏、山东和上海，显示出大数据在当地的社会关注度高。在政策力度方面，贵州的表现最为亮眼，得分最高。贵州是全国首个大数据综合试验区，也是全国首个获批建设大数据国家技术标准创新基地的省份，近些年来，贵

州多次出台多项政策文件，积极推动大数据在各行各业深度融合。在试点创新与区域影响力方面，贵州、上海、重庆、广东、河北、天津、北京等省份表现突出。在数据开放方面，多数地区得分较高且表现较为均衡，但西藏、青海、云南等地排名靠后，需要引起重视。当前，开放政府数据已经成为全球共识，我国也在不断加大力度推动数据开放，各地应积极有序开展相关工作，着力提高数据开放水平。

（二）大数据商用指数评价结果分析

大数据商用指数主要展现大数据在商用领域的应用发展情况，具体从产业规模、应用惠及度、商业普及度、科技投入、创业创新、工业融合、商业融合七方面进行综合评价分析。

从2019年各省大数据商用指数得分情况看（见图8），我国大数据商用发展较为稳定。2019年，大数据商用指数平均值为9.83，与上年相当。2019年，共有12个省份的商用指数得分高于均值，占比达到38.71%。2019年大数据商用指数得分前四位分别为广东、北京、江苏和浙江，表明上述地区大数据商用发展较好，与强大的经济实力和领先的社会发展水平相符。与此相反，大数据发展政用指数排名第1的贵州在商用指数排名中处于

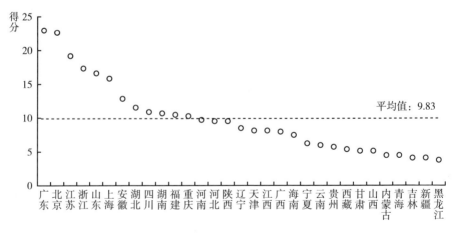

图8　2019年各省大数据商用指数得分与均值比较

中低等水平。在利用大数据促进经济转型升级与推进大数据与三次产业深度融合等方面，贵州仍有待加强。

从历年31个省份大数据商用指数排名的变化情况来看（见图9），多数省份历年的排名较为稳定，但也有少数省份排名波动较大。安徽、广西和新疆等省份排名持续上升，大数据对当地经济的拉动效应逐渐显现。相较2018年，2019年各省份排名变化的绝对值平均值仅1.94位，变化最大的省份为广西，排名上升了11个位次。2018年，广西政府发布《广西工业高质量发展行动计划（2018～2020年）》，强调工业高质量发展。2019年，广西陆续出台《广西推进工业互联网发展行动计划（2019～2020）》《广西企业上云行动计划（2019～2020）》《广西工业互联网信息通信基础设施能力提升行动计划（2019～2020）》等，加快布局工业互联网，着力培育发展新动能。

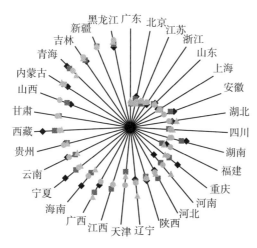

图9　2016～2019年各省商用指数得分排名变化

注：每条射线反映一个城市的排名变化，分布从内往外延伸表示该城市位次从前往后下降。

从各分指标具体得分情况看，各地在各方面表现不一（见图10）。在产业规模、应用惠及度、商业普及度方面，北京、广东、上海排名领先，它们凭借着在基础设施、产业支撑、市场应用等方面的优势，走在大数据商用发展的前列；在科技投入、创业创新方面，广东优势突出，排名靠前，该地企业科技活动规模和自主创新能力都处于全国前列，大数据商用发展环境优良；而在工业融合、商业融合方面，北京得分遥遥领先，大数据与实体经济融合应用较多，诸多做法都是全国其他省份的样本。

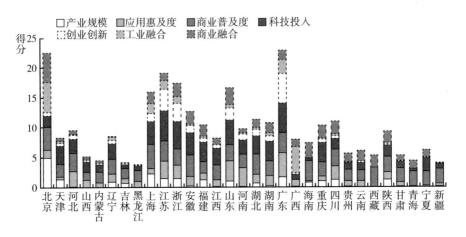

图 10　2019 年各地区大数据商用指数得分情况

（三）大数据民用指数评价结果分析

大数据民用指数主要展现大数据在民用领域的应用发展情况，具体从终端普及率、网络基础、服务通达度、数字技能、消费能力五方面进行综合评价分析。终端普及率主要反映各地区移动电话的普及情况；网络基础主要考察各地区网络信息基础设施的数量与质量；服务通达度主要考察政府利用大数据提供公共服务的能力；数字技能主要反映各地区居民的教育水平；消费能力主要反映各地区居民的数字素养以及对信息消费的承受能力。

从 2019 年各省大数据民用指数得分情况看（见图 11），我国大数据民用水平提升，大数据民用能力不断增强。2019 年，大数据民用指数平均值为 14.68，得分较上年提高 1.11。2019 年，共有 15 个省份的民用指数得分高于均值（2018 年为 14 个），占比达到 48.39%。排名前五位的省份依次为北京、宁夏、青海、浙江和广东，尤其是北京，大数据民用指数得分达到23.42，远高于其他省份。相较于2018年，2019年省域间民用指数差距缩小，排名最后的西藏得分也显著提高。

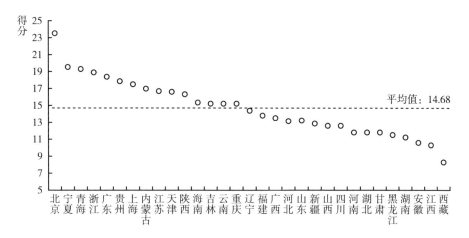

图11 2019年各省大数据民用指数得分与均值比较

从历年31个省份大数据民用指数排名变化情况来看（见图12），多数省份历年的排名较为稳定，但也有少数省份排名波动较大。宁夏、贵州和甘肃排名持续上升，表明大数据民用水平不断提高。相较于2018年，2019年各省份排名变化的绝对值平均值仅3.35位，变化最大的省份为陕西省，排名上升了10个位次。分析发现，陕西排名的提高主要在于"数字便民程度"得分的提升。近年来，陕西借助大数据的发展，全面助力民生发展。陕西西安基于"互联网＋"创新发展，建设城市智能公交系统，全天候为公众提供多方位、动态、实时的公交出行信息。

从各分指标具体得分情况看，各省发展不均衡主要体现在终端普及率和消费能力两个方面（见图13）。在终端普及率方面，北京的得分遥遥领先，充分体现了其大数据民用发展基础雄厚的特点。在消费能力方面，贵州表现抢眼，这也体现了随着贵州大数据发展的逐渐深入，当地居民的数字素养及对信息消费的承受能力不断提高。

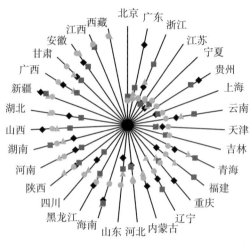

图12　2016～2019年各地区大数据民用指数得分排名变化

注：每条射线反映一个城市的排名变化，分布从内往外延伸表示该城市位次从前往后下降。

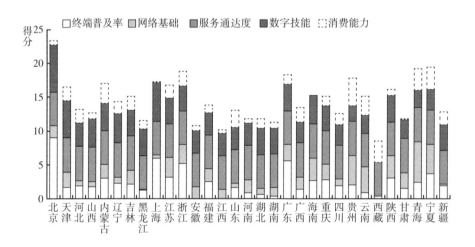

图13　2019年各省大数据民用指数得分情况

四 对策建议

（一）把握数字丝路，打造创新发展新动能

2017 年，国家主席习近平在"一带一路"国际合作高峰论坛开幕式上发表主旨演讲时强调，要推动大数据、云计算、智慧城市建设，连接成 21 世纪的数字丝绸之路。在大数据的时代背景下，在"一带一路"倡议下，各省都大有可为。一是积极发挥区域优势，充分认识、正确利用和创新发展自身在各方面的资源优势；二是加强数据互联互通，促进人流、物流、资金流、信息流和技术流的高效流动；三是推动区域全方位合作，实现政策沟通、设施联通、贸易畅通、资金融通和民心相通。处于丝绸之路上的节点省份特别是大数据发展还暂为落后的省份，如甘肃、新疆、青海、西藏等，更应该把握好国家战略机遇，加快大数据部署，深化大数据应用，把自身建设为丝绸之路经济带的黄金通道，向中西亚、中东欧及蒙古国等输出大数据服务。

（二）参与规则制定，打造国际合作新气象

大数据发展属于全面领先型的省份，如北京、广东和上海，在引领国内大数据发展的同时，也要积极参与国际规则的制定，增强在国际合作过程中大数据相关规则的话语权。大数据时代，数据作为新生产要素，为社会经济增长注入了新的活力，数字产业已逐渐成为经济发展的重要驱动力。各国都希望在保障国家安全的同时，尽可能地从数字经济发展中获利，这也加速了全球竞争格局的变化。目前，全球大数据产业生态环境还不够成熟，大数据领域相关标准有待完善。在这种情况下，有必要形成科学严谨的国际标准，维护国际市场秩序。随着我国自主创新能力日渐增强，中国在全球数字经济发展中保持着强劲势头，在各项产业标准制定中的地位将日益凸显。

（三）坚持协调发展，打造均衡发展新格局

大数据发展属于单方向领先型省份，在大数据政用、商用以及民用领域的发展不协调，可持续能力较弱，需要采取针对性措施。一是政用主导型省份如贵州、重庆等，应以政府数据使用为切入点，以政用带动商用和民用的发展，除了释放政策红利之外，还需加强基础设施建设、人才保障、商业模式创新等诸多方面的发展。二是商用主导型省份如江苏、安徽等，应充分发挥市场在资源配置中的作用，自下而上发展推动大数据政用发展，更好发挥政府作用，在加强政策扶持力度的同时，不断提高便民服务质量。三是民用主导型省份如浙江、青海等，应加强政策引导和财税金融支持，提高大数据应用技术水平，同时，鼓励企业等社会力量围绕数据融合，不断拓展和持续创新商业模式，实现大数据的均衡发展。

参考文献

连玉明：《大数据蓝皮书：中国大数据发展报告 No.1》，社会科学文献出版社，2017。

连玉明：《大数据蓝皮书：中国大数据发展报告 No.2》，社会科学文献出版社，2018。

连玉明：《大数据蓝皮书：中国大数据发展报告 No.3》，社会科学文献出版社，2019。

B.6
2019年中国重点城市
大数据发展指数分析报告

摘　要：　本报告延续了上年度蓝皮书的研究方向与重点，聚焦大数据
　　　　　政用、商用、民用三个方面，通过进一步修订和完善评价指
　　　　　标体系，合理测算各城市大数据发展水平。总体来看，重点
　　　　　城市间大数据发展差距不断缩小，保持了齐头并进的趋势。
　　　　　从地域分布的时间维度来看，东、中、西三个地区各城市
　　　　　2016～2019年大数据发展呈向好趋势，东北地区则略有下降。
　　　　　从大数据发展类型划分来看，单方面主导型城市和均衡型城
　　　　　市数量有所增加，低度均衡型城市数量逐渐减低，政用发展
　　　　　仍是城市大数据发展的主要方面。各地纷纷抓住大数据发展
　　　　　的机遇，整体发展态势稳中有进。

关键词：　重点城市　大数据发展指数　政用大数据　商用大数据
　　　　　民用大数据

一　总指数情况分析

重点城市大数据发展水平的总体评估是以大数据发展评价指标体系为基础，以各方数据（包含官方数据和相关权威机构提供数据）为支撑，从大数据的政用、商用与民用三个维度，对我国31个重点城市（不包含4个直辖市和拉萨市）进行的综合评估，2019年31个重点城市大数据发展的综合指数通过相关加权运算得出。

（一）总体排名分析

根据综合测度，2019 年 31 个重点城市的总指数得分与排名，以及政用、商用、民用分指数测评结果及排名情况如表 1 所示。其中，深圳连续四年排名第 1 位，2019 年总指数得分 84.40，较排第 2 名的广州（68.65）得分高 15.75，2018 年这一差值为 16.93，而两市较上年总指数得分均有较大提升。这也说明了深广两市大数据发展差距不断缩小，保持了行稳致远的趋势。此外，2019 年总指数平均分为 38.91，共有 14 个城市高于平均分，较上年增加 1 个。

表 1　2019 年 31 个重点城市大数据发展指数评价结果

城　　市	总指数		政用指数		商用指数		民用指数	
	得分	排名	得分	排名	得分	排名	得分	排名
深　　圳	84.40	1	27.62	2	24.55	1	32.24	1
广　　州	68.65	2	26.28	3	19.31	2	23.07	3
杭　　州	67.07	3	23.33	5	18.58	3	25.17	2
成　　都	60.85	4	26.24	4	17.50	4	17.11	8
南　　京	58.72	5	22.56	8	16.78	5	19.38	6
武　　汉	58.09	6	22.41	9	15.48	6	20.20	5
厦　　门	51.61	7	20.59	10	10.07	13	20.95	4
贵　　阳	50.13	8	31.26	1	9.19	18	9.68	18
长　　沙	46.99	9	22.92	7	12.14	8	11.93	14
青　　岛	46.73	10	23.31	6	9.42	17	14.01	10
宁　　波	46.30	11	20.02	11	8.11	22	18.17	7
济　　南	43.51	12	19.56	12	10.88	10	13.07	12
福　　州	39.92	13	17.29	16	10.27	12	12.37	13
南　　昌	39.83	14	18.53	14	10.50	11	10.80	16
西　　安	37.12	15	11.23	20	12.40	7	13.49	11
合　　肥	36.86	16	14.08	18	11.17	9	11.61	15
哈 尔 滨	35.58	17	19.45	13	8.46	20	7.67	26
郑　　州	34.72	18	10.79	21	9.79	15	14.15	9
南　　宁	33.90	19	17.53	15	8.24	21	8.13	25
银　　川	28.30	20	16.95	17	3.73	29	7.63	27
沈　　阳	28.25	21	9.93	23	9.99	14	8.33	23

续表

城 市	总指数		政用指数		商用指数		民用指数	
	得分	排名	得分	排名	得分	排名	得分	排名
太 原	27.46	22	10.42	22	7.68	26	9.36	19
大 连	27.14	23	8.64	24	8.46	19	10.03	17
昆 明	26.25	24	8.23	25	9.72	16	8.30	24
乌鲁木齐	24.15	25	7.75	27	7.77	25	8.63	21
海 口	24.02	26	12.33	19	3.04	30	8.65	20
石 家 庄	23.74	27	7.87	26	7.32	27	8.54	22
长 春	19.93	28	6.12	28	7.25	28	6.56	28
兰 州	17.51	29	5.22	29	7.83	24	4.46	29
呼和浩特	16.22	30	4.49	30	8.01	23	3.72	30
西 宁	3.74	31	1.65	31	0.76	31	1.33	31
平 均 分	38.91		15.90		10.46		12.54	

从各分指数最终的得分情况来看，大数据政用仍然是大数据运用的主要方面。同时，在国家大数据战略的深度引领下，大数据的商用和民用发展也取得了长足进步。如图1所示，部分排名靠前的城市在三个方面呈现均衡发展，如深圳、广州、杭州等。政用发展方面，大数据重要策源地之一的贵阳是政用主导的典型代表。商用发展方面，得益于工业基础及营商环境等，长

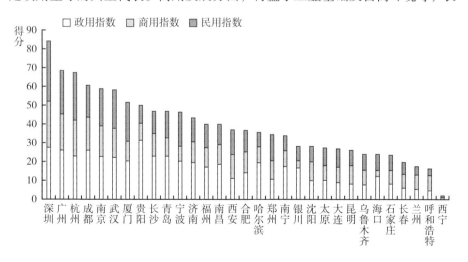

图1　2019年31个重点城市大数据政用、商用、民用指数得分情况

沙、西安、合肥等优势明显。民用发展方面，厦门、宁波、郑州的用户基础是推动大数据发展的主要因素。

（二）历年排名对比

表 2 显示了 2016～2019 年 31 个重点城市的大数据发展总指数排名与历年变化情况。其中，2019 年分列前三的城市深圳、广州、杭州较 2018 年排名未发生改变，继续凸显了其排头兵的发展地位。前十位中，2018～2019 年厦门、青岛排名上升较快，大数据整体发展实现赶超。成都四年来排名呈现持续上升趋势，可见其大数据发展的稳定性与可持续性优势明显。贵阳的整体排名略有下降，不过其在大数据政用方面的发展依旧实力强劲，后续应继续加强大数据的商用发展与民用发展方面。当然，排名是有升有降的，排名也只是为了体现各城市大数据发展水平的差异性，大数据在各地的广泛运用，不断助力地区发展才是发展大数据的意义所在。显而易见，在大数据时代下，各城市大数据发展水平显著提升。

表 2　2016～2019 年 31 个重点城市大数据发展总指数排名变化

城　　市	2019 年	2018 年	2017 年	2016 年	趋势变化
深　　圳	1	1	1	1	持续→
广　　州	2	2	2	11	持续↑
杭　　州	3	3	4	2	波动↓
成　　都	4	5	6	6	持续↑
南　　京	5	4	5	3	波动↓
武　　汉	6	7	3	9	波动↑
厦　　门	7	10	10	5	波动↓
贵　　阳	8	6	7	4	波动↓
长　　沙	9	9	13	13	持续↑
青　　岛	10	15	16	10	波动↓
宁　　波	11	12	9	7	持续↓
济　　南	12	14	11	22	波动↑
福　　州	13	18	17	14	波动↑
南　　昌	14	22	21	28	持续↑
西　　安	15	11	15	16	波动↑

续表

城　市	2019 年	2018 年	2017 年	2016 年	趋势变化
合　肥	16	13	19	15	波动↓
哈尔滨	17	19	14	20	波动↑
郑　州	18	8	12	19	波动↑
南　宁	19	30	23	31	持续↑
银　川	20	26	28	23	波动↑
沈　阳	21	17	18	24	波动↑
太　原	22	24	29	21	波动↓
大　连	23	23	22	18	波动↓
昆　明	24	20	30	29	波动↑
乌鲁木齐	25	28	27	27	波动↑
海　口	26	21	20	12	持续↓
石家庄	27	16	8	8	持续↓
长　春	28	27	24	25	持续↓
兰　州	29	25	26	17	持续↓
呼和浩特	30	29	25	26	持续↓
西　宁	31	31	31	30	持续→

注："趋势变化"指的是 31 个重点城市 2016～2019 年大数据发展总指数排名变化。其中，持续→表明该城市大数据发展总指数排名连续四年保持不变；"持续↑"表明该城市大数据发展总指数排名连续四年呈持续上升状态；"持续↓"表明该城市大数据发展总指数排名连续四年呈持续下降状态；"波动↑"表明该城市大数据发展总指数排名在 2016～2019 年出现波动，并且 2019 的排名较 2016 年呈上升状态；"波动↓"表明该城市大数据发展总指数排名在 2016～2019 年出现波动，并且 2019 年排名较 2016 年呈下降状态。

我国 31 个重点城市大数据发展总指数排名变化情况的直观视角如图 2 所示。其中，广州、长沙、济南、南昌等市 2019 年较 2016 年总体排名上升明显，代表其大数据发展水平提升幅度较大，发展势头强劲。武汉、长沙、哈尔滨、银川、沈阳、昆明等市的排名 2019 年较 2016 年有所提升，不过期间也存在波动性，在发展稳定性与持续性方面需要加强。青岛、福州、西安、郑州 2019 年的整体排名较 2018 年下降幅度较大，侧面反映了其他城市的后发赶超态势明显，各城市争相发展的格局已经形成，排名下降的城市需要更加注重发展的连贯性，充分发挥先发优势，持续推进大数据发展。

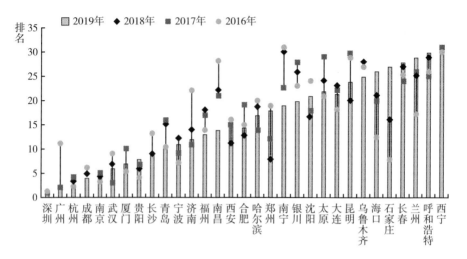

图2　2016～2019年31个重点城市大数据发展总指数排名变化情况

注：柱状图代表各城市2019年排名位次情况；点状分布及连线代表各城市2016～2018年排名情况。圆点代表2016年排名，圆点落入柱状图内表示该城市排名2019年较2016年下降，圆点位置相对柱状顶端越往下代表排名下降得越多；圆点在柱状图上方，表示该城市排名2019年较2016年呈上升状态，且圆点与柱状顶端相距越远代表上升得越多。

（三）地域分布情况

由于我国各地区的发展基础存在一定差异性，我们尝试将31个重点城市大数据发展的总体情况进行分区域比较，按照地理位置划分为东部地区、中部地区、西部地区与东北地区四个区域。从平均得分情况来看，2019年，东部地区平均得分（50.4）较中部地区平均得分（40.7）高出10分左右，相较2018年（7.5）的差距有所拉大（见表3）。得益于个别城市大数据发展的强劲势头，如南宁市得分从17.31增长到33.9，西部地区平均得分（29.7）反超东北地区平均得分（27.7），2018年两地平均得分别为28.69与29.07。

2016～2019年东部、中部、西部与东北地区平均得分变化情况如图3所示。从时间维度来看，东部、西部与中部三个地区2016～2019年平均得分呈增加趋势，这是我国不断加强大数据发展战略顶层设计，深度发挥大数

表3　2019年四大区域各城市大数据发展指数得分

东部地区		中部地区		西部地区		东北地区	
地区	得分	地区	得分	地区	得分	地区	得分
深　圳	84.4	武　汉	58.1	成　都	60.9	哈尔滨	35.6
广　州	68.7	长　沙	47.0	贵　阳	50.1	沈　阳	28.3
杭　州	67.1	南　昌	39.8	西　安	37.1	大　连	27.1
南　京	58.7	合　肥	36.9	南　宁	33.9	长　春	19.9
厦　门	51.6	郑　州	34.7	银　川	28.3		
青　岛	46.7	太　原	27.5	昆　明	26.3		
宁　波	46.3			乌鲁木齐	24.2		
济　南	43.5			兰　州	17.5		
福　州	39.9			呼和浩特	16.2		
海　口	24.0			西　宁	3.7		
石家庄	23.7						
平　均　分	50.4	平　均　分	40.7	平　均　分	29.7	平　均　分	27.7

据技术优势，以大数据技术为支撑，不断在各个方面推动大数据的融合应用，尤其是不断提高政府部门治理能力和科技企业产品技术创新水平等的集中体现。

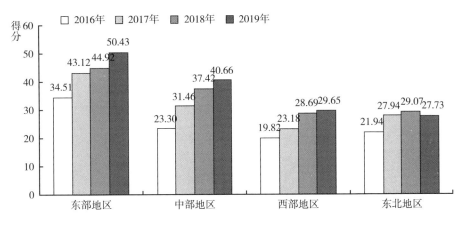

图3　2016～2019年四大区域大数据发展指数均值变化情况

2019年东北地区平均得分较2017年与2018年略有下降，从表1、表3亦可以看出东北地区四个城市的大数据发展仍处于国内中下游水平，仅哈尔

滨市在大数据政用方面的表现略为突出。东北地区作为我国老工业基地，具有一定的工业基础，后续应在国家大数据战略的指引下，把握大数据的增长极动力，加强制度设计和规划引导，推动大数据在工业发展领域的重要应用。同时，东北地区也是我国的"北大仓"，农业基础深厚，需要持续探索大数据在农业发展中诸如气象预测、作物分析、种植规划等方面的应用。

二 发展类型分析

自2016年以来，国家不断加强大数据战略顶层设计，加大政策支持力度和产业扶持力度。"十三五"规划中明确提出要把大数据作为基础性战略资源，加快实施大数据战略。在国家的战略部署下，各地纷纷抓住大数据发展的机遇，加强相关制度设计，发挥规划引领作用，争相布局大数据发展产业，不断加强各方面设施保障，促进要素流动。从各个城市发展的基础与所处阶段来说，大数据的发展呈现向好趋势，但局部差异也较为明显。为此，我们运用聚类分析方法，根据31个重点城市在大数据政用、商用、民用方面的得分情况，将之划分为全面领先型、相对均衡型、政用主导型、商用主导型、民用主导型、低度均衡型六种类型，具体划分情况如表4所示。

表4　2019年重点城市大数据发展类型分类

发展类型	城市
全面领先型	深圳、广州、杭州
相对均衡型	成都、南京、武汉、长沙、济南、福州、南昌、太原
政用主导型	贵阳、青岛、哈尔滨、南宁、银川、海口
商用主导型	西安、合肥、沈阳、昆明
民用主导型	厦门、宁波、郑州、大连、石家庄
低度均衡型	乌鲁木齐、长春、兰州、呼和浩特、西宁

其中，深圳、广州、杭州三市大数据发展为全面领先型，这与三市的经济发展基础与科技发达水平密不可分。发展呈现均衡型的城市共有13个，

包含相对均衡型 8 个、低度均衡型 5 个，相对均衡型城市大数据发展处于中上水平，低度均衡型城市大数据发展处于中下水平。从大数据的政用、商用、民用维度来看，较多城市政用主导性强，体现了当地政府的关注与支持力度大，公共部门运用水平高。2019 年大数据的商用与民用主导型城市共有 9 个，较 2018 年的 6 个显著增加，侧面反映了大数据在各个市场主体间的运用水平稳步提升。

图 4 显示了我国 31 个重点城市 2017～2019 年各年度的大数据发展类型占比情况。可以看出，2017～2019 年我国 31 个重点城市在大数据各方面发展的变化较大，但这些变化大多是正向的，如全面领先型城市增多、相对均衡型城市增加、低度均衡型城市减少等，从这一角度来看，各城市大数据发展取得了一定成果，大数据的应用向好。但同时，大数据单方面主导型城市数量也在增加，相关城市发展的不均衡性比较明显。大数据的政用、商用、民用是有机的整体，相互促进和依赖，因此也需要重点关注三个方面应用的同步推进，这就需要相关城市对症下药，不断发挥政策制度优势、技术创新优势、人才专家优势等，注重补足短板，避免出现失衡现象。

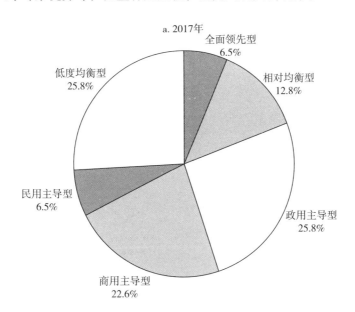

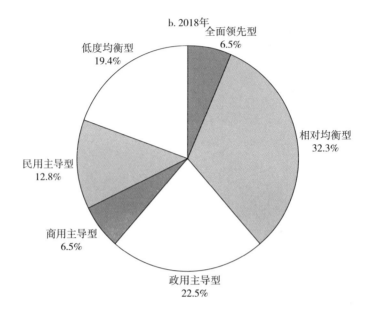

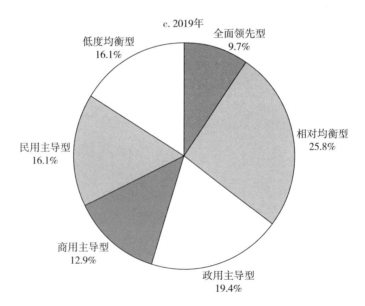

图4 2017～2019年各城市大数据发展类型分布情况

三　分指数评价结果分析

（一）大数据政用指数评价结果分析

大数据政用指数围绕 31 个重点城市大数据的社会关注度、政策力度、数据开放、政务服务能力、数字政府能力等方面进行综合测度。如图 5 所示，2019 年 31 个重点城市大数据政用指数平均得分为 15.9，共有 17 个城市的大数据政用指数得分处于均值以上，占城市总数的 54.8%，与 2018 年占比持平。

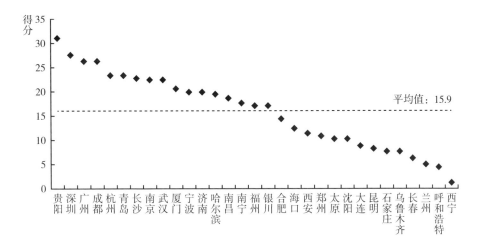

图 5　2019 年重点城市大数据政用指数得分与均值比较情况

我们梳理了 31 个重点城市 2017~2019 年的大数据政用指数得分排名变化情况，如图 6 所示。其中，深圳、成都、厦门、海口、太原三年排名持续上升，武汉、哈尔滨、沈阳、石家庄、呼和浩特三年排名持续下降；贵阳政用指数排名重返第一位，部分城市排名三年排名呈波动状态，整体发展稳步推进。

从大数据政用指数的各组成要素即分指标的得分情况分布来看，如图 7 所示，31 个重点城市大数据政用指数得分的主要方面为在线政务与数字政

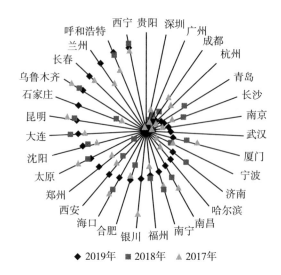

图6　2017～2019年重点城市政用指数得分排名变化

注：每条射线反映一个城市的排名变化，分布从外往内聚焦表示该城市排名上升。

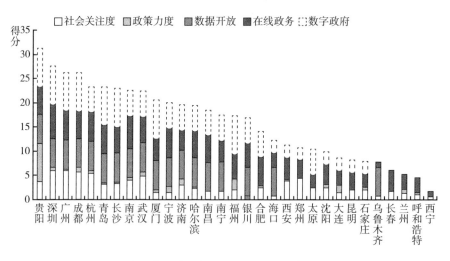

图7　2019年重点城市大数据政用指数各要素得分分布情况

府，表明电子政务运用是大数据政府运用的主要方面。近年来，各地区在大力推进一体化在线政务服务，以便民利民惠民为目标，以融合发展为核心，以一体化平台为统领，以信息技术为支撑，有效整合实体大厅的深度服务、服务热线的方便快捷和一体化平台的全时空性，推动形成线上线下一体化政务服务体系。

除此之外，在数字政府方面，据统计，截至2019年10月底，在31个省份中，所有省级网上政务服务平台体系基本建成，并且与全国一体化在线政务服务平台联通。我国至少有10个省级地方政府已出台并公开数字政府建设相关规划计划、方案意见，占比接近1/3。在出台的这些规划、方案中，加强数字政府服务能力建设成为各地数字政府建设的重要内容。

（二）大数据商用指数评价结果分析

大数据商用指数围绕31个重点城市大数据的人才基础、产业规模、营商环境、吸纳就业、创业创新、工业融合等方面进行综合测度。如图8所示，2019年31个重点城市大数据商用指数平均得分为10.5，共有11个城市的大数据商用指数得分处于均值以上，占城市总数的35.5%，较2018年略有降低。从图8来看，31个城市的得分整体呈S形分布，即大数据商用深度发展的城市运用优势明显，尾部城市的发展亟待加强引导，大部分城市的发展水平在均值线附近，整体呈并进趋势。

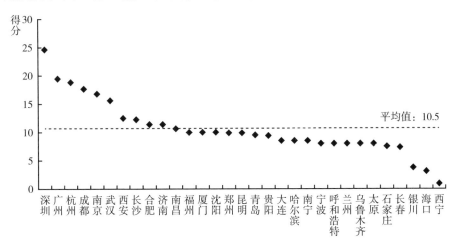

图8 2019年重点城市大数据商用指数得分与均值比较情况

　　我们梳理了31个重点城市2017～2019年的大数据商用指数得分排名变化情况，如图9所示。其中，深圳、杭州、长沙、太原三年排名持续上升，合肥三年排名持续下降，郑州连续三年排名保持在第15位，其他城市三年排名呈上下波动状态，整体发展有待进一步加强引导和规划布局。从地域分布来看，我国大数据产业的集聚趋势与经济发达程度呈正相关，东部沿海城市汇聚了更多的大数据企业，大数据产业规模更大，大数据商用相比中西部地区也更加发达，这与东部沿海城市所拥有的科技底蕴、人才基础和政策环境密不可分。除此之外，西部内陆地区的3个重点城市成都、重庆、贵阳也是西部地区大数据产业集聚的领航者。西部地区经济实力相对落后，而3个城市的大数据发展依然能在全国崭露头角，这主要缘于3个城市政府的政策引导和资源倾斜，同时也归功于域内企业果断抢占先机。

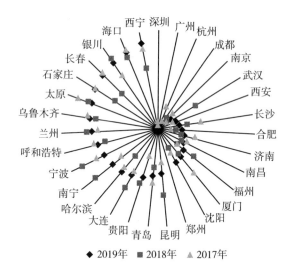

图9　2017～2019年重点城市商用指数得分排名变化

注：每条射线反映一个城市的排名变化，分布从外往内聚焦表示该城市排名上升。

　　从大数据商用指数的各组成要素即分指标的得分情况分布来看，如图10所示，31个重点城市大数据商用指数得分的主要方面为人才基础、产业规模、营商环境、创业创新、工业融合等方面。整体来看，发展较好城市如深圳、广州、杭州、成都、南京等皆具有良好的发展支撑，且发展活力强，发展融合性高。而绝大部分的城市需要在发展的融合性方面加强引导，着力强化发展支撑。

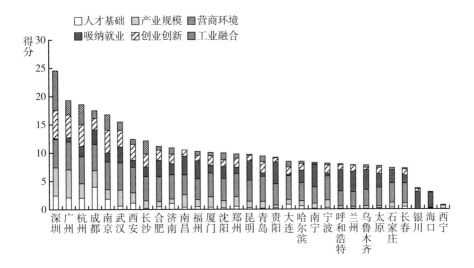

图10　2019年重点城市大数据商用指数各要素得分分布情况

（三）大数据民用指数评价结果分析

大数据民用指数围绕31个重点城市大数据的终端普及率、网络基础、服务通达度以及移动支付等方面进行综合测度。如图11所示，2019年31个重点城市大数据民用指数平均得分为12.5，共有12个城市的大数据民用指数得分处于平均值以上，占城市总的38.7%，较2018年下降较多。这主要是由于2019年我们对相关评测指标进行了调整优化，数据的差异性使两年得分情况呈现较大差距。

整体来看，各城市大数据民用得分呈现阶梯状，"S"形特征明显，反映了重点城市大数据民用发展的层次性，这和各个城市的发展基础与用户基础密切相关。从互联网等新兴技术发展的趋势来看，我国的互联网普及率与用户数量持续增长，移动终端数量不断增加，相关技术创新和发展融合也在

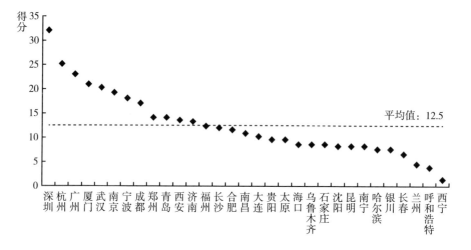

图11　2019年重点城市大数据民用指数得分与均值比较情况

不断丰富各城市大数据的民用发展。

我们梳理了31个重点城市2017~2019年的大数据民用指数得分排名变化情况，如图12所示。其中，南京、西安、南昌、太原三年排名持续上升，宁波、青岛、福州、合肥、海口、银川三年排名下降明显，广州、武汉、成三年稳定性都较好，其他城市三年排名呈波动状态，大数据民用发展整体偏弱，作为大数据应用的重要组成部分，后续应加强公众参与，提升整体发展水平。

大数据的民用发展与城市互联网设施基础、网民用户数量以及智慧城市建设等方面息息相关。归根结底，大数据的民用发展得益于技术创新与民众生活深度融合的共同促进，生活方式的改变和智慧模式的创新带来了巨量新的数据基础，极大提升了大数据民用的发展水平。

从大数据民用指数的各组成要素即分指标的得分情况分布来看，如图13所示，31个重点城市大数据民用指数得分的组成要素具体包含终端普及率、网络基础、服务通达度、移动支付。整体来看，大数据的民用发展可大概分为四个梯队，深圳、成都等为第一梯队，郑州、太原等为第二梯队，海口、长春等为第三梯队，兰州、西宁等为第四梯队，发展差异性

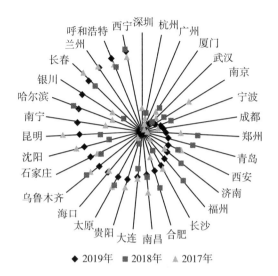

图12 2017～2019 年重点城市民用指数得分排名变化

注：每条射线反映一个城市的排名变化，分布从外往内聚焦
表示该城市排名上升。

较为明显，这与各个城市的基础设施水平与用户基础密不可分。同时，数
字能力也是数字基础与数字便民的集中体现，同时构成了数字生活的主要
方面。

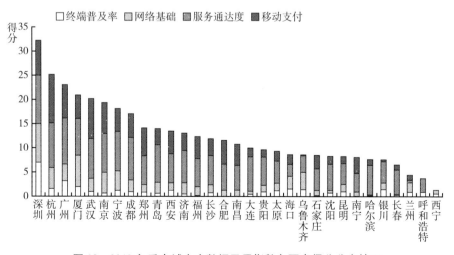

图13 2019 年重点城市大数据民用指数各要素得分分布情况

同时，随着大数据民用方面的发展，隐私、安全与共享之间的矛盾尤为凸显。当下，完备的大数据治理体系还远未形成，数据管理标准、数据交易规则、数据权属划分等尚处于摸索阶段，数据壁垒与数据安全保护机制的不健全影响了数据的开放共享效率，相应法律法规的缺失导致大数据本身以及用户隐私等存在巨大风险。因此，要继续重点推进大数据民用治理及其他领域相关体系的完善。

四　展望与建议

（一）大数据政用，不断加强数据开放提质增效

整体来看，数字政府战略仍需持续推进。根据《中华人民共和国政府信息公开条例》（国令第 711 号）、《国务院办公厅关于印发 2019 年政务公开工作要点的通知》（国办发〔2019〕14 号）文件精神，各省及重点城市政府利用互联网渠道不断进行数据搜集、整理、分析和开放共享工作，各地数据质量管理体系逐步健全。同时，各地开放的数据质量存在不及时、不完整、不实用等问题，碎片化、重复化、无效性的低质数据集仍然存在，不利于释放政务数据价值，政务公开、服务效能体系有待完善，政府数字化转型仍需大力推动。因此，应不断加强政府开放数据的提质增效，加快数据开放平台的一体化建设，在推进机制、资金投入、技术支撑和政策保障等方面给予重点支持，也要关注后续运营并着力加强大数据应用。

（二）大数据商用，奋力打造数智产业转型升级

大数据商用方兴未艾，数据产业融合仍需加强。越来越多的行业和技术领域需要大数据分析系统，各大科技公司也争相建立大数据中心和分析平台，企业积极利用数字技术加快自身数字化转型升级步伐。从全局来看，大数据的商用仍处于初级阶段，数字化经济模式正在形成，产业引导是提升企业数字化、网络化、智能化发展水平的关键。因此，数据的商业化运用与数

智产业的发展布局应以政府的规划引领为主导，各市场主体广泛参与，不断加强技术融合交流，创新大数据应用模式。相关部门也应加大资源倾斜、人才引进与产业扶持力度。

（三）大数据民用，创新引领数字生活全新实现

大数据的民用发展一直属于大数据应用的薄弱环节，但大数据民用拥有最广泛的群众基础。智慧识别、移动生活、人工智能等皆是大数据民用的创新体现。数据化思维优势和数字化生活的便利毋庸置疑，这就需要从服务模式、运用形式上进行创新。具体来说，政府层面，应加快完善数据安全监管体系，做好创新规范支持工作；行业层面，应构建数据创新应用生态，着力提升系统化研发与成果转化水平；个人层面，应做到守法创新、大胆创新，不断开创数字生活新范式。

大数据法治指数篇

Index of Big Data under the Rule of Law

B.7
中国大数据法治进展与
大数据法治指数构建

摘　要： 大数据的快速发展和广泛应用，对我国法律体系形成了新的挑
　　　　 战。为使政府和社会更加清晰地了解我国大数据法治的发展状
　　　　 况，我们采用指数化思维，对大数据法治发展情况进行系统评
　　　　 估。本文从大数据法治的三个维度出发，即数据立法、数字司
　　　　 法和数权保护，构建了大数据法治指数评价体系，共3个一级
　　　　 指标和9个二级指标，旨在通过对指标的分析、拆解、量化和
　　　　 测算，对我国大数据法治情况进行系统的判断。

关键词： 大数据法治指数　数据立法　数字司法　数权保护

　　随着科学技术的发展，各类信息化的手段已经逐渐融入人们生活的方方
面面，在现代社会生活中会产生各种各样的数据，海量的数据汇聚催生了大

数据时代的到来。在大数据时代，利用数据的跨界、融合、开放、共享可以创造更多的价值，让人们看到改变未来的新力量。但同时，开放数据和数据流动又带来了很多风险，因此，数据保护日益受到人们的重视，而国家法治是数据保护的基石。近年来，发达国家不断探索大数据法治发展路径。美国在个人隐私保护、网络数据安全、国家数据安全等方面颁布了一系列相关法案，如《加利福尼亚州消费者隐私法案》《上市公司网络安全披露指南》《澄清域外合法使用数据法》等，其中 2018 年通过的《加利福尼亚州消费者隐私法案》被认为是美国当前最严格的消费者数据隐私保护立法。欧洲发达国家从数据立法、个人信息、互联网安全等角度，纷纷制定了一系列重要法律，如英国的《数据保护法案》、德国的《联邦数据保护法》、法国的《数字共和国法案》、欧盟的《一般数据保护条例》和《非个人数据自由流动条例》。大数据法治的发展成为大数据研究中的重要议题。而我国的大数据法治环境一直处于探索阶段，研究我国大数据法治状态，不仅有利于护航大数据的进一步发展，也是我国完善社会主义法治体系的有力支撑。

一　中国大数据法治的发展进程

（一）中国数据和信息保护立法现状

数据和信息是相辅相成的，数据在一定条件下可转化为信息，两者的关系，从宏观上看并无实质意义，但可从微观上予以区分。例如，数据保护重点是保护当事人的数据免受侵害，是为了保护个人以数据形式存在的个人信息，而非个人全部信息。对于数据安全的立法在我国往往以信息安全的形式体现，从计算机普及开始，早在 1994 年我国就制定了《中华人民共和国计算机信息系统安全保护条例》，这是我国第一部信息保护条例。从此以后，随着网络技术的不断进步，有关网络安全保护、网络信息服务、网络社会管理的各类法律条文相继出台（见表 1、表 2）。但从表 1 和表 2 中可以看出，从内容上，我国法律法规的内容倾向于互联网管理、个人信息保护、网络安

全或与网络密切相关的其他领域方面，如《中华人民共和国电子商务法》，这类法律多数通过规范行业行为来达到保护信息安全的目的。

表1　我国信息保护法律法规（1994～2012年）

年份	法律法规	效力级别*	备　注
1994	《中华人民共和国计算机信息系统安全保护条例》	行政法规	2011年修订，现行有效
1996	《中华人民共和国计算机信息网络国际联网管理暂行规定》	行政法规	1997年修正，现行有效
1997	《计算机信息网络国际联网安全保护管理办法》	行政法规	2011年修订，现行有效
2000	《全国人民代表大会常务委员会关于维护互联网安全的决定》	法律	2000年12月28日第九届全国人民代表大会常务委员会第十九次会议通过
	《中华人民共和国电信条例》	行政法规	2014年第一次修订，2016年第二次修订，现行有效
	《互联网信息服务管理办法》	行政法规	2011年修订，现行有效
2001	《外商投资电信企业管理规定》	行政法规	2008年第一次修订，2016年第二次修订，现行有效
	《计算机软件保护条例》	行政法规	2011年第一次修订，2013年第二次修订，现行有效
2002	《互联网上网服务营业场所管理条例》	行政法规	2011年第一次修订，2016年第二次修订，2019年修正，现行有效
2004	《中华人民共和国电子签名法》	法律	2015年第一次修正，2019年第二次修正，现行有效
	《互联网等信息网络传播视听节目管理办法》	部门规章	已被修订
2006	《信息网络传播权保护条例》	行政法规	2013年修订，现行有效
2007	《互联网视听节目服务管理规定》	部门规章	已被修订
2009	《外国机构在中国境内提供金融信息服务管理规定》	部门规章	现行有效
2011	《互联网文化管理暂行规定》	部门规章	2017年修订，现行有效
	《规范互联网信息服务市场秩序若干规定》	部门规章	现行有效
2012	《全国人民代表大会常务委员会关于加强网络信息保护的决定》	法律	2012年12月28日第十一届全国人大常务委员会第三十次会议通过

注：“＊”行政法规的效力仅次于宪法和法律，高于部门规章和地方性法规。

表 2　我国信息保护法律法规（2013~2019 年）

年份	法律法规	效力级别*	备　注
2013	《电信和互联网用户个人信息保护规定》	部门规章	现行有效
	《信息安全技术公共及商用服务信息系统个人信息保护指南》	—	我国首个个人信息保护国家标准
2014	《国务院关于授权国家互联网信息办公室负责互联网信息内容管理工作的通知》	国务院规范性文件	现行有效
	《网络交易管理办法》	部门规章	现行有效
2016	《中华人民共和国网络安全法》	法律	现行有效
	《网络出版服务管理规定》	部门规章	现行有效
2017	《互联网信息内容管理行政执法程序规定》	部门规章	现行有效
	《互联网新闻信息服务管理规定》	部门规章	现行有效
	《互联网域名管理办法》	部门规章	现行有效
2018	《中华人民共和国电子商务法》	法律	现行有效
2019	《中华人民共和国密码法》	法律	2020 年 1 月 1 日施行
	《儿童个人信息网络保护规定》	部门规章	现行有效
	《区块链信息服务管理规定》	部门规章	现行有效
	《网络信息内容生态治理规定》	部门规章	2020 年 3 月 1 日施行

注：“＊”行政法规的效力仅次于宪法和法律，高于部门规章和地方性法规。
资料来源：北大法宝，法律法规数据库，度小法百度搜索。

此外，从表 2 可以发现，2016~2019 年，国家出台的法律、行政法规和部门规章中，进一步强调了信息安全的细分领域，包括新闻、商务、儿童信息安全等，这是我国信息安全保护深层次发展的具体体现。同时，我们也看到，虽然我国尚未出台一部专门明确数据保护的法规，但是，关于大数据领域中区块链信息服务管理、网络信息内容生态治理等方面已经制定相关规章，进一步推动了我国大数据法治体系的建设。

（二）大数据给我国法治环境带来的挑战

目前，大数据发展给我国法治环境带来如下挑战：首先，公民个人信息

和数据的法律保护被提到了十分重要的位置，但缺少专门的个人信息保护法。在大数据快速发展同时，个人数据信息被数据管理者滥用的违法现象突出，有关个人信息泄露、非法收集、占用、出售等情况十分常见。在我国，对公民信息和个人数据的保护是从刑法开始的。2009 年《中华人民共和国刑法修正案（七）》第二百五十三条、第二百八十五条分别对侵犯个人信息、非法侵入计算机系统等违法行为增加了法律约束，2015 年《中华人民共和国刑法修正案（九）》第二百五十三条之一中，对侵犯公民信息主体由特殊主体修改为一般主体，并加强了惩罚措施。同时，《中华人民共和国民法通则》《中华人民共和国侵权责任法》也在个人信息保护方面提供相应的法律保护基础。可见，我国对于个人信息保护十分重视，但暂未出台专门的法律对其进行保护和规范。其次，数据交易的日益频繁对我国大数据法治提出了更高的要求。关于数据交易，涉及数据权属和个人隐私数据的搜集以及保护问题，国外法律实践是在数据搜集过程中执行相应的规定和限制条件，并设立相应的数据保护权利和义务，我国在数据交易领域还需要更多的理论研究和实践支撑。另外，跨境数据的流动加速，与其他国家分享和交易数据日益频繁，对于跨境数据资源管理和保障，我国尚缺少应对机制。

（三）大数据立法工作进入新发展阶段

我国大数据立法工作虽尚未形成完整体系，但也在稳步推进。在数据立法方面，还有很多需要探索和研究的未知事物。同时，也可以看到，无论从现有法治基础，还是政协委员频繁提议，大数据法治建设都已成为大势所趋。个人信息保护方面，2017 年 5 月 8 日，最高人民法院和最高人民检察院联合发布了《关于办理侵犯公民个人信息刑事案件适用法律若干问题的解释》，为公民个人信息保护提供更为精准的法律依据。2019 年 10 月 1 日实施的《儿童个人信息网络保护规定》，是对儿童网络信息保护单独立法，而不仅仅散落在其他法律中，这标志着我国对网络信息安全的重视和相关立法的探索。大数据领域方面，国务院从 2015～2016 年发布了 3 部以大数据为关键词的国务院规范性文件，分别是《国务院关于印发促进大数据发展行动纲要的通知》（国发〔2015〕50号）、《国务院办公厅关于运用大数据加强对市场主体服务和监管的若干意见》（国办发〔2015〕51号）、《国务院办公厅关于促进和规范健康医疗大数据应用发展的指导意见》（国办发〔2016〕47号），从行政角度推动了我国大数据产业的发展，加快了大数据立法的步伐。据统计，① 四年来，以大数据为关键词的部门规章达到60余篇，涉及大数据跨领域合作、大数据创新发展、大数据安全保护等多个方面。随着全国人大常委会第四十四次委员长会议结束，2020年我国的立法预先工作已经完成，其中提到，加强重要领域立法，加快制定监察官法、个人信息保护法、数据安全法、乡村振兴促进法、社会救助法、法律援助法等，这是信息安全和数据安全立法的一个强烈信号。未来，随着大数据应用的不断深入，我国大数据法治建设将进入新的发展阶段。

（四）大数据法治指数是大数据法治发展评估的必要手段

以"法治"为核心来对我国大数据发展的状况进行研究，是因为我国大数据发展正面临着法治关口。判断我国大数据法治发展阶段，仅依靠国家立法和相关政策梳理是远远不够的，需要对我国大数据法治进行评估。传统意义上的法治评估，可以理解为法治的评估或评估法治，这就牵扯出了两个概念："法治"和"评估"。"法治"这一词条在《牛津法律指南》中特别声明，"一个无比重要的，在内容上却未曾被界定甚至是不可能被界定的概念"，因此，"法治"是迄今为止业界也没有完全适用的"评估对象"的概念。法治指数是法治的量化评估体系，"指的是在理论和实践的结合意义上建立并运用以对一个国家、地区或者社会的法治状况进行描述和评估的一系列相对比较客观量化的标准"②。狭义上说，中国大数据的法治，指的是在我国大数据产业发展过程中起到规范作用的法律法规和行政规范，以及数据信息保护相关的立法计划和调研项目所形成的适用于我国大数据发展的法治

---

① 北大法宝数据库，搜索关键词"大数据""信息""网络"等。
② 侯学宾、姚建宗：《中国法治指数设计的思想维度》，《法律科学》（西北政法大学学报）2013年第5期。

环境。广义上说，中国大数据法治，不仅指的是大数据涉及的法律法规，还包括中国法治改革中大数据的应用发展程度，包括法院信息化改革、智慧司法建设等。大数据的法治评估强调的是对大数据的法律化治理和大数据在法治中的应用层面等方面的系统性定量或定性评价。

二 大数据法治指数的构建思路

研究大数据法治指数，通过对大数据法治概念的理论分析、概念拆解、概念赋值、数据收集、数据量化以及趋势分析，得到一个相对客观并且具有可比性的大数据法治发展现状评估。结合我国大数据法治的现状和形成，本文采用数据立法、数字司法和数权保护三个维度对大数据法治进行评估。

（一）数据立法前瞻性的研究

大数据是基于海量数据的集合，并且时刻处于流动变化中，从传递数据到交换价值再到共享秩序，互联网经历着从信息互联网到价值互联网的演进过程。数据在各种连接中流动，表现状态的无边界很多时候让我们对数据流不可确权、不可定价、不可追溯、不可监管。在数据开放、数据流动和数据应用过程中，数据安全失防、数据利用失衡以及数据规则失序等问题，影响了大数据价值挖掘，对数据安全和个人信息安全也造成了困扰。因此，强化数据安全治理，加强数据立法等数据约束性机制建设，需要从多个角度进行完善。而这种规则的建立，不仅要在技术层面上，更要在制度层面上。在我国的法治体系中，数据立法面临着数据权属确定等一些问题，如"所有权"中占有权和处分权在数据领域中的适用性问题等。因此，在平衡数据安全和数据流动价值的基础上，加强数据主体权利的保护及对数据控制者、处理者义务的法律界定，是我国数权立法面临的首要和迫切问题。[①]

---

① 大数据战略重点实验室：《数权法1.0：数权的理论基础》，社会科学文献出版社，2018。

（二）数字司法便捷性的研究

数字司法，是司法工作与大数据、人工智能、物联网等技术手段的深度融合，是司法体制改革的重要内容。党的十八大以来，我国司法系统不断推动信息化、数字化、网络化建设，"智慧法院""智慧检务"建设工作已经列入了国家信息化发展战略。中国数字司法建设取得了令人瞩目的成绩，不仅法院系统内部完成了从下至上的数据汇聚，而且逐步实现吸收系统外的数据，法院实现了从简单数据处理到复杂报告分析的飞跃。[1] 在司法领域，分析案件时应用大数据技术，能从大量的案件中总结出各类案件的规律，基于规律对案件进行识别和发现，既可做出相应的预判，也可通过案例比对减少错判、误判的情况发生。另外，采用数据模型算法，可以寻找到不同案件之间的关联性，在寻找案件线索时，这种关联性有助于案件的快速解决，大幅提高办案和审判的效率。大数据打破了司法领域的内部数据壁垒，形成数据资源共享，司法数据的公开也使得司法系统与社会行业之间相互联系，提升了司法活动的协作性，推动司法模式的改革，便于数据资源一体化发展。

（三）数权保护泛在性的研究

数据收集、分析和使用等活动在过去是小范围的、可控的，对社会影响较小，但随着互联网、大数据、云计算等的快速发展，一方面改变了社会的管理模式，另一方面给社会生活尤其是信息安全带来前所未有的威胁。数权保护具有泛在性，在大数据时代信息安全问题无时无刻不存在，其中信息涵盖了身份信息、财产情况、社交状况甚至网页浏览记录等，数据收集者基于对个人信息的搜索，如位置信息、网页浏览偏好、信用信息、兴趣爱好等，只要样本数据量足够，就能获得个人的生活情况、财务情况、消费情况、社交和健康情况等，进而获得相应的利益。同时，信息的传播和存储功能，已

---

[1] 刘雁鹏：《司法大数据建设的现状、困境与对策》，《中国社会科学院研究生院学报》2019年第5期。

经让人们失去了选择的权利，网络数字技术让网络上的一切活动，无论是个人还是企业各项活动，都被永久记录在网络上不被删除，留下的数据有时候并不被数据生产者所掌握。我国的数权保护尚缺乏系统性法律法规，多散落于现有法律条款之中。随着数据时代的发展，平衡数据保护和共享的问题已成为数权保护的重要议题。

三　大数据法治指数研究的评估维度

由上述分析可知，大数据法治指数考虑从数据立法、数字司法和数权保护三个维度进行评估。首先，数据立法方面，主要考虑地方政府出台的相关政府规章和规范性文件，这些文件规范了当地大数据领域的各类问题，是构建我国大数据法治体系的基石；其次，数字司法方面，考虑司法信息化建设中互联网法院和智慧检务建设情况；最后，数权保护方面，从社会层面选取法律援助相关信息，以及政府和社会对数据安全、信息安全的关注度。在此三个维度基础上，大数据法治指数又从以下几个方面进行研究。

（一）立法活跃度

立法活跃度是用来表现我国在大数据相关领域立法的频率和关注度，并以此来预测我国以及各省级单位大数据法治的现有状况和未来立法趋势。现有地方性法规数量以及人大常委会立法计划是我国法律法规动态的重要体现。在我国的立法释义中，地方性法规是指法定的地方国家权力机关依照法定的权限，在不同宪法、法律和行政法规不相抵触的前提下，制定和颁布的在本行政区域范围内实施的规范性文件。地方性法规的内容涉及了地方政治、经济、文化、卫生、民政、资源和环境保护等社会生活各个方面，是宪法和法律在地方贯彻落实的重要体现。人大常委会立法计划主要是指拥有立法权的地方人大及其常委会根据本地经济社会发展情况，将立法与当地实际紧密结合，为地方改革发展提供法制保障的前瞻性计划。

（二）省级政府文件导向性

省级政府文件导向性是预估某地区在某一领域政策导向的重要指标。通过对地方政府规章和行政规范性文件的数量和导向研究，粗略地判断政府施政的重点。地方政府规章是指由省、自治区、直辖市和较大的市的人民政府根据法律和法规，按照法律规定的程序，所制定的普遍适用于本行政区域的规定、办法、细则、规则等规范性文件的总称，是法律、法规的补充形式。行政规范性文件是指除国务院的行政法规、决定、命令以及部门规章和地方政府规章外，由行政机关或者经法律、法规授权的具有管理公共事务职能的组织依照法定权限、程序制定并公开发布，涉及公民、法人和其他组织权利义务，具有普遍约束力，在一定期限内反复适用的公文。地方政府规章和行政规范性文件均是政府公信力的直接体现，既是落实国家相关政策法律法规的载体，又是政府发挥职能作用、指导本区域改革发展的灯塔。

（三）市级政府文件导向性

市级政府文件导向性主要指某一省会城市落实该省某一领域政策的制定导向。市级政府文件相对于省级层面，更具开拓性，易形成试点示范。在省级层面上，政策更具方向性和指导性，而在市级层面上，政策会更加聚焦和具体，因此，在关于大数据的深度发展应用以及对于数据立法和数权保护上的拓展和创新，市级层面更可能进行探索和尝试。同时，省会城市容易成为地方政府公共信息资源开放的试点城市，各类相应政策更容易在省会城市制定和实施。比如，贵阳市政府围绕大数据发展，制定了一系列政策文件，如《贵阳市政府数据共享开放条例》《贵阳市政府数据资源管理办法》等等，在各地政府数据开放规定中具有较强的典型性。

（四）线上法院普及率

线上法院普及率既是法院现代化和信息化建设的主要体现，也是人民法

院深化司法改革的重要内容之一。自 2013 年以来，[1] 中国法院积极推进审判流程、庭审公开、裁判文书、执行信息等各类平台建设，先后建立中国审判流程信息公开网、中国裁判文书网、中国庭审公开网、中国执行信息公开网，司法公开透明度大幅提升。人民法院内部实现了四级法院专网全覆盖，先后建成以互联互通为主要特征的人民法院信息化 2.0 版和以数据为中心的人民法院信息化 3.0 版，智慧法院初步建成。[2] 互联网法院的出现是互联网司法进程中具有里程碑意义的事件，开辟了互联网时代司法发展的全新路径。2018 年《最高人民法院关于互联网法院审理案件若干问题的规定》提出，互联网法院采取在线方式审理案件，实现了诉讼环节线上完成，如案件受理、送达、调解等，基本实现网上案件网上审理、网上纠纷网上判决。但互联网法院作为集中管辖互联网案件的基层人民法院，目前只在杭州、北京、广州三地部署了相应的试点，从全国范围来看，更多地方法院在互联网审判机制和科技审判庭建设上仍需探索。

（五）智慧检务创新性

智慧检务是依托大数据、云计算、移动互联网、人工智能等信息技术，提高检察机关的办公、办案、服务、决策的智能化水平，推进检察工作现代化的一种全新检务运营模式。2016 年 12 月 15 日国务院印发的《"十三五"国家信息化规划》提出，实施"科技强检"战略，积极打造"智慧检务"。智慧检务作为中国检察信息化建设的重点任务，已经取得了初步成果，地方各级检察机关信息化、智慧化水平显著提升，全国检察机关统一业务应用系统 2.0 版完成试点部署。由《法制日报》主办的"全国政府智能化建设创新案例"评选活动对智慧法院、智慧检务、智慧司法等领域的创新案例和创新成果进行了梳理和评选，是各地智慧检务发展的一个体现，也是我国智慧检务进程的一个缩影。

---

[1] 中华人民共和国最高人民法院：《中国法院的互联网司法》，人民法院出版社，2019。

[2] 《周强对全国法院网络安全和信息化工作提出要求强调　深入学习贯彻习近平总书记关于网络强国的重要思想　全面深化智慧法院建设》，最高人民法院新闻传媒总社，2019 年 9 月 11 日。

（六）公安微博影响力

公安微博是公安政务新媒体矩阵建设的重要环节，是大数据时代下公安政务与媒体融合发展的新方式。《第 44 次中国互联网络发展状况统计报告》显示，我国 297 个地级行政区政府已开通"两微一端"[①] 等新媒体传播渠道，截至 2019 年 6 月，我国网络新闻用户规模达 6.86 亿，在互联网时代，微博成为网络信息传播的重要宣传窗口。2018 年 12 月，《国务院办公厅关于推进政务新媒体健康有序发展的意见》提出，要积极运用政务新媒体传播党和政府声音，做大做强正面宣传，巩固拓展主流舆论阵地。公安微博在其中发挥了强大的作用，微博不仅成为警务信息发布平台，还成为舆情处置及构建和谐警民关系的重要阵地。在《2018 年度人民日报政务指数微博影响力报告》中，公安部新闻中心、公安部治安管理官方微博"中国警方在线"以传播力、服务力、互动力、认同度四项总分第一，获得了全国二十大中央机构微博影响力第一名。根据公安微博账号发布微博频率和关注人数，对各地方公安厅微博影响力进行系统评估，成为数字司法实践的评价指标之一。

（七）司法判例案例

司法判例作为司法审判的最终结果，不仅能体现法律实施的具体效果，而且能显示司法与社会的互动关系。司法判例案例内容涉及广泛，通过对判例拓展性、延伸性的研究，可以回应司法与媒体、民意及经济、政治、科技等外部要素之间的关系。[②] 在大数据时代，备受关注的问题就是信息安全问题。在互联网技术时代，个人信息内涵逐渐丰富，除传统隐私权意义中个人尊严和自由的表征，还具备商业价值和公共管理价值，[③] 由个人信息泄露而引发的案件时有发生。对个人信息司法案例发生省份和发生案例占比的分析，可以从侧面反映出

[①] 两微一端，即政务微博、政务微信以及客户端等政务新媒体平台。
[②] 李振贤：《我国司法判例研究状况的实证分析》，《甘肃政法学院学报》2018 年第 4 期。
[③] 张新宝：《从隐私到个人信息：利益再权衡的理论与制度安排》，《中国法学》2015 年第 3 期。

该地区对个人信息保护的重视程度，以及当地法院对个人信息侵权案件审判倾向，进一步反映我国司法对待个人信息侵权行为的法律约束。

（八）国家政策落实率

目前我国关于大数据领域的法治建设主要偏重于个人信息安全保护和数据交易、共享的安全保护方面。在国家层面上，2018～2019年两年，国家制定了互联网相关领域法律4部，包括《电子商务法》《密码法》《电子签名法（2019年修正）》《反不正当竞争法（2019年修正）》；行政法规3部，包括《国务院关于在线政务服务的若干规定》《政府信息公开条例（2019年修订）》《互联网上网服务经营场所管理条例（修订）》；部门规章2部，即《儿童个人信息网络保护规定》《区块链信息服务管理规定》。在省级层面，落实个人信息保护或数据安全相关的地方性法规或行政规章数量一定程度上反映了地方对数据安全保护的重视程度。

（九）法律服务专业性

法律服务专业性主要针对各地律师协会中专业委员会相关专业设置情况进行分析。律师协会是律师的自律性组织，各省、自治区、直辖市可设立地方律师协会，律师协会专业委员会是根据律师业务的发展，开展行业业务调研和业务预测，并进行专业领域的划分，从相关专业角度，就国家立法、司法活动及社会事务提出意见和建议。因此，分析每一个省律师协会专业委员会中互联网或大数据专业设置情况，可以反映该省大数据领域法律活动的频率，以及当地大数据产业的发展状况。

四 大数据法治指数的构成与测算方法

（一）大数据法治指数的构成

大数据法治指数理论体系是基于现有数据立法、数字司法和数权保护三个维度进行评估。数据立法指标由立法活跃度、省级政府文件导向性、市级政府文件导向性 3 个二级指标组成，数字司法指标由线上法院普及率、智慧检务创新性、公安微博影响力 3 个二级指标组成，数权保护指标由司法判例案例、国家政策落实率、法律服务专业性 3 个二级指标构成（见表 3）。

表 3 大数据法治指数理论指标体系

一级指标	二级指标	三级指标	指标含义
数据立法	立法活跃度	立法相关性	反映地区大数据相关的地方性法规情况
		立法趋势性	反映地方大数据相关立法的趋势
	省级政府文件导向性	省级政策导向性	反映某一阶段内省级政府规章文件制定导向（与大数据、信息保护相关）
		省级规范导向性	反映某一阶段内省级政府规范性文件制定导向（与大数据、信息保护相关）
	市级政府文件导向性	市级政策导向性	反映某一阶段内省会城市政府规章文件制定导向（与大数据、信息保护相关）
		市级规范导向性	反映某一阶段内省会城市规范性文件制定导向（与大数据、信息保护相关）
数字司法	线上法院普及率	互联网法院	反映人民法院信息化程度
		线上审判	反映法院庭审信息化程度
	智慧检务创新性	试点城市	反映国内智慧检务发展状态
		系统创新性	反映智慧检务系统在全国进展程度
	公安微博影响力	公安微博普及率	反映公安微博维护程度
		公安微博关注度	反映公安微博受网民关注程度
数权保护	司法判例案例	个人信息案例发生率	反映各地区司法方面个人信息受到关注的情况
	国家政策落实率	个人信息保护政策落实率	反映地方落实国家个人信息保护相关政策的情况
		数据安全政策落实率	反映地方落实国家数据安全相关政策的情况
	法律服务专业性	法律咨询数据领域相关度	反映社会层面对大数据领域法治关注状况

（二）大数据法治指数的指标选取

1. 数据立法指标

数据立法指标选取立法活跃度、省级政府文件导向性、市级政府文件导

向性3个二级指标。其中,立法活跃度选取了立法相关性和立法趋势性2个三级指标。立法相关性反映了当地现有法规在大数据领域的基础,立法趋势性是指大数据领域相关的法律法规在当地立法计划中的比重,包括地方性法规数量和人大立法计划中涉及大数据领域的计划法规和调研项目。省级和市级政府文件导向性是当地政府数据治理中最直接的指导方针,也反映了不同层级政府对数据产业的支持力度和管理理念。省级政府文件导向性选取了省级政策导向性和省级规范导向性2个三级指标,市级政府文件导向性选取了市级政策导向性和市级规范导向性2个三级指标,主要对2016年以来各级政府法律法规和行政规章数量进行统计研究。

2. 数字司法指标

数字司法指标分别从公、检、法三个角度,选取了线上法院普及率、智慧检务创新性和公安微博影响力3个二级指标。其中,线上法院普及率是地方法院信息化程度的具体反映,主要从互联网法院和线上审判2个三级指标来判定。互联网法院指现有互联网法院的数量,线上审判是一个复合型指标,从互联网审判庭的完善度和科技审判庭占比两个方面进行复合。智慧检务创新性是反映当地检察机关智慧检务建设情况的一个指标,主要从试点城市和系统创新性2个指标来反映,并以智慧检务领域具有代表性的创新案例来反映智慧检务创新性。公安微博影响力是反映公安部门在微博上的活跃程度,通过公安微博的建设情况和网民对公安微博的关注度进行研究。

3. 数权保护指标

数权保护指标立足于政策、司法和社会组织三个角度选取了国家政策落实率、司法判例案例和法律服务专业性3个二级指标。其中,国家政策落实率是指地方依据国家已有法律法规而制定的相关法规和政策文件的数量,反映地方在个人信息和数据安全领域方面的落实情况。司法判例案例是指当地发生个人信息刑事案件统计情况,以个人信息案例发生率来表示,反映地方个人信息案例的分布和案例占比情况。法律服务专业性主要是从社会组织的角度,通过对律师协会专业委员会数量进行统计,反映在法律服务领域个人信息和数据安全的占比情况。

（三）数据获得与指数计算

1. 数据获得

大数据法治指数的测评过程主要分为数据搜集、统计计算和结果分析。其中，数据搜集对指数评估起着决定性的作用。数据搜集分为数据识别、数据判断和数据筛选。收集数据的来源要以权威性、准确性、原始性为导向，数据来源主要分为三类：一是政府或社会机构官方网站，包括人大网、各地方政府门户网站、各省级律协门户网站等；二是各类专业数据库，包括北大法宝数据库、中国审判案例数据库、法律法规数据库等；三是权威机构发布的行业数据，如中国互联网络信息中心数据、互联网法律白皮书、中国法院互联网司法白皮书等。

2. 数据计算

大数据法治指数主要是一个综合统计指数。在计算过程中，由于各项指标对大数据法治的影响程度有差异，为了正确评估大数据法治发展总体水平，需要为各项指标设定权重。大数据法治指数指标体系的权重根据不同指标的作用或影响程度而定，采用专家意见法进行判断。指数计算以加权平均的方法计算评价值。

参考文献

大数据战略重点实验室：《数权法 1.0：数权的理论基础》，社会科学文献出版社，2018。

刘红：《大数据时代数据保护法律研究》，中国政法大学出版社，2018。

侯学宾、姚建宗：《中国法治指数设计的思想维度》，《法律科学》（西北政法大学学报）2013 年第 5 期。

刘雁鹏：《司法大数据建设的现状、困境与对策》，《中国社会科学院研究生院学报》2019 年第 5 期。

范成伟、明杏芬：《建设法规》，同济大学出版社，2017。

中华人民共和国最高人民法院：《中国法院的互联网司法》，人民法院出版社，

2019。

《周强对全国法院网络安全和信息化工作提出要求强调 深入学习贯彻习近平总书记关于网络强国的重要思想 全面深化智慧法院建设》，最高人民法院新闻传媒总社，2019 年 9 月 11 日。

李振贤：《我国司法判例研究状况的实证分析》，《甘肃政法学院学报》2018 年第 4 期。

张新宝：《从隐私到个人信息：利益再权衡的理论与制度安排》，《中国法学》2015 年第 3 期。

B.8
2019年中国大数据法治指数分析报告

摘　要：　随着我国大数据发展的不断深入，大数据法治建设步伐明显加快，为此，本文从数据立法、数字司法和数权保护三个维度出发，对我国大数据法治发展现状进行测算与评估，在指标量化、数据搜集与统计分析的基础上，对我国31个省（自治区、直辖市）进行大数据法治指数研究。通过分析发现，我国大数据法治格局基本形成，区域大数据法治发展不平衡。东部地区大数据法治发展优势明显，中部地区大数据法治发展处于中等水平，西部地区大数据法治发展差异性较大，东北地区大数据法治发展相对较弱。从各项分指数情况来看，数权保护情况最优，数据立法和数字司法情况相对欠佳。

关键词：　大数据法治指数　数据立法　数字司法　数权保护

一　总体情况评估

中国大数据法治发展评估是根据国家官方数据以及权威机构数据库进行数据搜集，运用统计的办法，从数据立法、数字司法和数权保护三个维度对我国31个省（自治区、直辖市）进行综合评估，最终得出各省2019年大数据法治指数。

（一）总体排名

从大数据法治指数评估的结果来看，排名前五的省份分别是浙江、贵州、广东、北京和安徽,其中排名第一的浙江省总分57.03,远超全国平均分,排名前五的省份除贵州、安徽外,其余均为东部省份。在整体情况上,全国省域大数据法治指数平均值为25.50。有13个省份总体得分超过平均值,所占比例为41.9%,其中,浙江、贵州、广东、北京、安徽、福建、山东、上海、江苏、湖北列前十名,平均分为40.31,而排名后十的省份平均分仅为11.75,前者是后者的近4倍(见表1)。

表1 2019年各省份大数据法治指数评价结果

省份	总指数	排名	数据立法	排名	数字司法	排名	数权保护	排名
浙 江	57.03	1	17.35	3	17.06	3	22.61	1
贵 州	46.09	2	25.68	1	9.24	11	11.17	12
广 东	45.27	3	8.91	9	21.52	2	14.84	4
北 京	43.62	4	8.14	11	23.88	1	11.59	10
安 徽	42.18	5	14.85	5	10.01	8	17.32	2
福 建	38.22	6	25.00	2	4.09	24	9.13	17
山 东	34.44	7	13.16	6	7.86	16	13.42	9
上 海	33.40	8	7.50	13	11.91	6	14.00	6
江 苏	31.45	9	4.00	25	12.98	5	14.47	5
湖 北	31.38	10	9.10	8	8.67	14	13.61	8
重 庆	31.33	11	12.64	7	9.39	10	9.30	16
天 津	27.15	12	4.00	26	14.96	4	8.18	20
海 南	26.69	13	15.21	4	7.98	15	3.50	25
河 南	25.42	14	2.86	29	8.90	12	13.66	7
陕 西	25.35	15	5.23	22	11.03	7	9.09	18
辽 宁	25.05	16	3.05	28	7.00	18	15.00	3
云 南	23.47	17	7.75	12	9.70	9	6.02	22
江 西	23.45	18	7.45	14	5.00	20	11.00	13
甘 肃	22.41	19	8.30	10	3.53	25	10.57	14
河 北	20.04	20	5.53	19	6.35	19	8.17	21
四 川	19.69	21	7.39	15	7.80	17	4.50	23
内蒙古	18.46	22	6.78	17	8.68	13	3.01	26
吉 林	18.27	23	4.32	24	4.43	21	9.52	15

续表

省份	总指数	排名	数据立法	排名	数字司法	排名	数权保护	排名
山　西	17.72	24	7.07	16	1.73	28	8.92	19
湖　南	16.64	25	1.20	30	4.25	22	11.19	11
广　西	10.77	26	5.25	20	4.10	23	1.43	29
黑龙江	10.35	27	4.00	27	1.99	26	4.36	24
宁　夏	8.85	28	4.87	23	1.97	27	2.00	27
青　海	8.09	29	5.25	21	0.91	30	1.92	28
新　疆	6.49	30	5.75	18	0.53	31	0.21	31
西　藏	1.82	31	0.01	31	1.56	29	0.26	30
平均值	25.50		8.31		8.03		9.16	

在分指标排名上，浙江、广东两省的三项分指标均处于全国前列，而贵州省数据立法指数排名第一，北京数字司法指数排名第一。宁夏、青海、新疆和西藏三项指标排名均较为靠后，故大数据法治发展水平较低。相对差距指数①是指最低水平与最高水平之间的相对差距，数值范围为0~1，当计算数值越大时，表明对比项的差距越大，相对差距指数主要用来反映二者之间的相差程度。从相对差距指数②分析，最大相对差距指数为0.97（即得分最低的比最高的落后97%），表明大数据法治发展中较好省份和较弱省份的差距较大（见图1）。

（二）各区域大数据法治水平差异较大，东部地区大数据法治水平表现较为突出

从四大区域③大数据法治指数平均分来看（见图2），东部地区大数据

---

① 连玉明：《大数据蓝皮书：中国大数据发展报告No.1》，社会科学文献出版社，2017。

② 相对差距指数=1-（最低水平/最高水平）。

③ 为便于比较，我们将全国31个省份分为以下四大区域：东部地区，即北京、天津、河北、上海、江苏、浙江、福建、山东、广东和海南；中部地区，即山西、安徽、江西、河南、湖北、湖南；西部地区，即广西、内蒙古、四川、重庆、贵州、云南、陕西、甘肃、青海、宁夏、新疆和西藏；东北地区，即吉林、辽宁和黑龙江。

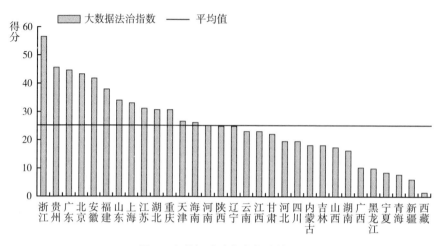

图1　大数据法治指数得分情况

法治指数平均分为35.73，大幅领先于其他三个地区，且高于全国平均值；中部地区平均得分为26.13，与全国平均值相近，而西部地区和东北地区的得分分别为18.57和17.89，较全国平均值分别低6.93分和7.61分。整体上，东部地区的大数据法治建设水平较为突出，西部地区和东北地区有待加强。

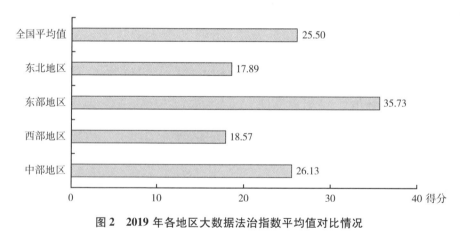

图2　2019年各地区大数据法治指数平均值对比情况

从东部地区各省份大数据法治指数得分情况来看（见图3），东部地区不仅有北京、广东、浙江等大数据法治得分较高的地方带动，而且地区内部大数据法治得分情况普遍较好，10个省份中有7个省份得分超过30，有9个省份得分高于全国均值，东部地区内部平均值为35.73，领先于全国平均水平。其中浙江省作为大数据产业发展较早的省份，2016年《浙江省促进大数据发展实施计划》（浙政发〔2016〕6号）提出"建设数据强省，助力经济社会转型升级，推动政府治理和公共服务能力现代化"。在大数据法治建设方面，为深入实施数字经济"一号工程"，构建以数字经济为核心、新经济为引领的现代化经济体系，在2020年浙江的立法计划中提出初次审议制定数字经济促进条例。

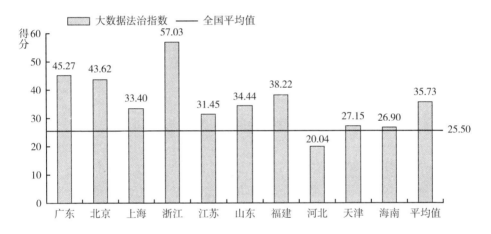

图3　东部地区大数据法治指数与全国平均值对比情况

从中部地区大数据法治指数发展情况来看（见图4），中部地区发展最好的省份是安徽省，其次是湖北省，两个省份带动了中部地区整体发展水平，除湖南和山西以外，其余省份大数据法治建设处于中等水平，并且各省份之间发展水平相对均衡。从整体上看，中部地区大数据法治指数平均得分为26.13，与全国平均值接近，中部地区发展水平与全国平均水平相当。从表1中可以看出，安徽省在数权保护方面得分较高，排名仅次于浙江省。安徽省在数权保护方面做了很多努力，2018年，安徽省印发了《安徽省涉企信息归集应用实施办法（试行）》，以文件的形式规范了信息归集的范围、信息目录、归集路径和信息质量，并且对信息共享、风险评估和信用评价共

享、平台安全管理等方面进行了详细的规定，不仅有利于打破"信息孤岛"解决信息分散化、区域化、碎片化的问题，还有利于促进部门由独立监管向协同监管转变。

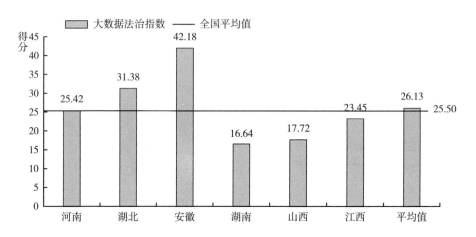

图4　中部地区大数据法治指数与全国平均值对比情况

从西部地区大数据法治指数发展情况来看（见图5），西部地区内部大数据法治得分差异较大，最高分达46.09，最低分只有1.82。得分超过全国平均值的只有贵州和重庆，陕西、四川、内蒙古、云南和甘肃处于中等发展水平，除此之外，其他的省份得分均较低，不超过10分的有4个，因此，西部地区大数据法治指数平均得分只有18.57，整体得分情况表现欠佳。在西部地区内部，西南地区①的大数据法治指数得分较西北地区②高，但是西北地区中甘肃省表现较好。2018年甘肃省发布的《关于促进移动互联网健康有序快速发展的实施意见》提出，提升网络安全保障水平，落实网络安全法规政策，建立健全网络安全工作责任制等，这类政策文件的出台，为甘肃省信息保护和数据安全提供了保障。

从东北地区大数据法治指数发展情况来看（见图6），东北地区以辽宁

---

① 西南地区指的是重庆、四川、贵州、云南、西藏共5个省份。
② 西北地区指的是陕西、甘肃、青海、宁夏、新疆5个省份。

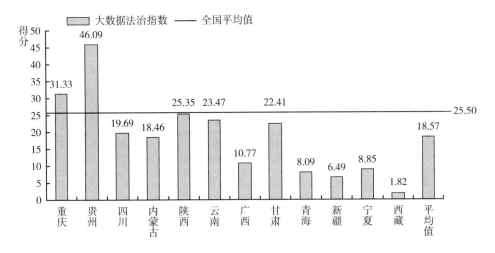

图5 西部地区大数据法治指数与全国平均值对比情况

最高、吉林其次、黑龙江最低的得分情况呈现阶梯状。从整体来看，三个省份的平均得分为17.89，低于全国平均水平，整体发展虽然欠佳，但是内部得分较为均衡，差异性较西部地区小。

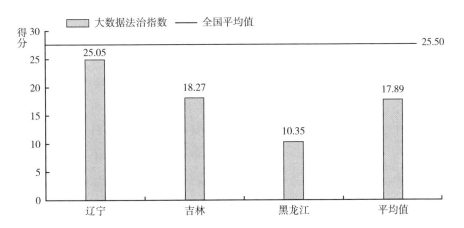

图6 东北地区大数据法治指数与全国平均值对比情况

（三）大数据法治指数与我国GDP（2018年）整体上呈现正相关

从大数据法治指数与GDP（2018年）对比分析来看（见图7），大数据法治指数的发展趋势与GDP发展的趋势曲线整体相符，说明经济发展与大数据法治建设有着一定的关联性。从整体发展趋势上，GDP较高的省份，大数据法治指数得分较高，GDP与大数据法治指数得分呈现正相关关系，说明经济发展水平在一定程度上影响了大数据法治的发展，如北京、天津、江苏、浙江、广东等地，这些GDP高的地区，大数据法治指数得分较高。分析其原因，一方面，经济较好的地区大数据的应用和发展较好，如北京市2018年的大数据发展指数得分以74.11①领先全国，也由此推动了大数据法治的建设；另一方面，经济较好的地区当地政府拥有更多的资源投入大数据法治建设，如广东省2018年建成全省统一的网上中介服务超市，一体化的广东政务服务网全新上线。除此之外，可以看出贵州、海南两个省份GDP虽然相对较低，但大数据法治指数得分较高，这说明除了经济因素的影响外，还有其他因素对大数据法治指数造成了影响。

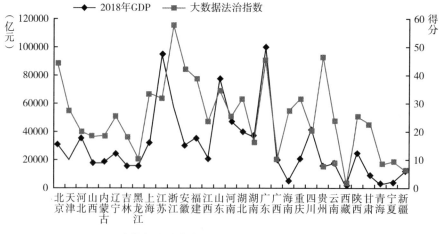

图7　大数据法治指数与GDP（2018年）对比情况

---

① 连玉明：《大数据蓝皮书：中国大数据发展报告No.3》，社会科学文献出版社，2019。

（四）大数据法治受大数据发展影响明显，总体上呈现正相关

大数据发展指数是基于价值链理论，通过对政用指数、商用指数和民用指数进行统计和分析，从而得出评估大数据发展态势的指标。通过比较大数据发展指数和大数据法治指数的得分情况，可以分析大数据发展对大数据法治建设的影响。从对比分析的情况来看（见图8），大数据法治指数与大数据发展指数趋势相符，大数据发展指数得分较高的省份，大数据法治指数得分较高，如北京、浙江、广东、贵州等地，两个指数呈现出发展趋势一致性，这也解释了虽然有的地区经济发展水平较为落后，但由于大数据领域有较多的探索，大数据法治程度明显较好。其中代表性的省份有贵州和海南。贵州省在大数据应用探索上一直走在全国前列，已出台多部法规和政策。贵州在大数据发展中取得很多成果，2015～2019年已成功举办五届中国国际大数据产业博览会，该博览会于2017年正式升级为国家级展会活动。与此同时，在大数据融合方面，贵州成为"大数据+扶贫"应用领域的典范，2019年数博会期间，在全国"大数据+扶贫"十大应用案例发布会上，贵州有两例"大数据+扶贫"案例上榜。此外，贵州在医疗领域、政务服务方面均取得了成绩，这造就了贵州大数据法治发展的沃土。另外，具有典型性的是海南省，2019年11月1日《海南省大数据开发应用条例》正式实施，继贵州、天津之后，海南成为全国第三个出台大数据方面地方性法规的省份。该条例突出了大数据开发、应用和产业促进以及区块链等新技术的应用，并强化数据安全保护，重点突出个人信息保护。同时，较为系统性地对可以交易的数据类型、数据交易基本原则、数据交易市场相关规范、鼓励和引导数据交易主体在依法设立的大数据交易平台进行数据交易等做出规定，在国内数据交易规则制定方面做了先行探索。海南省在大数据法治方面取得的成绩与其大数据发展程度是密切相关的。近年来，海南省政府积极推动大数据及人工智能产业发展，规划将海南打造为数据岛、数字岛、智慧岛、智能岛，并建设"智慧型健康海南""生态大数据"等一批大数据项目，这为海南大数据法治发展奠定了牢固的基础。

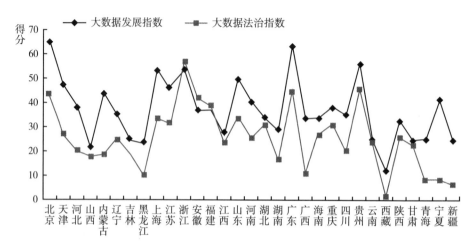

图8　2019 年大数据法治指数与大数据发展指数对比情况

二　分指数得分评价

在大数据法治的三个分指数中（见表2），数权保护指数得分较高，平均值为9.16，其他两个指数得分较低，数据立法指数平均值为8.31，数字司法指数平均值为8.03。可以看出，数据立法和数字司法发展步伐均有待加快。从区域看，东部地区数据立法、数字司法和数权保护三个方面均处于全国前列，其中数字司法表现最好；西部地区三个方面表现相对均衡；中部地区数权保护方面表现最好，数据立法和数字司法还需进一步加强；东北地区与中部地区得分情况相似，但整体比中部地区表现欠佳（见图9）。

表2　2019 年数据立法、数字司法、数权保护指数得分情况

一级指标	权重（%）	最高得分	最低得分	平均分
数据立法	40	25.68	0.01	8.31
数字司法	30	23.88	0.53	8.03
数权保护	30	22.61	0.21	9.16

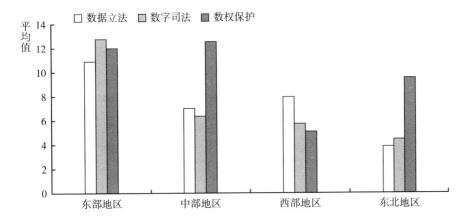

图9　四大区域数据立法、数字司法、数权保护指数均值情况

三　数据立法指数评价结果分析

（一）数据立法指数总体概况

如表3所示，从各省份数据立法指数得分情况来看，排名前五位的省份分别是贵州、福建、浙江、海南和安徽，全国数据立法指数平均值为8.31，其中有9个省份的数据立法指数高于均值，占比为29.03%。在大数据法治指数排名前十中，有7个省份同时进入了数据立法指数的前十。整体上，该项指数的得分情况相对较弱（见图10）。得分较高的省份有贵州和福建，分别为25.68和25.00，西藏排名较靠后，从立法规划上，西藏近三年来涉及数据、信息等相关的立法项目或调研项目较少，在规章制度建设方面，关于大数据发展相关政策较少。

数据立法指标中，贵州和福建分别排在第一和第二，两省立法活跃度、省级政府文件导向性和市级政府文件导向性三项指标均有不错的成绩。贵州省一直走在国内大数据先行先试的前列，无论是贵州省还是省会城市贵阳均先后出台了多条法律法规和政策规章，如《贵州省人民政府关于促进大数据

表3　2019年省域数据立法指数排名情况

数据立法指数排名	省份	数据立法指数	大数据法治指数排名	数据立法指数排名	省份	数据立法指数	大数据法治指数排名
1	贵 州	25.68	2	17	内蒙古	6.78	22
2	福 建	25.00	6	18	新 疆	5.75	30
3	浙 江	17.35	1	19	河 北	5.53	20
4	海 南	15.21	13	20	广 西	5.25	26
5	安 徽	14.85	5	21	青 海	5.25	29
6	山 东	13.16	7	22	陕 西	5.23	15
7	重 庆	12.64	11	23	宁 夏	4.87	28
8	湖 北	9.10	10	24	吉 林	4.32	23
9	广 东	8.91	3	25	江 苏	4.00	9
10	甘 肃	8.30	19	26	天 津	4.00	12
11	北 京	8.14	4	27	黑龙江	4.00	27
12	云 南	7.75	17	28	辽 宁	3.05	16
13	上 海	7.50	8	29	河 南	2.86	14
14	江 西	7.45	18	30	湖 南	1.20	25
15	四 川	7.39	21	31	西 藏	0.01	31
16	山 西	7.07	24	平均值		8.31	

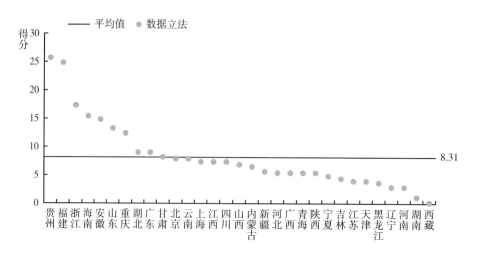

图10　2019年各省份数据立法指数得分与全国均值比较

云计算人工智能创新发展加快建设数字贵州的意见》《贵阳市大数据安全管理条例》等，在大数据共享、开放、安全等不同领域制定法律效力性规范，2019 年 8 月 1 日，贵州省第十三届人民代表大会常务委员会第十一次会议通过了《贵州省大数据安全保障条例》，进一步促进和保障贵州大数据应用和持续健康发展，促进贵州大数据战略行动向纵深推进。福建省自 2016 年印发《福建省促进大数据发展实施方案（2016～2020年）》以来，强化顶层设计，地方行政立法先行先试，针对大数据在发展过程中面临的新情况、新问题，探索出台相应规范性文件。两省在法律规范和政策文件上的积极推进，是大数据法治建设能够处于领先地位的关键性因素。

（二）政府对大数据重视程度明显增强

从图 11 可以看出，数据立法指数 3 个二级指标中，省级政府文件导向性指数的得分占比最高为 50.95%，立法活跃度指数次之，为 33.00%，市级政府文件导向性占比最低为 16.06%。

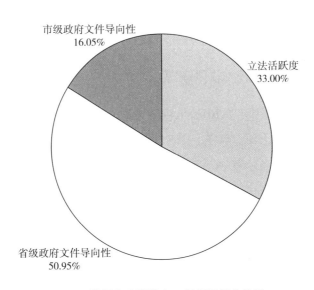

图 11 数据立法指数中二级指标得分比重

从图 11 中分析可知，在数据立法指数中，省级政府文件导向性有较高的得分。随着大数据在政府信息平台建设、医疗卫生、交通运输等各方面应用程度的加深，各省份根据法律、国务院颁布的行政法规和相关部门规章，结合本地实际，制定了政府数据资源共享条例、信息化促进条例、公共数据管理办法等地方性法规和政府规章。仅在 2018～2019 年就出台了多部政府规章和规范性文件，如浙江省出台《浙江省政府信息公开暂行办法（2019 修正）》、安徽省出台《安徽省人民政府关于印发支持数字经济发展若干政策的通知》、山东省出台《山东省人民政府办公厅关于印发山东省支持数字经济发展的意见的通知》、湖北省出台《湖北省人民政府关于推进数字政府建设的指导意见》等。这些行政法规和政府规章在一定程度上促进了政府部门的数据资源对接与共享，规范了个人信用数据采集、使用，对信息在流动和共享过程中的安全保护以及个人信息隐私安全进行了合法规范，保障了公民信息的知情权、隐私权，也体现了政府对于数据安全保护的信心和决心。

四　数字司法指数评价结果分析

（一）数字司法指数总体概况

如表 4 和图 12 所示，2019 年数字司法指数排名前五的省份分别是北京、广东、浙江、天津、江苏，其中北京、广东、浙江在大数据法治总指数排名中处于前五名。数字司法指数的全国平均值是 8.03，共有 14 个省份高于平均值，所占比例为 45.16%，得分较高的省份是北京和广东，分别为 23.88 和 21.52；得分较低的省份是青海和新疆，分别为 0.91 和 0.53。在大数据法治指数排名前十位的省份中，有 6 个省份进入数字司法指数排名的前十位。

表4 2019年省域数字司法指数排名情况

数字司法指数排名	省份	数字司法指数	大数据法治指数排名	数字司法指数排名	省份	数字司法指数	大数据法治指数排名
1	北 京	23.88	4	17	四 川	7.80	21
2	广 东	21.52	3	18	辽 宁	7.00	16
3	浙 江	17.06	1	19	河 北	6.35	20
4	天 津	14.96	12	20	江 西	5.00	18
5	江 苏	12.98	9	21	吉 林	4.43	23
6	上 海	11.91	8	22	湖 南	4.25	25
7	陕 西	11.03	15	23	广 西	4.10	26
8	安 徽	10.01	5	24	福 建	4.09	6
9	云 南	9.70	17	25	甘 肃	3.53	19
10	重 庆	9.39	11	26	黑龙江	1.99	27
11	贵 州	9.24	2	27	宁 夏	1.97	28
12	河 南	8.90	14	28	山 西	1.73	24
13	内蒙古	8.68	22	29	西 藏	1.56	31
14	湖 北	8.67	10	30	青 海	0.91	29
15	海 南	7.98	13	31	新 疆	0.53	30
16	山 东	7.86	7	平均值		8.03	

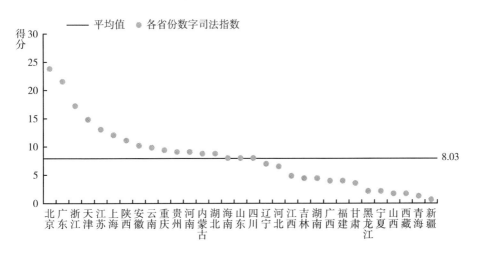

图12 2019年省域数字司法指数得分与全国均值比较

数字司法指数中线上法院普及率、智慧检务创新性和公安微博影响力 3 个二级指标在数字司法指标中的占比分别为 27.84%、36.14%、36.02%，3 个指标的得分表现较为均衡（见图 13）。

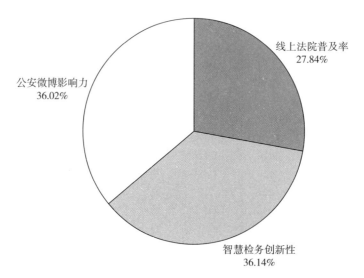

图 13　数字司法指数中二级指标得分比重

如图 14 所示，从各区域得分情况来看，东部地区的线上法院普及率和智慧检务创新性 2 项指标表现远优于其他地区，这得益于北京市、广东省广州市和浙江省杭州市成为全国互联网法院试点城市，同时，上海市长宁

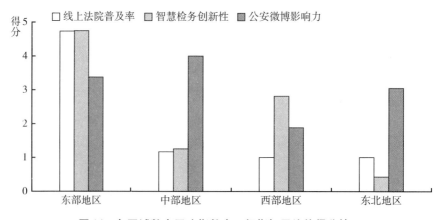

图 14　各区域数字司法指数中二级指标平均值得分情况

区人民法院、天津市滨海新区人民法院、广东省深圳市福田区人民法院、江苏省镇江经济开发区人民法院等均设立了互联网合议庭或审判团队，除此之外东部多个省份在互联网法院和智慧检务方面表现突出。智慧检务创新性方面，西部地区处于中等发展水平，中部地区和东北地区表现欠佳。在全国智慧检务十大典型案例方面，2018年和2019年两年均获该项荣誉的省份有江苏、浙江、山东、四川；在全国十大智慧司法案例方面，2018年和2019年两年均获该项荣誉的省份有内蒙古、江苏、湖北、云南和陕西。可以看出，东部和西部地区在智慧司法和智慧检务案例中的获奖省份数量均占有不小的比例。在公安微博影响力方面，中部地区平均分最高，其次是东部地区、东北地区，西部地区的公安微博影响力最小，西部地区公安微博影响力受到了创办时间和更新频率的影响，如西藏公安厅官方微博2019年8月23日正式开通，青海、新疆、宁夏的微博更新频率相对于其他省份偏低。

（二）数字司法水平基本随着地方政务大数据的发展而变化

大数据政用指数是从评价政府推动大数据发展和政府大数据应用的角度评估政府对大数据发展的推动作用的指数。对于数字司法来说，政

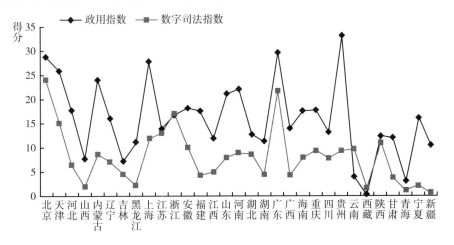

图15　各省域2019年数字司法指数与政用指数对比情况

用指数一定程度上体现数字司法的发展状况。如图 15 所示，从全国范围上看，数字司法指数变化趋势与政用指数的变化趋势相符，如北京、天津、广东等大部分地区，数字司法指数得分较高的同时，政用指数得分也较高，但也有例外，贵州、甘肃和宁夏等的政用指数得分相对较高，但是数字司法指数得分较低，它们均是经济水平相对落后的地区，由于政府对大数据产业和政策关注程度高，政用指数处于较好的水平，呈现发展不均衡的现象。

五 数权保护指数评价结果分析

（一）数权保护指数基本概况

如表 5 所示，2019 年数权保护排名前五的省份分别是浙江、安徽、辽宁、广东、江苏，并且除辽宁外，其他 4 个省份在大数据法治总指数中排名前十。数权保护的平均值为 9.16，有 16 个省份高于平均值，在所有省份中占比 51.6%。在大数据法治总指数排名前十的省份中，有 7 个省份进入数权保护指数排名前十。从图 16 可以看出，数权保护指数的整体得分情况较好，超过 2/3 的省份得分在均值附近或高于平均值，仅有 1/3 的省份得分低于平均值。浙江省是数权保护指数得分最高的省份，为 22.61，超出平均值 13.45；得分最低的是新疆，为 0.21，低于平均值 8.95。

表 5　2019 年省域数权保护指数排名情况

数权保护指数排名	省份	数权保护指数	大数据法治指数排名	数权保护指数排名	省份	数权保护指数	大数据法治指数排名
1	浙 江	22.61	1	6	上 海	14.00	8
2	安 徽	17.32	5	7	河 南	13.66	14
3	辽 宁	15.00	16	8	湖 北	13.61	10
4	广 东	14.84	3	9	山 东	13.42	7
5	江 苏	14.47	9	10	北 京	11.59	4

续表

数权保护指数排名	省份	数权保护指数	大数据法治指数排名	数权保护指数排名	省份	数权保护指数	大数据法治指数排名
11	湖　南	11.19	25	22	云　南	6.02	17
12	贵　州	11.17	2	23	四　川	4.50	21
13	江　西	11.00	18	24	黑龙江	4.36	27
14	甘　肃	10.57	19	25	海　南	3.50	13
15	吉　林	9.52	23	26	内蒙古	3.01	22
16	重　庆	9.30	11	27	宁　夏	2.00	28
17	福　建	9.13	6	28	青　海	1.92	29
18	陕　西	9.09	15	29	广　西	1.43	26
19	山　西	8.92	24	30	西　藏	0.26	31
20	天　津	8.18	12	31	新　疆	0.21	30
21	河　北	8.17	20	平均值		9.16	

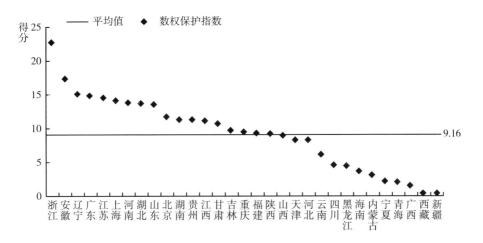

图16　2019年省域数权保护指数得分与全国均值比较

从图17可知，在数权保护指数中，司法判例案例、国家政策落实率、法律服务专业性的得分占比分别为16.79%、47.29%、35.92%。其中，国家政策落实率占比最高，得分情况相对于其他两项指数的得分情况好。

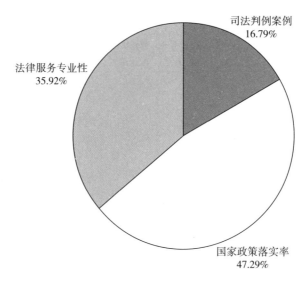

图 17　数权保护指数中二级指标得分比重

（二）个人信息安全和数据保护法治环境明显改善

从图 18 和图 19 中可以看出各区域数权保护得分情况，数权保护发展较好的区域为东部地区、中部地区，平均值分别为 11.99 和 12.62，且整体发展较为均衡，东北地区平均值为 9.63，而相比之下，西部地区整体发展欠佳且内部得分不均衡。从各区域二级指标平均值得分情况分析，如图 20 所示，司法判例案例平均值较高的是东部地区，其他三个区域较低。此外，从国家政策落实率来看，四个区域平均值得分均较高，从全国范围内看，各区域关于个人信息保护和数据安全方面的政策落实情况较好。从法律服务专业性来看，中部地区的平均值最高，东部和东北地区次之，在有关大数据法律服务专业性方面各地均表现良好。这说明在从司法、政策、社会法律服务环境上，大数据个人信息安全、数据保护环境明显优化。

（三）大数据发展指数与数权保护的相关性

省域大数据的发展对数权保护有较大的影响，大数据发展较好的区域，

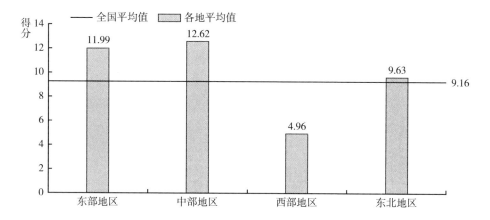

图18　各区域数权保护平均值与全国平均值对比情况

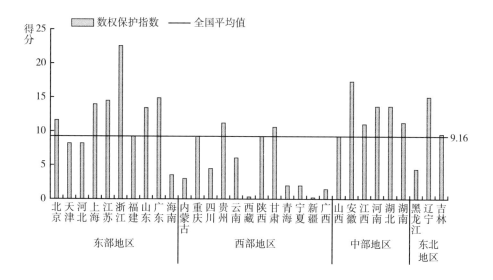

图19　各区域数权保护得分情况

政府和社会参与度均较高，对于数据安全、数权保护的探索较多，因此，通过对比2018年和2019年大数据发展指数与数权保护指数变化趋势，寻找大数据发展与数权保护发展的规律。从整体上看（见图21），大数据发展指数得分较高的省份，数权保护指数得分较高，二者趋势相关。其中，表现较好的有

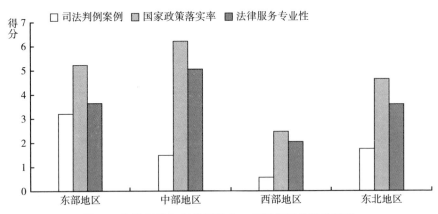

图20 各地区数权保护指数中二级指标平均得分情况

长三角①地区的江苏、浙江、上海等地，大数据发展指数和数权保护指数表现均较为突出。京津冀地区②大数据发展指数得分均处于全国前列，但是数权保护指数得分却低于长三角地区和广东。西部地区中，贵州的大数据发展指数与数权保护指数得分呈现正相关，说明大数据的发展在一定程度上推动了数权保护的进程。

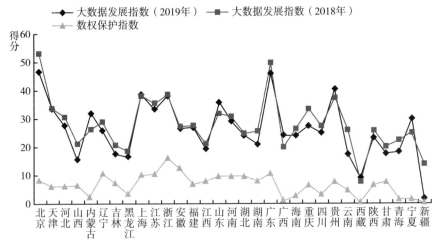

图21 各地区数权保护指数与大数据发展指数（2018年和2019年）对比情况

---

① 长江三角洲包括上海市、江苏省、浙江省、安徽省。
② 京津冀地区包括北京市、天津市以及河北省的保定、唐山、廊坊、石家庄、邯郸、秦皇岛、张家口、承德、沧州、邢台、衡水等11个地级市。

六　对策建议

（一）加强理论研究，构筑数据立法框架

通过对 31 个省份数据立法指数测评发现，全国数据立法已经具有一定的基础，部分省份表现较优，如贵州、福建、浙江、海南等，对于这些省份，应在已有的法治条件下，加强对数据权利的理论研究，通过研究数据的所有权、采集权、存储权、隐私权、使用权、知情权等基本权利，加快制定数据资源权益和数据产权相关法律规章。数据立法表现相对欠佳的省份，随着政府数据不断的开放、共享、开发和应用，社会治理不断精准，应从本地实际出发加快在大数据领域地方法律法规的探索和研究。从国家的角度，现有法律权利体系是基于现实空间建构的一种权利体系，这种权益体系以人为中心，随外界事物的变化而变化，而数据权利是基于虚拟空间产生的、现有法律体系无法调整的一项权利，因此，加快推动国家数据资源和数据产权上位法的制定，修改现有大数据相关的法律，通过上位法的制定，更加有效地指导地方法律法规的制定工作，为大数据的发展保驾护航。

（二）总结推广经验，提升数字司法进程

在数字司法指数测评过程中发现，我国除东部地区以外，其他三个地区数字司法水平较低。东部地区多为我国经济发达地区，在法院信息化建设、司法便民程度方面创新较多。对于这些地区，一方面应继续推动数字司法向深层次发展，不断提升系统智能化水平、数据准确度，推动数字司法向智慧化发展；另一方面，要善于总结和推广数字司法建设经验，如北京法院的"立体化线上立案系统"，北上广、长三角、京津冀地区法院之间跨域立案机制，浙江宁波的"移动微法院"等，通过对典型事例和优秀做法进行总结，形成可复制可借鉴的数字司法发展经验。对于数字司法发展水平较低的地区，一方面要善于向数字司法发展较好的地区借鉴学习，降低自身数字司

法发展的时间和经济成本，减少不必要的试错过程，加强与先进地区的沟通交流，取长补短；另一方面，充分利用最高人民法院和最高人民检察院的统筹优势及资源优势，寻找自身建设的特点和亮点，推动当地数字司法的快速发展。

（三）加快补齐短板，奠定数权保护基石

从数权保护的测评结果发现，数权保护指数相对于数据立法、数字司法指数表现较好，除西部地区以外，东部、中部和东北地区的数据保护发展水平均较高。数权保护较好的地区，要进一步完善适用于本地的数据安全、信息安全方面的政策法规，继续深化政府大数据共享平台建设，增强人民群众数据保护、信息保护意识。而西部地区由于青海、宁夏、西藏、新疆等地的经济欠发达，大数据发展程度相对较低，在个人信息安全和数据保护方面表现相对欠佳。对于西部地区，要加强大数据发展，积极探索数据资源开放共享、工业发展、产业集聚等方面的应用，努力盘活资源，激发创业创新活力，为大数据法治提供成长的土壤。一方面，政府要强化发展理念，构筑数据生态，实现产业和政府转型升级；另一方面，要做好舆论引导，即正确引导广大人民群众通过互联网积极、有序参与社会治理，提升其个人信息安全保护意识，为数据法治社会的建设奠定牢固的基石。

（四）构建多角度治理体系，营造大数据法治氛围

通过分析和对比数据立法、数字司法和数权保护指数得分情况，对我国大数据法治情况形成一个较为初步的评估，我国大数据法治建设格局基本形成，但整体呈现发展不均衡。针对我国大数据法治建设，要持续加强信息安全和数据保护，从制度维度上，完善相关的法律法规并制定相应的监管文件，从技术维度上，加强数据加密和访问控制、数据安全评估和分级保护等技术研发，从技术源头上减少数据泄露、窃取等安全问题的发生。个人数据的数量越大、种类越多，蕴含的战略价值和经济价值就越大，因此，要合理规范数据资源的使用，加强数据资源的有效收集、存储和挖掘，加强对数据

流通和数据交易的管理监督，制定相应的规范和制度，最大化发挥大数据应有的价值。在评估过程中可以看到，目前，政府在不断推动数据的开放和共享，无论是国家还是地方，在大数据立法理论探索、政策制定以及政府数据开放和共享、政务服务数字化、司法建设信息化等方面都做出了很多努力，政府要善于从这些实践中总结经验，营造具有实操性的大数据法治环境，为大数据在政府科学决策、社会精准治理以及大数据产业发展等方面奠定坚实的法治基础。

参考文献

李爱君：《中国大数据法治发展报告》，法律出版社，2019。

连玉明：《大数据蓝皮书：中国大数据发展报告 No. 3》，社会科学文献出版社，2019。

中国信息通信研究院：《互联网法律白皮书（2019 年）》，2019。

中华人民共和国最高人民法院：《中国法院的互联网司法》，人民法院出版社，2019。

刘红：《大数据时代数据保护法律研究》，中国政法大学出版社，2018。

连玉明：《大数据蓝皮书：中国大数据发展报告 No. 1》，社会科学文献出版社，2017。

大数据安全指数篇

Big Data Security Index

B.9
大数据安全态势分析与
大数据安全指数研究

摘　要： 大数据安全是影响大数据发展的关键因素之一，而大数据安全的评估成为需要重点关注的问题。针对大数据安全的评估，本文在梳理国内外大数据安全发展态势的基础上，从安全制度、安全设施、安全能力、安全生态四个维度出发，构建大数据安全指标体系，旨在从地方发展实际出发量化大数据安全发展状况，并寻找其中主要影响因素。

关键词： 大数据安全指数　安全制度　安全设施　安全能力　安全生态

一 大数据安全态势分析

（一）大数据安全的全球新形势

1. 国际网络安全政策体系逐渐完善

如表 1 所示，2019 年，为夯实网络安全基础，美国、欧盟等积极出台相关网络安全政策，国际网络安全政策体系逐渐完善。同时，欧盟将构建由 26 个成员国的 160 余家网络安全相关企业、高校以及研究机构组成的欧洲网络安全专业分析网络。

表 1 2019 年国际网络安全政策出台情况

序号	国家或地区	出台时间	政策	主要内容
1	欧盟	2019 年 3 月	《欧盟网络安全法案》	首次明确提出欧盟网络安全认证计划，为各成员国开发具有互操作性的网络安全产品提供便利
2	美国	2019 年 4 月	《州网络弹性法案》	支持各州加强网络安全产品和服务采购，并为各州解决网络安全问题提供资金支持
3	美国	2019 年 6 月	《物联网设备安全改进法案》	旨在基于政府的购买力推动物联网安全市场的发展

资料来源：中国信息通信研究院：《中国网络安全产业白皮书（2019 年）》，2019 年 9 月 18 日。

2. 全球网络安全产业规模持续增长

2019 年，全球网络安全产业规模预计增长至 1216.68 亿美元，相较于 2018 年 1119.88 亿美元的产业规模，网络安全产业规模呈现稳定增长的态势。[1] 如图 1 所示，在区域分布上，以美国、加拿大为主的北美地区网络安全产业规模占比最大，排第二的是以英国、德国、芬兰等为主的西欧地区，排第三的是日本、澳大利亚等亚太地区，中东、东欧、拉丁美洲等其他地区网络安全产业规模全球占比为 7%。[2]

---

[1] 《2018 年全球及中国网络安全产业发展进展分析：网络安全细分市场格局稳中有变》，中国产业信息网站，2019 年 11 月 4 日。

[2] 中国信息通信研究院：《中国网络安全产业白皮书（2019 年）》，2019 年 9 月 18 日。

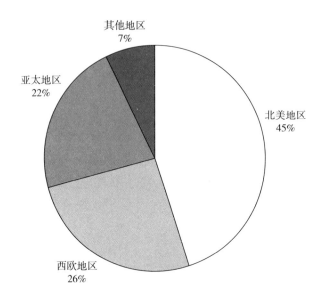

图1　全球各区域网络安全产业规模占比情况

资料来源：中国信息通信研究院：《中国网络安全产业白皮书
（2019年）》，2019年9月18日。

3. 网络安全人才培养力度不断加大

美国发布全新网络安全人才计划，从机制、竞赛、激励等方面完善网络安全人才的培养体系。例如，美国制定相关政策法规推进网络人才的培养，并将4所高校纳入"CyberCorps：服务奖学金"（SFS）计划，以更好地推动网络安全科研和人才培养。英国国家网络安全中心将网络安全技能作为重点培养方向，于2018年新建两个网络教育试点中心。新加坡政府推出网络安全生态孵化计划，致力于为网络安全初创企业提供培训服务。

（二）大数据安全的中国新进展

1. 网络安全领域法律法规密集出台

当前，我国网络安全领域相关立法工作正在持续推进，法律法规支撑能力不断强化。2019年，关于数据安全、信息基础设施安全、电信安全等相关的立法工作已纳入立法计划，并有序推进。同时，自 2019 年 5 月以来，相继完成数据安全管理、儿童个人信息安全、网络关键设备安全、个人信息出境安全等方面的法律法规起草工作，进入征求意见环节。2019 年 7 月 2 日，国家四部门联合发布《云计算服务安全评估办法》，进一步强化了隐私保护。

2. 网络安全产业规模保持稳定增长

我国网络安全产业规模增速自 2016 年以来一直较为平稳，网络安全产业规模一直保持稳定增长状态。据统计，截至 2019 年 11 月底，有 23 家网络安全企业在中国上市，在网络安全领域进行投资布局的创投机构有 100 多家。[1] 在营收规模方面，2018 年 10 家网络安全企业营收规模平均为 15.69 亿元，与 2017 年相比，增长 10.69%，企业营收规模总体呈稳定增长态势。在净利润方面，2018 年 10 家上市网络企业平均净利润较 2017 年增长 6.67%，企业净利润增速总体放缓，但仍远高于国际水平。在研发投入方面，2018 年 10 家上市网络安全企业平均研发投入较 2017 年增长了 25.2%，企业研发投入力度持续加大。[2]

3. 安全产业生态环境得到持续优化

多地网络安全产业园区加快建设。其中，北京国家网络安全产业园已有超过 30 家网络安全企业入驻或确定意向。天津滨海信息安全产业园一期工程即将竣工，目前，已汇集多家国家级中心及省部级中心，13 家网络安全企业确认入园意向。2018 年 9 月，国家网安基地已签约落户项目 41 个，注册企业 75 家，协议投资 3262 亿元，在建项目总投资达 2000 亿元。[3] 网络安全研究能力不断提升。2019 年 4 月，中国信通院联合中国移动等多家企业成立"物联网安全创新实验室"，促进物联网安全创新技术、产品孵化和能力提升；7 月，联合腾讯安全成立"产业互联网安全实验室"，围绕人工智能、区块链、云计算等领域开展务实合作。

---

① 《2019 年中国网络安全产业规模预计超 600 亿元》，中国新闻网，2019 年 12 月 9 日。
② 中国信息通信研究院：《中国网络安全产业白皮书（2019 年）》，2019 年 9 月 18 日。
③ 《武汉倾力打造世界一流网络安全基地》，《湖北日报》2018 年 9 月 23 日。

4. 网络安全国际合作力度不断增强

交流协作载体不断丰富。2019年8月，金砖国家未来网络研究院中国分院在深圳揭牌。该院将重点在新型网络体系架构、新一代移动通信、网络与信息安全等领域开展国际合作。360与以色列签署了战略合作协议，成立中以网络安全科技创新中心。技术共享合作向纵深发展。中国网安与卡巴斯基签署战略合作备忘录，在工控安全、威胁情报、安全培训等方面深化合作。奇安信与以色列 Cyberbit 公司达成战略合作意向，双方将通过整合各自的技术优势和产业资源，为国内政企客户和高等院校深度定制网络空间安全人才培养和网络攻防靶场解决方案。投资并购活动有序展开。华为收购以色列数据库安全公司 HexaTier、基于软件的系统设计和芯片设计公司 Toga Networks。

5. 安全产业人才队伍培养持续强化

网络安全人才培养政策已被提升至国家战略高度。2017年6月，《中华人民共和国网络安全法》出台，明确提出倡导企业、高等学校以及职业学校等积极推进网络安全相关教育和培训。此外，2018年2月教育部印发的《2018年教育信息化和网络安全工作要点》中，第24条明确提出："加强网络安全学科专业建设，推进新工科研究和实践，探索网络安全人才培养新思路、新体制和新机制，建设世界一流网络安全学院，增设一批网络安全相关国家级实验教学示范中心。"① 2019年5月新出台的网络安全等级保护2.0标准也对安全管理人员的能力素质和职责提出了更高的要求。这些法规标准的出台彰显了国家对于网络安全人才培养的重视。

（三）大数据安全的地方新实践

1. 首创制定数据安全保障体系规划的"杭州样本"

为保障大数据产业健康发展，杭州市先行先试制定国内首个数据安全规

---

① 《教育部办公厅关于印发〈2018年教育信息化和网络安全工作要点〉的通知》，教育部网站，2018年3月15日。

划，并于 2017 年 12 月 19 日顺利通过专家评审。该规划主要从建立数据分类分级标准、个人信息保护、数据出境安全、数据共享安全、数据安全管理机构等方面进行规范，进而对杭州市政务数据进行保护。此次规划的亮点在于首次根据数据各生命周期的特点，设定相应专业职能岗位。杭州数据安全规划加强了对个人隐私的保护，也为进一步加强数据安全保护打下了坚实的基础。

2. 率先推出大数据安全地方立法的"贵阳实践"

在大数据安全地方立法方面，贵阳市先行先试，于 2018 年 10 月 1 日起正式施行全国首部大数据安全管理地方性法规《贵阳市大数据安全管理条例》（以下简称《条例》）。《条例》的发布是贵阳市继 2017 年出台全国首部政府数据共享开放地方性法规《贵阳市政府数据共享开放条例》后，对大数据安全领域内的又一创新性立法探索，同时也是大数据地方立法的最新成果。《条例》共 6 章 37 条，涉及大数据安全管理的适用范围和相关概念以及遵循的原则、政府部门职责分工、数据安全保障、监测预警与应急处置、监督检查和法律责任等方面。与现有更侧重于对网络系统功能、网络载体等方面的保护，对数据采集、存储、挖掘、传输、交易、应用等环节缺乏相应法律体系支撑的法律法规相比，《条例》在数据安全监管和数据保护方面做出了创新性探索。

3. 规划引领助推安全产业集聚发展的"南通方案"

2019 年 11 月 1 日，长三角首个网络安全产业园落户南通市崇川区。《崇川区长三角网络安全产业发展规划》制定了长三角网络安全产业园"11421"的发展战略和"53511"的发展目标。其中，"11421"发展战略包括"一园、一院、四中心、两基地、一基金"。"一园"即指"长三角网络安全产业园"，并搭建起包括安全技术研究、创新、测试、应用、推广在内的完整体系。在要素保障方面，也建设了相应的企业和人才集聚平台，以及设立产业发展基金，进而保障网络安全产业的发展。而"53511"的发展目标则是，通过五年发展，大力引进优质企业、研究机构、技术中心等落户长三角网络安全产业园，形成具有一定产业规模的产业园区，南通市长三角网络安全产业园产业生态链基本形成，打造长三角网络安全产业高地。

二 大数据发展面临的安全挑战

（一）大数据技术和平台安全挑战

第一，传统措施无法适配当前安全需要。传统的安全保护措施是基于边界进行保护，当前，随着大数据更加复杂的底层结构、更加开放的分布式计算等，大数据应用的系统界线变得更加模糊，原有的保护措施已无法满足当下的保护需求。同时，大数据系统表现为系统的系统（System of System），分布式计算安全问题也将变得更加突出。第二，平台安全隐患增多。越来越多的大数据应用均采用开源平台及技术，数据处理功能也倾向于大容量、高速率，而原生的安全特性，在整体安全规划方面考虑不足，甚至没有良好的安全实现。随着物联网技术的快速发展，当前设备连接和数据规模都达到了前所未有的高度，而在越来越多的新终端安全防护上，现有的安全防护体系尚不成熟，有效的安全手段还不多，急需建立更好的安全保护机制。第三，应用访问控制愈加困难。数据的开放共享意味着会有更多的用户可以访问数据，大量的用户以及复杂的共享应用环境，导致大数据系统需要更准确地识别和鉴别用户身份，传统的基于集中数据存储的用户身份鉴别难以满足安全需求。

（二）数据安全和个人信息保护挑战

第一，数据安全技术要求更高。在开放的网络化社会，分布式的系统部署、开放的网络环境等都使得大数据在保密性、完整性、可用性等方面面临更大的挑战。第二，个人信息泄露风险加剧。随着人工智能、数据挖掘等技术的成熟，强大的关联分析使得个人信息的泄露变得更加容易。当代社会，对个人信息的保护变成对直接数据和关联信息进行保护，这种综合保护需求也带来了巨大的挑战。第三，数据真实性保障更困难。在当前的万物互联时代，数据采集者要收集的信息太多，甚至很多数据是经过多次转手之后收集到的。收集者无法验证到手的数据是否是原始数据，甚至无法确认数据是否被篡改、伪造，为此依赖于大数据进行的应用，很可能得到错误的结果。

（三）国家社会安全和法规标准挑战

第一，大数据安全影响国家安全。实践证明，数据已成为一种生产力，是一个国家最重要的竞争力体现，但随着网络世界的开放化，以及边界的模糊化，数据安全越来越威胁到国家安全，没有大数据安全，也就无法做到真正意义上的国家安全。第二，社会治理面临大数据挑战。大数据在社会治理中，已成为提升政府治理能力的有效工具，但是，从我国信息化发展的现实情况看，要全面实现政府数据的公开共享仍需努力。掌握大量数据的各级政务部门，由于大数据安全措施不到位，数据无法实现共享开放。第三，大数据安全法规标准尚需完善。标准是法规制度的支撑，肩负着规范市场客体和技术的重要职能。除了在立法层面要明确数据保护方面的法规外，还应制定相应的数据采集、储存、处理、推送和应用等方面的标准规范。通过制定符合实际的大数据应用和安全标准，有效促进大数据安全应用，从而既能引导、规范、促进大数据的发展，又确保了数据开放共享、个人信息保护需求和安全保障需求之间的平衡。

三　大数据安全理论研究

（一）大数据安全的定义

大数据安全的定义随着信息技术的发展而变化。计算机时代，信息的完整性、保密性和有效性是公众关注的重点。互联网时代，数据安全的重点则聚焦在网络信息目标的真实性、可依赖性、可控性。大数据时代，数据自身安全以及数据保护的安全成为关注的重点。[①] 由此，大数据安全应运而生。

---

① 连立明：《大数据蓝皮书：中国大数据发展报告 No.1》，社会科学文献出版社，2017。

综合当前对大数据安全的定义，得出大数据安全主要有两类：第一类是数据自身安全，主要是指运用先进密码算法对数据进行加密，进而主动保护数据；第二类是数据保护的安全。如表2所示，主要指构建包括系统层面、数据层面和服务层面的大数据安全框架。

表2 大数据安全框架

层面	具体内涵
系统层面	保障数据安全和大数据正常应用需要通过系统、全局地构建安全防护体系,保障大数据系统正确、安全可靠的运行,防止大数据被泄密、篡改或滥用。主流大数据系统是由通用的云计算、云存储、数据采集终端、应用软件、网络通信等组成,保障大数据系统中各组成部分的安全是保障大数据安全的重要前提
数据层面	大数据应用涉及采集、传输、存储、处理、交换、销毁等各个环节,每个环节都面临不同的安全威胁,需要采取不同的安全防护措施,确保数据在各个环节的保密性、完整性、可用性,并且要采取分级分类、去标识化、脱敏等方法保护用户个人信息安全
服务层面	大数据应用在各行业蓬勃发展,为用户提供数据驱动的信息技术服务,因此,需要在服务层面加强大数据的安全运营管理、风险管理,做好数据资产保护工作,确保大数据服务安全可靠,从而充分挖掘大数据的价值,提高生产效率,同时防范各种安全隐患

（二）大数据安全的主要内容

从不同角度划分数据安全的主要内容，可以分为以下几个层面：第一，在技术层面，数据安全包含数据操作系统安全、数据库设备安全、访问控制等。第二，在层次结构上，如表3所示，主要包括实体安全、系统安全、信息安全、制度安全和战略安全。[1]

表3 数据安全在层次结构上的主要内容

安全层次	内涵
实体安全	又称物理安全,是指保护计算机硬件设备、网络设施、存储介质及其他免遭天灾人祸的措施及其过程。具体包括数据环境安全、数据设备安全等
系统安全	是指保护计算机网络系统、操作系统及数据库安全。包括数据库运行安全、数据存储安全、数据传输安全、计算机系统安全等

---

[1] 连立明：《大数据蓝皮书：中国大数据发展报告 No.1》，社会科学文献出版社，2017。

安全层次	内涵
信息安全	是指计算机存储介质上存放的数据及网络中传输的信息安全保护。包括数据处理的机密性和数据传输过程中的完整性
制度安全	是指数据自主可控并能够防范风险，数据安全管理制度可以依据"风险限定"制定
战略安全	是指从国家和国际的全局高度筹划和指导维护国家数据安全利益的方略。包括国家制定的数据安全战略、规划文件，以及研究性成果、军工科研项目等

资料来源：连玉明：《大数据蓝皮书：中国大数据发展报告 No.1》，社会科学文献出版社，2017。

四 大数据安全指数的指标体系构建

（一）指标体系构建的思路

针对大数据安全威胁和挑战，需构建相应的大数据安全指数以反映某一时期大数据安全变动程度。如图 2 所示，本文主要从以下四个方面对大数据安全指标体系进行初步探析与构建。

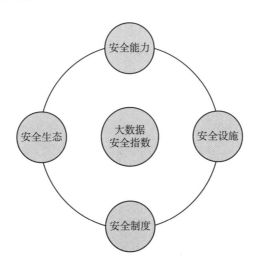

图 2　大数据安全指数评估的四个维度

1. 大数据安全制度维度分析

大数据安全制度是对大数据安全的制度环境进行评价，主要包括政策规范和顶层设计等战略层面的文件出台情况。在国家安全政策的宏观背景下，从战略层面推动大数据安全相关制度管理、技术防护、安全运营及过程管理等工作的开展。

2. 大数据安全设施维度分析

大数据安全设施是对硬件条件进行客观评价，主要是指为完成大数据安全保障的使命、功能和任务等，包括所提供的技术基础设施、工具等，以此评价大数据安全基础设施完备度与服务安全情况。

3. 大数据安全能力维度分析

大数据安全能力是对大数据安全软件层面进行评价。大数据安全能力是指保障大数据安全所使用的技术支撑、平台支撑及人才支撑等内容，主要评价大数据在出现危险、事故、侵害后的安全恢复能力，以及对安全事件发生的预见性、预警和相应能力等。

4. 大数据安全生态维度分析

大数据安全生态是对大数据社会环境进行评价。聚焦大数据安全的全生命周期的最终体现，包括完整的数据安全产业体系、灵活的对外交流合作机制、鲜明的社会及个人数据安全意识等，反映某一特定区域的数据安全建设成效。

（二）大数据安全指标体系

大数据安全指标体系由安全制度、安全设施、安全能力、安全生态 4 个一级指标、12 个二级指标、19 个三级指标组成（见表 4），主要对直辖市、省会城市和计划单列市 36 个大中城市（不含港澳台）的大数据安全情况进行评价。

1. 安全制度指标选择

安全制度指标选取安全立法、政策规范、标准评估 3 个二级指标进行评价。安全立法指地方数据立法，主要反映围绕数据的采集、存储、流通、应

表 4　大数据安全指标体系

一级指标	二级指标	三级指标	指标类型
安全制度	安全立法	安全立法数量	数量指标
	政策规范	政策规范数量	数量指标
	标准评估	标准评估数量	数量指标
安全设施	数据节点稳定度	工业互联网标识解析顶级节点、二级节点数量	数量指标
	灾备设施完备度	灾备中心数量	数量指标
	网络安全程度	企业网络安全指数	综合指标
		政府网络安全指数	综合指标
安全能力	技术研发突破	网络安全上市企业数量	数量指标
		大数据安全研究发展中心数量	数量指标
		国家网络安全试点示范项目数量	数量指标
	政府数据开放平台	政府数据开放平台数	数量指标
	攻防演练	攻防实战演练次数	数量指标
		大数据安全靶场数量	数量指标
安全生态	产业体系	IDC 企业数量	数量指标
		网络安全产业园区数量	数量指标
	合作机制	合作办院（基地）/合作项目数量	数量指标
		对外交流	数量指标
	文化建设	安全培训/安全知识宣教	数量指标
		个人网络安全指数	综合指标

用等方面的法律支撑能力；政策规范是以地方制定出台的大数据相关政策为评价基础，反映地方对数据安全发展的支持力度；标准评估指地方参与制定以及自主制定的数据标准，反映政企之间、行业之间、企业之间的数据流通度。

2. 安全设施指标选择

安全设施指标选取数据节点稳定度、灾备设施完备度、网络安全程度3个二级指标进行评价。数据节点稳定度以工业互联网标识解析顶级节点、二级节点数量为评价指标，主要反映地方工业互联网安全程度；灾备设施完备度较好可以确保企业业务连续性，减少因灾难造成的损失，以地方灾备中心数量为重要衡量标准；网络安全程度包括政府网络安全指数和企业网络安全指数，反映地方政府和企业安全设施的完善程度。

3. 安全能力指标选择

安全能力指标选取技术研发突破、政府数据开放平台、攻防演练3个二级指标进行评价。技术研发突破包括网络安全上市企业数量、大数据安全研究发展中心数量以及国家网络安全试点示范项目数量,以此综合反映地方数据安全技术的研发和自主创新能力;政府数据开放平台是数据标准、数据安全管理的综合体现,以此为评价标准反映地方保障数据共享、数据流通的能力;攻防演练包括攻防实战演练次数和大数据安全靶场数量,反映地方应对安全事件的应急处理能力、人才队伍建设情况等。

4. 安全生态指标选择

安全生态指标选取产业体系、合作机制、文化建设3个二级指标进行评价。产业体系以IDC企业数量、网络安全产业园区数量为评价基础,综合反映地方安全产业集聚发展程度以及产业链条的完善程度;合作机制包括合作办院(基地)/合作项目数量、对外交流情况,反映地方对外交流机制的完善情况;文化建设是用以政府为主导的安全培训/安全知识宣教、个人网络安全指数反映社会意识层面的数据安全认知情况。

(三)大数据安全指数数据处理和测算方法

在数据收集方面,为保证用于测评大数据安全指数的数据质量,数据主要来源于国家官方发布的统计数据,如国家和地方统计局等,以及国内权威研究机构发布的相关文件等,如中国电子信息产业发展研究院、中国信息通信研究院等,此外,还有通过互联网抓取的相关数据等。

在数据处理方面,为消除数据间的量纲关系,采用标准差对数据进行无量纲化,并根据专家意见法判定各指标的作用及影响程度,进而确定指标权重,最后通过加权平均的方法得到评价值。

综上,i 地区大数据安全指数计算公式为:

$$M_i = f(X_1) \times W_1 + f(X_2) \times W_2 + \cdots + f(X_n) \times W_n$$

式中,M_i 表示 i 地区大数据安全指数综合评价值,$f(X_n)$ 代表 i 地区第

n 项评分，W_n 表示 i 地区第 n 项指标的权数，其中 n 为指标的项数，i 为地区的个数。

参考文献

吕欣、韩晓露、毕钰、李阳：《大数据安全保障框架与评价体系研究》，《信息安全研究》2016 年第 10 期。

陈文捷、蔡立志：《大数据安全及其评估》，《计算机应用与软件》2016 年第 4 期。

360 集团：《5G 网络安全研究报告》，360 互联网安全中心，http：//zt. 360. cn/，2019 年 3 月 25 日。

中国软件评测中心：《2019 年中国数字政府服务能力评估总报告》，司法部政府网，http：//www. moj. gov. cn/，2019 年 12 月 10 日。

大数据协同安全技术国家工程实验室、提升政府治理能力大数据应用技术国家工程实验室、中国赛宝实验室、大数据战略重点实验室：《2018 数据城市网络安全指数报告》，Useit 知识库，https：//www. useit. com. cn/，2018 年 5 月 28 日。

B.10

2019年中国大数据安全指数分析报告

摘　要：　为客观反映中国当前大数据安全整体情况，本文按照所构建的大数据安全指标体系，运用无量纲化、指标权重赋值等方法，对全国直辖市、省会城市和计划单列市等36个大中城市（不含港澳台）进行综合评估。根据测评结果，东部城市大数据安全指数整体得分较高，发展态势较好；西部城市中贵阳等异军突起，后发赶超劲头强劲；中部城市整体发展较为均衡。本文针对当前大数据安全发展提出了对策建议，以期对全国地方大数据安全发展提供参考。

关键词：　大数据安全指数　指标评估　大中城市

一　大数据安全指数：总体情况

本文使用了由安全制度、安全设施、安全能力、安全生态4个一级指标、12个二级指标、19个三级指标构成的大数据安全指数评价体系，全面评估地方大数据安全政策法规支撑能力，基础设施完备度与服务安全情况，应对安全事件的有效性、预警和响应能力，以及安全产业发展情况、社会及个人数据安全意识等，通过国家官方统计数据、互联网大数据、权威研究机构发布的行业数据等完成数据收集，运用无量纲化、指标权重赋值、加权平均分析等方法，对全国36个大中城市的大数据安全情况进行评价，进而得出测评结果。

（一）大数据安全指数总体较为均衡，第一梯队城市分值较其他梯队分值差异较大

根据测评结果，2019 年，贵阳、上海、北京等地大数据安全处于领先水平，大数据安全指数得分最高的贵阳为 67.4（见表 1）。此外，从图 1 中可以看出，36 个大中城市的大数据安全指数分为四个梯队：第一梯队大数据安全指数得分区间为 46.9 ~ 67.4，最高分和最低分相差 20.5，包括贵阳、上海、北京、杭州、成都、天津 6 个城市；第二梯队大数据安全指数得分区间为 31.5 ~ 39.2，最高分和最低分相差 7.7，包括济南、深圳、重庆、长沙等在内的 9 个城市；第三梯队大数据安全指数得分区间为 25.1 ~ 29.8，最高分和最低分相差 4.7 分，包括合肥、福州、银川、昆明等在内的 13 个城市；第四梯队大数据安全指数得分区间为 11.1 ~ 21.6，最高分和最低分相差 10.5，包括南宁、长春、西宁等 8 个城市。可以看出，第一梯队的城市大数据安全指数得分较其他梯队分值差异较大，大数据安全水平较高，其他梯队大数据安全指数得分差异较小，各城市间大数据安全发展较为均衡。

表 1　2019 年 36 个大中城市大数据安全指数评价结果

排名	城　　市	安全制度	安全设施	安全能力	安全生态	指标最终得分
1	贵　　阳	16.7	18.4	14.0	18.3	67.4
2	上　　海	13.9	20.3	13.0	13.7	60.9
3	北　　京	8.3	18.1	16.7	14.6	57.7
4	杭　　州	11.5	16.1	12.7	9.6	49.9
5	成　　都	8.7	11.8	13.7	14.2	48.4
6	天　　津	15.9	14.9	8.6	7.6	46.9
7	济　　南	7.5	17.4	7.5	6.7	39.2
8	深　　圳	4.0	15.6	9.9	8.7	38.2
9	重　　庆	6.7	14.0	8.6	8.7	38.1
10	广　　州	2.4	16.5	10.4	8.8	38.0
11	南　　京	8.7	12.9	8.0	7.7	37.4
12	宁　　波	7.9	14.5	7.9	5.8	36.1
13	沈　　阳	17.1	7.8	1.8	7.4	34.0

排名	城　市	安全制度	安全设施	安全能力	安全生态	指标最终得分
14	武　汉	2.4	12.4	7.6	9.6	32.0
15	长　沙	2.4	11.6	9.4	8.2	31.5
16	合　肥	7.5	11.6	2.4	8.3	29.8
17	福　州	7.5	9.8	6.6	5.8	29.8
18	银　川	4.0	9.0	10.2	6.5	29.7
19	青　岛	4.8	11.2	6.3	7.4	29.6
20	厦　门	6.0	11.0	6.5	6.0	29.4
21	郑　州	2.4	11.4	6.6	8.9	29.3
22	西　安	4.0	8.7	6.4	9.7	28.8
23	兰　州	5.2	13.3	2.1	8.1	28.5
24	石 家 庄	8.7	9.5	1.7	7.3	27.2
25	乌鲁木齐	0.0	11.0	6.9	9.3	27.1
26	哈 尔 滨	6.3	7.4	5.5	7.4	26.7
27	太　原	7.5	10.8	1.2	6.6	26.2
28	昆　明	5.2	8.7	3.7	7.6	25.1
29	南　宁	5.2	1.9	6.2	8.3	21.6
30	长　春	3.6	11.4	1.4	4.7	21.0
31	呼和浩特	4.8	8.5	0.2	6.7	20.2
32	海　口	1.2	3.1	7.5	7.7	19.4
33	大　连	2.4	10.7	1.9	4.4	19.4
34	南　昌	2.4	2.7	6.4	4.7	16.2
35	拉　萨	0.0	10.1	0.0	4.3	14.4
36	西　宁	0.0	5.5	1.0	4.6	11.1

（二）东部地区大数据安全发展领先，西部城市后发赶超势头强劲

分区域来看，东部16个城市中有10个城市大数据安全指数得分高于平均值，整体发展处于领先水平；在西部城市中，仅有贵阳、成都、重庆3个城市在大数据安全指数指标中得分高于平均值；中部城市大数据安全指数得分均低于平均值，西部城市和中部城市较东部城市大数据安全发展水平还有待进一步提升。此外，可以看到，贵阳、成都大数据安全指数得分较高，且如重庆、银川、西安等地的大数据安全指数得分与平均值相差较小，西部城市大数据安全发展后发赶超势头强劲（见图2）。

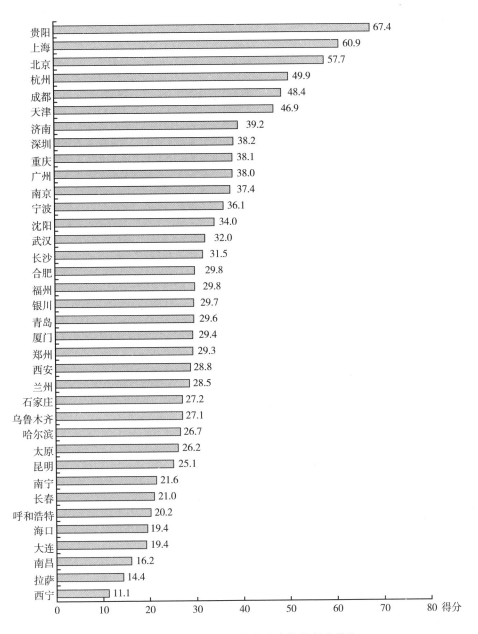

图1 36个大中城市大数据安全指数得分梯队

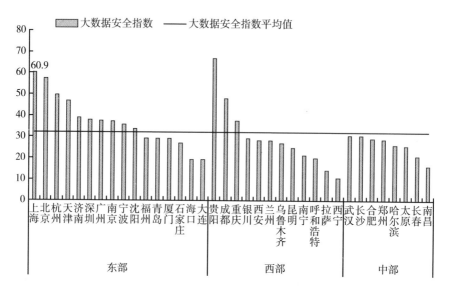

图2 2019年三大区域大数据安全指数得分比对情况

（三）各大重点区域表现突出，京津冀、长三角等综合能力较强

在大数据安全指数得分前 10 名的城市中，从安全制度、安全设施、安全能力和安全生态四个维度看，北京、天津、上海、杭州、广州、深圳、成都、重庆等处于重要城市群的城市综合能力较强（见图3）。且可以看出，各大城市安全设施、安全能力和安全生态发展都较为均衡，在安全制度方面各城市存在较大差异。

二 大数据安全指数：安全制度指数

（一）安全制度指数：总体评估

从图4可以看出，36个大中城市安全制度建设情况表现突出的城市较表现一般的城市间差异较大，整体来说，东部地区发展较为均衡。在安全制度指数得分中，沈阳以17.1排名第一，其次是贵阳和天津，得分分别为16.7和15.9。此外，从图5可以看出，东部城市安全制度整体水平较高，且各城市间

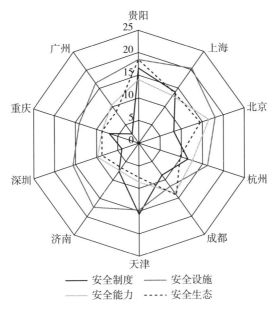

图3 大数据安全指数得分前10名综合能力比对情况

较为均衡。西部城市和中部城市安全制度整体水平要低于东部城市，其中，西部各城市间安全制度发展差异较大，中部各城市间发展较为均衡。

在36个大中城市中，沈阳的安全制度得分是排名第一位的，它也是东北地区唯一、副省级城市唯一的国家大数据综合试验区。自2016年以来，沈阳大数据安全制度建设持续推进，出台了一系列相关政策文件（见表2）。

表2 沈阳市国家大数据综合试验区出台的相关政策文件

序号	出台时间	政策文件
1	2016年1月	《沈阳市人民政府办公厅关于印发沈阳市促进大数据产业发展若干政策措施(试行)的通知》
2	2016年2月	《沈阳市促进大数据发展三年行动计划(2016～2018年)》
3	2017年7月	《2017年沈阳市建设国家大数据综合试验区实施方案》
4	2018年5月	《沈阳市国家大数据综合试验区建设三年行动计划(2018～2020年)》

资料来源：根据沈阳市人民政府官网发布文件整理。

排名第二的贵阳，安全制度指数得分为16.7，从具体指标来看，贵阳市在大数据安全立法方面走在全国前列。贵阳除积极出台一系列大数据发展

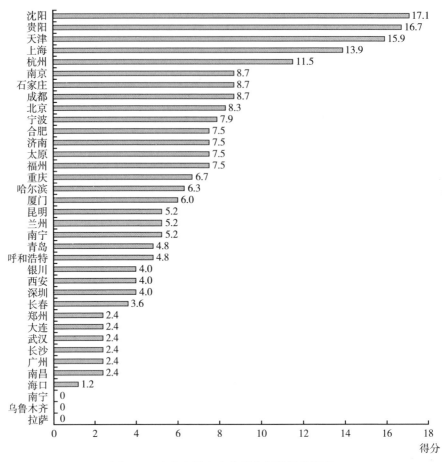

图 4　36 个大中城市安全制度指数得分情况

相关政策外，在数据安全地方立法中率先出台《贵阳市政府数据共享开放条例》《贵阳市大数据安全管理条例》《贵阳市健康医疗大数据应用发展条例》，抢占了大数据规则创新的制高点。

天津安全制度指数得分为 15.9，排名第三，其中，大数据安全政策特别值得关注。为加快推动京津冀国家大数据综合试验区建设，天津先后出台了相关政策文件（见表 3），为地方开展数据安全管理工作提供天津方案。①

————————

① 《天津开展为期两年的提升数据安全保障能力专项行动》，新华网，2019 年 12 月 7 日。

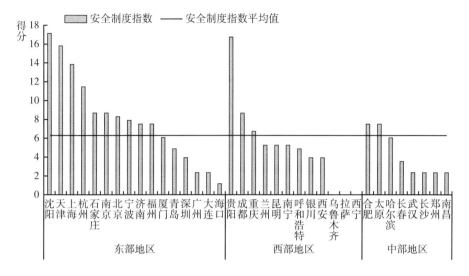

图5　三大区域安全制度指数得分与平均值对比情况

表3　天津出台关于大数据发展相关政策文件

序号	出台时间	出台的相关政策文件
1	2018年7月	《天津市软件和信息技术服务业发展三年行动方案(2018~2020)》
2	2018年9月	《天津市工业互联网发展行动计划(2018~2020年)》
3	2019年1月	《天津市大数据发展规划(2019~2022年)》
4	2019年1月	《天津市促进大数据发展应用条例》
5	2019年5月	《天津市促进数字经济发展行动方案(2019~2023年)》
6	2019年11月	《天津市提升数据安全保障能力专项行动方案》

资料来源：根据天津市人民政府官网发布文件整理。

（二）安全制度指数：分指标分析

1. 数据安全地方立法稳步推进

根据测评结果，36个大中城市中，贵阳在数据安全地方立法指标中得分为8.3，位列第一，其次是上海、杭州、重庆、宁波。成都、天津、济南、深圳、南京、沈阳、合肥、福州、银川、西安、兰州、石家庄、哈尔滨、太原、昆明、南宁等城市也陆续出台数据安全地方立法，为推进数据资源开放共享提供了政策依据和法律支撑。此外，其他城市也在积极推进地方立法工作。例

如，北京市十五届人大三次会议第二次全体会议指出，2020 年，北京将对制定大数据条例进行立项论证，以进一步完善大数据发展的法制法规体系。

2. 数据安全政策环境不断优化

测评结果显示，数据安全政策规范方面，36 个大中城市中，33 个城市已出台数据安全相关政策规范，占比为 92%。其中，天津以 8.3 的得分位列第一，其次是上海、北京、沈阳。当前，相关数据显示，仅有乌鲁木齐、拉萨、西宁 3 个城市尚未出台数据安全相关政策规范。

3. 数据安全标准评估持续跟进

从数据安全标准评估指标来看，沈阳以 8.3 的得分位列第一，其次是贵阳，得分为 6.0，排第三名的是天津，得分为 4.8。在 36 个大中城市中，有过半的城市制定并出台了相应的数据安全标准。其中，贵阳截至目前已完成《数据分类分级指南》《数据脱敏工作指南》《人口基础数据》《法人单位基础数据》四项地方标准的发布；《数据交易服务平台交易数据描述》《数据质量评价指标》两项国家标准报批，《数据交易服务平台通用功能要求》一项国家标准即将报批；并正编制《空间地理基础数据》《非物质文化资源数据》《宏观经济数据》《开放数据元数据描述》《数据开放工作指南》《开放数据质量控制过程和要求》等十一项地方标准。

三　大数据安全指数：安全设施指数

（一）安全设施指数：总体评估

从测评结果来看，各城市安全设施发展较为均衡，城际间差距较小。36 个大中城市中，上海以 20.3 的得分位列第一，其次是贵阳、北京。安全设施指数得分最低的城市为南宁，得分仅为 1.9。由图 6 可以看到，安全设施指数得分呈缓慢递减的情况，西部后发城市贵阳与北京分值相差仅为 0.3，各城市间安全设施发展情况较为均衡，城际差距较小。

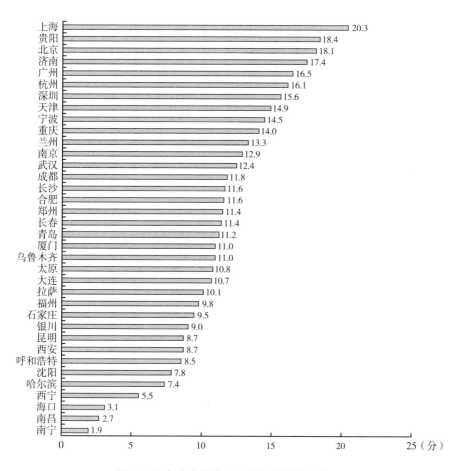

图6　36个大中城市安全设施指数排名情况

（二）安全设施指数：分指标分析

1. 西部城市灾备设施完备度发展较好，东部城市和中部城市发展较为均衡

从区域看，西部城市灾备设施完备度较好。其中，贵阳凭借地质构造稳定、水电充足、电力成本低、恒温恒湿的山洞数量较多等优势，吸引了南方数据灾备中心落户，当前，贵阳是长江以南重要的大数据节点城市，[①] 灾备设施完备度

---

① 《习近平为何说"我听懂了，贵州发展大数据确实有道理"？》，当代先锋网，2015年6月18日。

得分为7.0，得分较排名第二的北京高2.2。此外，东部和中部城市灾备设施完备度指数得分呈缓慢递减趋势，灾备设施整体发展较为均衡（见图7）。

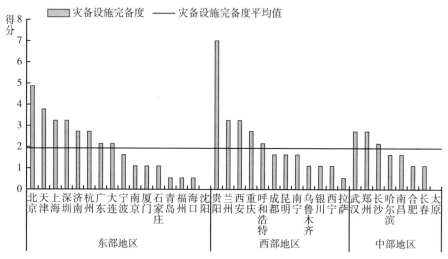

图7 三大区域灾备设施完备度对比情况

2. 新一代信息基础设施成为各大城市布局热点

当前，工业互联网、5G是各大城市规划布局的热点。在工业互联网中，标识体系是工业互联网的"中枢神经"，是实现工业全要素、各环节信息互通的关键枢纽。① 工业互联网标识解析节点已成为各大城市布局热点，其中，北京、上海、广州、武汉、重庆5个地方除布局顶级节点外，相继启动二级节点布局工作，济南拥有两个国家工业互联网标识解析二级节点，杭州、宁波、贵阳、兰州、石家庄、银川、太原等城市各有一个国家工业互联网标识解析二级节点。

四 大数据安全指数：安全能力指数

（一）安全能力指数：总体评估

从安全能力指数测评可以看出，城际大数据安全能力较为均衡，地域差

---

① 《工业互联网核心基础设施建设加速》，《中国航空报》2019年8月22日。

异较为突出。其中，北京以 16.7 的得分位列第一，其次是贵阳、成都。从图 8 中可以看出，36 个大中城市中，各城市间大数据安全能力指数得分差距较小，大数据安全能力发展水平较为均衡。分区域看，东部城市安全能力指数得分平均值为 7.93，高于 36 个大中城市安全能力指数 6.7 的平均值，且西部城市安全能力指数得分平均值为 6.08，中部城市安全能力指数得分平均值为 5.06，东部城市安全能力发展水平较高，西部城市、中部城市安全能力发展水平还有待进一步提升（见图 9）。

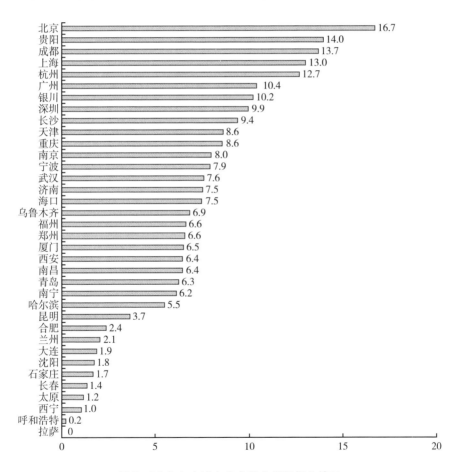

图 8　36 个大中城市安全能力指数得分情况

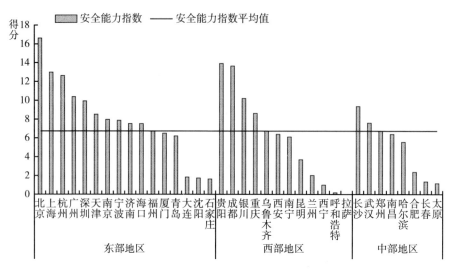

图9　三大区域安全能力指数比对情况

（二）安全能力指数：分指标分析

1. 东部城市技术研发突破指数表现突出

分区域来看，东部城市技术研发突破能力较强，北京、深圳、上海位列前三名，但北京技术研发突破指数得分远远高于深圳、上海。北京当前已经形成六大网络安全企业的聚集区，2019年，北京持续推进国家网络安全产业园区建设，推动数据安全产业高质量发展。除北京外，东部区域中深圳、上海、广州、杭州、南京、厦门等城市技术研发突破能力较为均衡。西部和中部城市整体技术研发突破能力还有待进一步提升（见图10）。

2. 政府数据开放平台建设逐渐铺开

从测评结果来看，36个城市中有25个城市已完成政府数据开放平台建设，占比为69%。从表4可以看出，如乌鲁木齐、西安、杭州等部分省会城市主要依托省级平台提供的数据开放功能，进行城市级平台建设的城市有10个，大多数城市政府数据开放平台为政务级平台，且越来越多的城市在积极推进城市大数据平台建设，贵阳和杭州两地的地市级大数据平台已建成并投入使用。

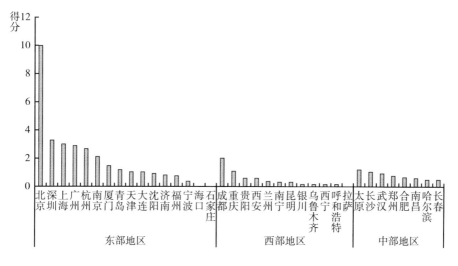

图10　三大区域技术研发突破能力情况

表4　2019年城市政府数据开放平台建设情况

序号	城市	平台
1	北　京	北京市政务数据资源网
2	上　海	上海政府数据服务网
3	天　津	天津市信息资源统一开放平台
4	重　庆	"重庆数据"平台
5	哈尔滨	哈尔滨市政府数据开放平台
6	乌鲁木齐	依托新疆维吾尔自治区政府数据开放网
7	西　安	依托陕西省公共数据开放平台
8	银　川	银川城市数据开放平台
9	郑　州	依托河南省公共数据开放平台
10	济　南	济南市公共数据开放网
11	武　汉	武汉政府公开数据服务网
12	长　沙	长沙市政府门户网站数据开放平台
13	南　京	南京市政务公开数据服务网
14	成　都	成都市公共数据开放平台
15	贵　阳	贵阳市政府数据开放平台
16	南　宁	南宁市公共数据开放平台
17	杭　州	依托浙江省政府数据开放平台
18	南　昌	依托江西省政府数据开放网站
19	广　州	广州市政府数据统一开放平台
20	福　建	依托福建省数据开放平台

序号	城市	平台
21	海　口	依托海南省数据开放平台
22	青　岛	青岛市公共数据开放网
23	宁　波	宁波市政府数据服务网
24	厦　门	厦门市大数据开放平台
25	深　圳	深圳市政府数据开放平台

资料来源：根据《城市大数据平台白皮书（1.0 版）》整理。

3. 西部城市攻防演练开展势头强劲

从图 11 可知，攻防演练指数得分前两名为贵阳、成都，上海、杭州、银川并列第三，其中贵阳、成都、银川均为西部城市。东部城市攻防演练水平较为均衡，西部城市攻防演练开展势头强劲，中部城市攻防演练还有待进一步增强。攻防演练指数得分第一名为西部地区的贵阳，2016 年，贵阳探索建设全国首个大数据安全靶场，并首次开展攻防演练活动，至 2019 年，每年一次的防演练活动进一步拉长网络安全产业链，实现安全产业可持续发展。同处西部城市的成都，于 2018 年与知名网络安全及网络安全赛事运营商永信至诚联手，推出国内首个城市网络空间仿真靶场，为模拟真实的网络作战提供虚拟环境。

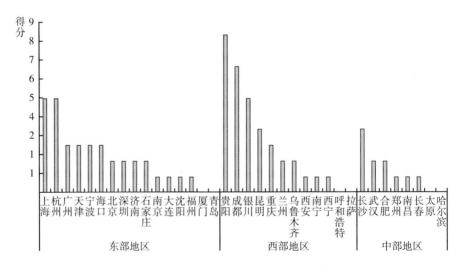

图 11　36 个大中城市攻防演练指标得分情况

五 大数据安全指数：安全生态指数

（一）安全生态指数：总体评估

根据测评结果，城际安全生态指数差距较小，处于核心城市群的城市安全生态水平较高。其中，安全生态指数得分最高的城市为贵阳，其次是北京、成都、上海（见图12）。安全生态指数平均值为8.2，从图13可以看

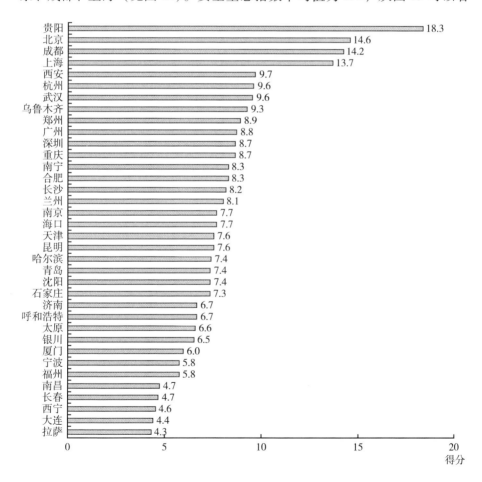

图12 36个大中城市安全生态指数得分情况

到，大多数城市安全生态指数得分在平均值左右，除排名前四的城市外，其他城市安全生态指数得分呈缓慢递减的态势，城际差距较小。根据图13，在东部城市中，北京、上海、杭州、广州、深圳得分较高；在西部城市中，贵阳、成都、西安得分较高。从区域看，长三角、珠三角等核心城市群整体安全生态水平较高。

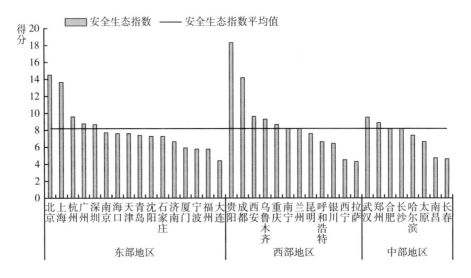

图13 三大区域安全生态指数得分比对情况

（二）安全生态指数：分指标分析

1. 东部城市产业体系建设较为完善

产业体系以 IDC 企业数量、网络安全产业园区数量为评价基础，综合反映地方安全产业集聚发展程度以及产业链条的完善程度，从图14可以看到，北京得分为6.9，位列第一，其次是成都、上海、天津，产业体系指标前四名城市中，东部城市占据3个，东部城市大数据安全产业体系指标得分较高。

2. 西部城市合作机制建设成果显著

合作机制包括合作办院（基地）/合作项目数量、对外交流2个三级指标，反映地方对外交流机制的完善情况，从测评结果可以看到，合作机制指标得分

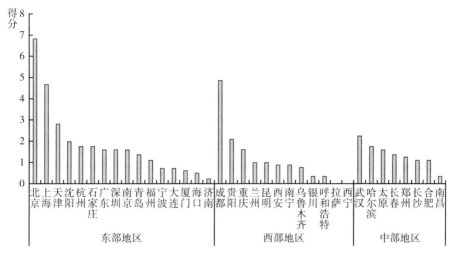

图14　三大区域产业体系指标得分情况

最高的是贵阳，其次是成都、重庆、西安、上海，前三名均为西部城市。同时，贵阳、成都、重庆等城市的安全制度指数排名也较为靠前，由此可以看出，在数据安全发展方面，东部城市科技水平高于西部城市，从发展态势来看，处于后发地区的西部城市正在逐渐优化政策环境，加快推进网络安全产业园区建设，完善对外交流合作机制，推动数据安全产业和人才快速聚集（见图15）。

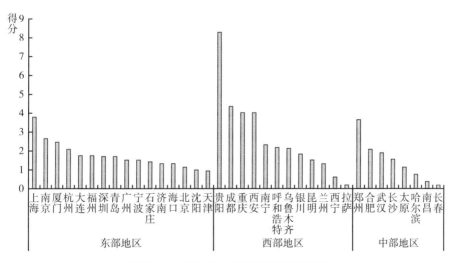

图15　三大区域合作机制指标得分情况

3.安全生态文化建设整体水平较好

根据测评结果，36 个大中城市中，文化建设指标得分最高的是贵阳，为 7.9，其次是北京，为 6.5，排名第三的是乌鲁木齐，为 6.4。从文化建设指标得分排名情况来看，城际文化建设差距较小，36 个大中城市安全生态文化建设整体发展水平较好（见图 16）。

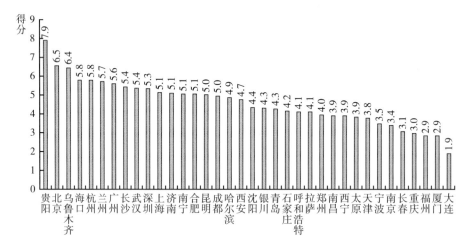

图 16 36 个大中城市文化建设指标得分情况

六 展望与建议

（一）政策法规持续完善将进一步筑牢安全基底

根据大数据安全制度分析结果可知，在 36 个大中城市中，仅有少数几个城市尚未出台大数据安全相关的政策文件，地方大数据安全制度保障力度在持续增强，大数据安全发展基础将得到进一步巩固。从全国层面来说，当前我国各行业、各领域均在加紧网络安全责任制度建设，明确各相关方工作职责和措施。同时，标准规范细化落地，安全产业发展的保障力度增强。2019 年 5 月，《信息安全技术网络安全等级保护基本要求》等多项国家标准正式发布，提出主动防御、安全可信、动态感知、全面审计等新理念，覆盖云计算、大数据、物联网、移动互联和工业控制系统等新领域，有望全面加快网络安全能力建设，带动网络安全产业发展。因此，为进一步推进大数据安全产业高质量发展，应补齐制度建设短板，积极推进大数据安全重点领域标准研究，抢占大数据标准国际话语权。一方面，以市场应用需求为导向，提升大数据标准对大数据产业发展的支撑作用，聚焦电信、商贸、能源等重点行业领域的应用，率先研究使用数据安全标准。另一方面，针对数据全生命周期，研究建立覆盖数据采集、存储、传输等数据全过程的安全标准体系。

（二）西部城市后发赶超有望重塑安全产业格局

当前，在网络安全政策上升为国家战略高度的背景下，数据安全产业作为数字经济中的关键一环，也成为各大城市积极布局的重点产业之一。从大数据安全指标体系分析情况来看，东部城市在技术研发突破、产业体系等方面综合能力较强，西部城市和中部城市还有较大的发展空间。但从近几年的发展来看，大数据产业成为西部城市重点布局的产业之一，如贵阳、成都、重庆等西部城市在数据安全制度建设、安全预警、合作机制等多个方面表现突出。客观来说，尽管中、西部地区与东部地区相比还存在一定差距，但国家战略政策的调整，为中、西部城市后发赶超带来了一定的契机。因此，中、西部城市一方面应利用好政策优势，乘势而上，大力布局关键信息基础设施，提升关键信息基础设施防护能力以及关键产品的自主可控。另一方面，优化顶层设计，推进技术互补、资源共享，促进数据安全在信息产业全链条的渗透融合，带动产业技术创新，加速集群式发展。

（三）数据安全技能竞赛大力推动人才队伍建设

人才短缺的问题在不同的经济社会发展阶段都会遇到，大数据安全产业发展也不例外，大数据领域专业人才、跨领域大数据应用人才等复合型大数据人才较为缺乏，专业人才队伍的建设迫在眉睫。而从大数据安全指标体系

分析来看，当前，全国以及各地都在纷纷开展大数据及网络安全攻防演练、国际网络安全大赛、全国大学生信息安全竞赛等不同形式的数据安全技能竞赛，旨在落实国家网络空间安全人才政策，为全国网络安全相关专业的人才提供理论加实践的训练，进而推动高质量人才队伍建设。从我国实际出发，对于大数据安全人才的培养，一方面应大力开展大数据安全相关的培训竞赛，促进数据安全理论与实践相结合，通过反复的攻防竞赛，提升大数据安全人才的实战技能；另一方面，应完善大数据安全人才的激励机制，建立健全将大数据安全人员能力和岗位职级评定挂钩的数据安全职位体系，引导形成对岗位职责、发展路径的清晰认知，为人才考核选拔、奖励提升等提供参考。

参考文献

连玉明：《大数据蓝皮书：中国大数据发展报告 No.1》，社会科学文献出版社，2017。

中央党校（国家行政学院）电子政务研究中心：《省级政府和重点城市网上政务服务能力调查评估报告（2019）》，国脉电子政务网，http：//www.echinagov.com/，2019 年 4 月 24 日。

中国信息通信研究院、CCSA TC601 大数据技术标准推进委员会：《城市大数据平台白皮书（1.0 版）》，中国 IDC 圈，http：//www.idcquan.com/，2019 年 6 月 4 日。

中国电子信息产业发展研究院：《2019 年中国数字经济发展指数白皮书》，https：//www.ccidgroup.com/，2019 年 11 月 15 日。

徐清源、单志广、马潮江：《国内外数字经济测度指标体系研究综述》，《调研世界》2018 年第 11 期。

B.11
2019年大数据安全制度国际比较研究

摘　要：　随着全球各国大数据战略的提出，大数据已成为国家基础性战略资源和社会基础生产要素。同时，大数据安全问题逐渐凸显，大数据安全事件呈频发态势。在此背景下，基于大数据领域的隐私安全、数据安全、个人信息保护问题，全球主要国家和地区纷纷出台相应的政策。本文以案例研究和文献研究为主，对2019年国际大数据安全制度进行全面梳理，并与中国的制度情况进行比较。通过分析研究，总结先进国家和地区的做法及其成效，发现我国的不足，并在此基础上，形成相关经验启示，以期对中国大数据安全制度建设提供一定的价值参考。

关键词：　数据安全　网络安全　隐私保护　个人信息保护

大数据时代，数据作为一种特殊的资产，能够在流通中不断产生新的价值。在大数据应用场景下，在数据的频繁流动中，除了传统的数据泄露问题外，还存在新的安全风险。

一　隐私安全、数据安全与信息安全

隐私权是在人格权分化过程中，新生的一种人格权。我国立法仅把隐私权作为具体的人格权，并未对其概念及保护范围做出任何界定。但是，对隐私安全可以在范围界定上明确两点。其一，隐私权作为具体的

精神性人格权，区别于抽象的人格尊严、人格自由等一般人格利益。其二，隐私权的保护范围，区别于名誉权、姓名权、肖像权等其他具体人格权，凡是涉及侵害名誉、姓名、肖像的行为，一般均以对应的具体人格权进行保护。而隐私安全的内容主要涉及个人的私人信息、私人活动、私人空间和私人生活安宁。

《数据安全法》赋予数据安全"自身安全"、"自主可控"和"宏观安全"。数据的"自身安全"是采用身份认证、访问控制等大数据安全技术，以及通过建立数据防泄露、业务数据风险管理、结构化和非结构化数据保护等有针对性的安全管理制度，确保数据的保密性、完整性、可用性。数据的"自主可控""宏观安全"都强调国家对重要且有价值的数据拥有的绝对支配权力，不容世界其他组织或国家进行非法操纵、监控、窃取和干扰，防控因数据处理、使用不当而导致的国家主权、公共利益和群体安全受到威胁和侵害。

《网络安全法》对个人信息的定义是，"以电子或者其他方式记录的能够单独或者与其他信息结合，识别自然人个人身份的各种信息，包括但不限于自然人的姓名、出生日期、身份证件号码、个人生物识别信息、住址、电话号码等"。《信息安全技术　个人信息安全规范》（GB/T 35273 - 2017）对个人信息和个人敏感信息进行了区分，个人信息包括个人的基本资料、身份信息、生物识别信息等，而个人的财产、健康、生理等方面的信息则属于敏感信息。

二　中国大数据安全制度建设

党的十八大以来，我国网络空间法治建设不断推进，在总体国家安全观指引下，互联网领域法律体系框架初步形成。《网络安全法》成为数据安全方面重要的法律制度，《信息安全技术　个人信息安全规范》则成为重要的网络安全国家标准规范。

完善网络安全立法体系。以《网络安全法》《密码法》为代表的网络安全立法顶层设计启动，相关配套法律法规不断完善，重点立法积极推进。《数据安全法》《个人信息保护法》等重点项目列入全国人大常委会立法规划并有序推进，相关部门正在积极研究制定数据安全管理、跨境流动、云计算以及关键信息基础设施安全保护等配套法律法规，构建包括设施层、网络层、数据层在内的综合安全治理体系。

表1 网络安全部分制度设计

时间	部门	文件	效果
2019年4月	国家互联网信息办公室	《网络安全审查办法》	拟对关键信息基础设施运营者采购网络产品和服务的审查对象、流程、范围、重点及采购合同做出规范
2019年6月	工业和信息化部	《网络关键设备安全检测实施办法（征求意见稿）》《网络安全漏洞管理规定（征求意见稿）》	旨在推进网络关键设备安全检测工作，规范网络安全漏洞报告和信息发布等行为，保证网络产品、服务、系统的漏洞得到及时修补，提高网络安全防护水平
2019年8月	国家互联网信息办公室	《儿童个人信息网络保护规定》	明确儿童专门保护协议、内部管理专员、儿童监护人同意、加密存储和最小授权访问等儿童个人信息保护具体要求
2019年10月	全国人大常委会	《密码法》	鼓励和规范密码技术的研究开发和应用管理，提升密码科学化、规范化、法治化水平，进一步保障网络与信息安全
2019年11月	国家互联网信息办公室	《网络安全威胁信息发布管理办法（征求意见稿）》	拟对发布网络安全威胁信息的行为做出规范

资料来源：政府官方门户网站。

强化数据信息安全管理。在个人信息保护、跨境数据流动等数据安全管理方面，我国正在加快制定具有可操作性的实施细则。同时，地方政府部门积极构建区域数据安全法律制度。2018年8月，全国首部大数据安全管理地方性法规《贵阳市大数据安全管理条例》正式发布，规定了安全保障、大数据监测预警、应急处置机制等内容；2019年6月，《天津市数据安全管理办法（暂行）》开始施行，加强对本地数据安全工作的统筹协调，建立健全数据安全保障体系。2019年1月，国家互联网信息办公室、工业

和信息化部、公安部、国家市场监督管理总局联合开展 App 违法违规收集使用个人信息专项治理工作，针对部分 App 进行评测，督促部分违规企业及时整改。

表 2　数据信息安全部分制度设计

时间	部门	文件	效果
2019 年 5～6 月	国家互联网信息办公室	《数据安全管理办法（征求意见稿）》《个人信息出境安全评估办法（征求意见稿）》	进一步明确、细化数据在收集、存储、传输、处理、使用以及跨境流通等环节中的具体安全规则
2019 年 7 月	工业和信息化部	《电信和互联网行业提升网络数据安全保护能力专项行动方案》	针对全国基础电信运营商、50 家重点互联网企业及 200 款主流移动应用程序开展数据安全检查
2019 年 10 月	中国人民银行	《个人金融信息保护试行办法（初稿）》	完善征信机制体制，加大对违规采集、使用个人征信信息的惩处力度

资料来源：政府官方门户网站。

数据安全成为大数据时代最为紧迫的核心问题。近年来，我国加快调整和规范了网络运行安全和网络信息安全相关制度，以不断满足大数据时代数据安全管理保障的需求（见表 3）。

表 3　2019 年大数据安全领域制度建设

类别	名称	发文字号（部门）	发布/实施时间
法律条文	《中华人民共和国密码法》	中华人民共和国主席令第 35 号	2019.10.26 发布 2020.01.01 实施
	《中华人民共和国电子签名法（修正）》	中华人民共和国主席令第 29 号	2019.04.23 发布 2019.04.23 实施
	《中华人民共和国电子商务法》	中华人民共和国主席令第 7 号	2018.08.31 发布 2019.01.01 实施
行政法规	《国务院关于在线政务服务的若干规定》	中华人民共和国国务院令第 716 号	2019.04.26 发布 2019.04.26 实施
	《政府信息公开条例（修订）》	中华人民共和国国务院令第 711 号	2019.04.03 发布 2019.05.15 实施

续表

类别	名称	发文字号（部门）	发布/实施时间
部门规章	《互联网个人信息安全保护指南》	公安部网络安全保卫局、北京网络行业协会、公安部第三研究所	2019.4.10 发布
	《儿童个人信息网络保护规定》	国家互联网信息办公室令第 4 号	2019.08.22 发布 2019.10.01 实施
	《区块链信息服务管理规定》	国家互联网信息办公室令第 3 号	2019.01.10 发布 2019.02.15 实施
	《国家网络安全产业发展规划》	工业和信息化部	2019.6.30 发布
	《水利网络安全管理办法（试行）》	水利部	2019.8.16 发布
	《网络安全实践指南——移动互联网应用基本业务功能必要信息规范》	全国信息安全标准化技术委员会	2019.6.1 发布
规范文件	《电信和互联网行业提升网络数据安全保护能力专项行动方案》	工信厅网安〔2019〕42 号	2019.6.28 发布 2019.7.1 实施
	《网络音视频信息服务管理规定》	国信办通字〔2019〕3 号	2019.11.29 发布 2020.01.01 实施
	《关于引导规范教育移动互联网应用有序健康发展的意见》	教技函〔2019〕55 号	2019.08.10 发布 2019.08.10 实施
	《关于促进平台经济规范健康发展的指导意见》	国办发〔2019〕38 号	2019.08.01 发布 2019.08.01 实施
	《网络信息内容生态治理规定》	国家互联网信息办公室令（第 5 号）	2019.12.15 发布 2020.3.1 实施
	《信息安全技术移动互联网应用（App）收集个人信息基本规范（草案）》	全国信息安全标准化技术委员会	2019.8.8 发布 2019.8.31 截止
	《云计算服务安全评估办法》	国家互联网信息办公室、国家发展和改革委员会、工业和信息化部、财政部公告 2019 年 2 号	2019.07.02 发布 2019.09.01 实施
	《关于深化公共资源交易平台整合共享指导意见》	国办函〔2019〕41 号	2019.05.19 发布 2019.05.19 实施
	《中国人民银行进一步加强支付结算管理防范电信网络新型违法犯罪有关事项》	银发〔2019〕85 号	2019.03.22 发布 2019.03.22 实施

续表

类别	名称	发文字号（部门）	发布/实施时间
	《关于工业互联网综合标准化体系建设指南》	工信部联科〔2019〕32号	2019.01.25 发布 2019.01.25 实施
	《金融信息服务管理规定》	国家互联网信息办公室	2018.12.26 发布 2019.02.01 实施
	《加强工业互联网安全工作的指导意见》	工信部联网安〔2019〕168号	2019.7.26 发布
司法解释	《最高人民法院、最高人民检察院关于办理非法利用信息网络、帮助信息网络犯罪活动等刑事案件适用法律若干问题的解释》	法释〔2019〕15号	2019.10.21 发布 2019.11.01 实施

资料来源：政府官方门户网站，《互联网法律白皮书（2019）》。

三　国际大数据安全制度比较

在数据安全形势日益严峻、安全风险和威胁日益突出的今天，各国纷纷通过加强数据制度设计和立法保障来增强对数据安全的保护。从国际上看，数据全球化日趋明显，数据跨境流动治理政策面临重构。至今，国际上尚未有统一的数据政策与治理规则，各国通过内部立法来维护自身数据主权成为必然。

表4　2019年国际大数据安全制度

时间	国家	名称	相关内容
2019 年 4 月	美国	《隐私权利法案》	旨在从立法层面全面保护个人数据。法案明确定义了个人数据，还要求联邦贸易委员会通过立法赋予个人若干权利
2019 年 1 月	美国马萨诸塞州	《数据泄露法》	又被命名为《消费者安全保护法》，改变了企业应对涉及客户个人信息的安全漏洞的方式。明确数据泄露需通知总检察长办公室以及消费者事务和商业监管办公室，同时进一步明确通知内容

续表

时间	国家	名称	相关内容
2019年6月	欧盟	《关于欧洲网络与信息安全局信息和通信技术的网络安全》	为全球网络和信息通信安全的法律制定、网络安全保护的国际战略合作及标准体系建构提供一定参考
2019年11月	俄罗斯	《主权互联网法》	推动建立全国网址和域名信息系统、自主地址解析系统以及应急备份系统,同时授权联邦电信、信息技术和大众传媒监督局在网络安全受到威胁时主动切断与外部的互联网连接
2019年8月	澳大利亚	《消费者数据权利法案》(CDR)	重点规范数据可携权的问题,增加隐私和信息安全保护条款,构建开放银行模式下的数据共享框架,充分保护消费者数据权利,引导产业优化对数据资源的利用和保护
2019年1月	越南	《网络安全法》	纳入了数据本地化存储条款,要求在越南网络空间提供电信网、互联网业务和其他网络增值服务的国内外企业,若收集、开发、分析、处理个人通信数据、业务使用者相关数据和业务使用者在越南产生的数据,需在政府规定的时间内将上述数据在越南境内储存
2019年10月	新加坡	《防止网络虚假信息和网络操纵法案》	明确政府一旦发现捏造或扭曲的不实消息,可要求网络运营商或个人删除或移除,否则可以采取封锁、删除网页、账户或实施罚款、监禁等刑事处罚
2019年1月	芬兰	《数据保护法》(DPA)	赋予政府更大的权力来限制私人公司对个人数据的使用
2019年2月	泰国	《个人信息保护法》	建立类似GDPR的个人信息收集、使用、知情同意、跨境数据流动等规则
2019年6月	埃及	《个人数据保护法》	明确了不同主体的个人数据保护权利和义务,同时在埃及技术产业发展局下设立个人数据保护中心,以确保政策的实施
2019年8月	葡萄牙	《GDPR执行法》	遵循了GDPR对欧盟成员国的立法指导,明确了数据保护官、认证制度、数据主体的权利和数据保护机构的权力等内容
2019年12月	印度	《个人数据保护法(草案)》	成为印度首部全面的个人数据保护法,将个人生物识别信息纳入个人敏感信息范畴,对私营部门使用技术手段识别特定自然人做出严格限制。赋予政府收集公民数据的相关权力

资料来源:《安全内参》《互联网法律白皮书(2019)》。

（一）美国：《隐私权利法案》

出于对大规模数据泄露、滥用事件的应对，一向倡导采取分散立法的美国，对隐私保护立法的重视程度不断提高。仅在 2019 年，美国各级政府就提出了 7 项隐私保护立法提议。例如，2019 年 3 月 14 日，美国参议院提出《2019 年商业人脸识别隐私法案》。作为美国关于人脸识别隐私保护的第一部法案，该法案规定商业公司在使用人脸识别技术时需要经过用户的明确同意，同时要求对投入市场应用的人脸识别技术进行第三方测试，确保符合准确性标准，避免对消费者带来可能的损害。此外，部分州议会也纷纷针对人脸识别、秘密监听、泄露通知等隐私保护的关键对象、关键环节进行立法规制。

表 5　2019 年美国隐私保护相关立法

时间	部门	文件	相关内容
3 月 6 日	华盛顿州参议院	《华盛顿隐私法案》	法案赋予消费者对数据享有访问权、更正权、删除权、限制处理权、可携带、拒绝处理权、反对自动化决策权等权利。明确了数据控制者向消费者提供可以访问的有意义的隐私声明，必须在获取个人数据时或之前披露概况、记录风险评估等义务
5 月 14 日	旧金山	修订《停止秘密监视条例》	旧金山成为美国第一个禁止使用人脸识别技术的城市。全面禁止旧金山当地政府部门如警察局、治安官办公室、交管部门等使用人脸识别技术
4 月 9 日	美国参议院	《2019 年遗传信息隐私法案》	法案禁止基因检测服务在未经消费者明确同意的情况下披露或使用其个人信息，保障了用户的隐私权，特别要求用于医学研究的遗传信息符合美国国立卫生研究院的知情同意要求
4 月 10 日	美国参议院	《2019 算法问责法案》	法案要求大型科技公司（年收入超过 5000 万美元，以及拥有的用户数或控制的终端数超过 100 万的数据代理商和企业）评估并消除其"自动决策系统"给个人信息隐私和安全带来的风险，以及因种族、肤色、宗教、政治信仰、性别或其他方面差异而带来的歧视性偏见，要求公司评估其信息系统如何保护消费者个人信息的隐私和安全等

资料来源：《安全内参》《互联网法律白皮书（2019）》。

围绕隐私权的关键问题，美国参议院于2019年2月27日提出《数据隐私法案》，4月11日，又提出《隐私权利法案》。《数据隐私法案》加强了对美国消费者的数据隐私保护，同时确保企业专注于实施新的数据安全标准以及采用必要的隐私保护措施，增加了对保护美国公民隐私技术研究的规定，并确保小企业免受不必要的监管。法案主要包括以下内容：在数据保护方面，要求企业为用户提供合理的选择退出方法，规定了对数据收集、处理、存储、披露应适用合理、公平、直言三项标准。针对每年收集超过3000人的个人数据的企业，做出专门规定。在透明性方面，要求企业必须提供隐私政策的访问通知方式，通知内容对消费者来说简明易懂，并准确描述企业的隐私政策。在个人数据控制方面，允许消费者请求、矫正数据准确度及转移或删除其数据，企业不得以歧视定价或服务的方式进行报复。在数据安全要求方面，要求企业进行隐私风险管理，采用技术手段保护消费者数据，确保小企业免受过多的要求和不必要的监管。在隐私保护方面，要求年收入超过2500万美元的企业，应当指定一名隐私保护专员为公司建立数据和隐私保护文化，并培训相关员工。同时，推动技术创新以及政府监管。法案将国家科学基金会的网络安全研究领域扩展至隐私保护技术，还为州检察长和联邦贸易委员会增设了新的权力，允许其对违法行为进行民事处罚。

《隐私权利法案》旨在从立法层面全面保护个人数据，赋予个人若干权利，包括：接收关于数据控制者收集、使用、存储和共享其个人数据通知的权利；访问个人数据处理活动有关细节的权利；要求删除个人数据的权利等。法案还要求联邦贸易委员会通过立法禁止数据控制者从事包括：提供经济奖励以换取个人同意数据控制者收集、使用其个人数据；在没有某些特定合同条款的情况下，根据书面合同向第三方披露个人数据；将个人数据用于某些"不合理"的目的等。

（二）欧盟：《网络安全法案》

2019年6月27日，《关于欧洲网络与信息安全局信息和通信技术的网络安全》（简称《网络安全法案》）正式施行。这成为新时期欧盟网络安全

治理的里程碑事件，是继《一般数据保护条例》（GDPR）、《非个人数据自由流动条例》后的又一部重磅网络安全顶层设计法律，也成为欧盟后续出台《电子隐私条例》《电子证据条例》的制度先声。《网络安全法案》对制度设计、涵盖范围以及监管手段进行了开创性、系统性、科学性和前瞻性的规定，为全球网络和信息通信安全的法律设计、网络安全保护的国际合作以及标准体系建设提供了价值参考，一定程度提升了欧盟各成员国网络信息安全风险防控能力，构建了较为完善的网络和信息通信安全体系。

在网络风险不断增加的形势下，《网络安全法案》一方面提升了欧盟网络和信息安全署（ENISA）的地位，首要制度革新就是指定 ENISA 为永久性的网络安全职能机构，用以应对危机和跨境事件，提升网络安全风险应对能力。另一方面，构建了欧盟网络安全认证框架制度，统一标准体系，促进成员国开发具有互操作性的产品，从而缩小网络安全差距，提高消费者对相关认证产品的信任度，促进欧盟"单一市场经济"的深度发展。

（三）俄罗斯：《主权互联网法》

2019 年 5 月，俄罗斯总统普京签署了《主权互联网法》，11 月 1 日正式生效，这意味着俄罗斯当局将拥有使整个国家脱离全球互联网的能力。法律的核心是要求所有本国互联网服务提供商都通过由俄罗斯监管机构的特殊服务器来管理路由流量。《主权互联网法》最突出的特点是旗帜鲜明地对抗"美国国家网络安全战略的侵略特性"。这是全球首次立法"主动断网""定期演习"，以识别网络主权威胁。

《主权互联网法》突破了此类立法的传统背景，在俄罗斯的十余部网络主权类的立法之中重塑了国家的网信法治秩序，是俄罗斯网络安全战略深化、立法深化、对抗深化的最新举措。俄罗斯的网络安全战略体现在 2016 年 12 月 5 日由普京批准的新版《俄罗斯联邦信息安全学说》之中，强调了要加强俄罗斯防御国外网络攻击的能力，提出了要从战略层面防止和遏制与信息科技相关的军事冲突，保证国家信息领域安全。围绕这一战略，2017 年俄罗斯出台了《关键数据基础设施法》《VPN 法》《即时通信服务法》

等。2018年12月推出《〈俄罗斯联邦通信法〉及〈俄罗斯联邦关于信息、信息技术和信息保护法〉修正案》，也被称为《稳定俄网法案》或《主权互联网法》。

《主权互联网法》在传统的关键信息基础设施领域确立了自主可控的网络主权，特别是以"主动断网"为特色的新规则。该法从五个方面确立了俄网的"自主可控"网络主权。"域名自主"规定了俄罗斯须建立可接收域名信息的全国系统和自主地址解析系统，以在紧急时刻取代现有域名服务系统，与本国重大利益相关的网络全部应使用这一系统。"定期演习"规定了俄联邦电信、信息技术和大众传媒监督局的职责，重要的是确定域名系统的设计要求、建设流程和使用规则。同时，强调政府、电信运营商和技术网络所有者定期演习的必要性，以识别威胁并制定应对措施。"平台管控"规范了互联网流量管理，规定互联网服务提供商有义务向监管部门展示，如何将网络数据流引导至政府控制的路由节点，最大程度保护国家内部数据传输安全。电信运营商有义务确保在发生威胁时集中管理流量的可能性，如应当在确定传输流量来源的通信网络上安装技术设备。"主动断网"规定俄联邦的电信、信息技术和大众传媒监督局负责维持俄网的稳定性。一旦认定俄网受到威胁，监督局可主动切断与外部互联网链接，在确保本国网络仍能够稳定运行的同时，集中控制大众使用的沟通网络；监督局有权决定是否构成威胁以及采取何种消除措施。"技术统筹"定义了路由选择的原则，提出了用之于追踪监控的方法，并要求俄联邦的电信、信息技术和大众传媒监督局下设公共通信网络监测和管理中心。该中心将对国内通信运营商的通话信息、国家数据传输系统的信息传递内容进行分析，以确保俄罗斯互联网的安全。

（四）澳大利亚：《消费者数据权利法案》

2019年8月初，澳大利亚通过了《消费者数据权利法案》（CDR）。法案的实施有利于充分保护消费者的数据权利。法案使消费者拥有对数据的自主决定权，消费者可以根据自身情况，在不同产品和服务之间进行选择，从而更好地使用自己的数据。例如，法案重点规范数据可携权的问题。消费者在

第三方金融科技平台或数字银行分享个人数据时将拥有更多的自由空间,可以自主决定对哪些数据以何种条件向谁进行共享。法案激励企业充分尊重消费者的数据选择权,并以消费者为中心进行创新,使消费者进一步参与新兴的数字经济中。法案规定只有受信任和得到认证的第三方才可以按照客户指令进行数据访问,第三方需要为数据的安全性提供足够的技术支持。法案引导产业优化对数据资源的利用和保护,改善宏观经济中的信息资源配置。此外,法案构建了开放银行模式下的数据共享框架,为开放银行的监管奠定了法律基础。

澳大利亚1988年的《隐私权法》是关于个人信息保护的一项法律,对隐私权保护原则,以及个人信息的收集、使用、持有和披露等内容进行了规定。在《隐私权法》框架内容下的《澳大利亚隐私保护原则》进一步在个人信息保护中发挥了重要作用。《消费者数据权利法案》(CDR)则是在数字经济的背景下,从实践层面探索数据共享与数据保护的新方案。与原有法律相比,CDR进行了大力创新。在立法目的上,CDR是"积极赋权",《隐私权法》是"消极限权"。《隐私权法》着眼于限制数据持有者以保护信息安全,强调个人信息采集必须合法,必须遵循直接目的必要且相关、资料内容准确且完整、使用范围有限且安全等原则;而CDR则侧重于赋予个人作为数据主体的积极选择权,消费者决定个人信息流向,从而维护自身的数据权利。在保护范围上,CDR扩充了原有个人信息权范围。相比《澳大利亚隐私保护原则》,CDR做了更大的补充,在原有框架下,仅允许个人访问关于自己的信息;而CDR适用的访问及其他权利还包括企业数据,如个人可要求服务提供商提供与本人相关的服务和产品的使用信息。在约束主体上,CDR所涉范围较窄,措施更具针对性。原有的《隐私权法》不仅涉及私营组织,而且包括政府机构,考虑的是私营组织和政府机构都有可能侵犯个人隐私。而CDR核心内容涉及消费者个人访问自己在企业中的数据,以及企业如何保护消费者隐私和信息安全,因而主要涉及对企业的规制。

(五)印度:《个人数据保护法(草案)》

2017年8月,印度政府组织成立了高级别委员会。2018年7月,委员会发布了《个人数据保护法案（草案）》，这是印度首部全面的个人数据保护法。草案将数据问题视为"信托"问题。印度个人数据保护法案与GDPR不同，GDPR明确将数据定义为"财产"，并明确个人数据属于个人，印度却将数据问题视为"信托"问题，将每一个决定处理个人数据目的和方法的实体定义为"数据受托人"，并要求其承担主要责任。数据受托人指单独或者与其他人一起决定处理个人数据之目的和方式的任何人，包括邦、公司、法律实体或个人。在数据处理规则和权利义务设定方面，主要包括数据保护义务、处理数据的基础、儿童的个人数据和个人敏感数据、数据主体的权利、透明度和问责措施、个人数据跨境传输、豁免等七个方面。在适用范围上，境内适用的情形主要包括：在印度境内进行个人数据处理活动，由印度组织和个人或者根据印度法律成立或者创建的个人或者团体处理个人数据。境外适用的情形包括：一是与在印度进行的业务有关，或者与向印度数据主体提供商品或者服务的系统性活动有关；二是与对印度境内数据主体的画像活动有关。

草案在数据处理中引入"目的限制"，即任何收集或处理"个人数据"的主体必须确定收集和处理数据的目的，主体必须按照目的处理个人数据。如果收集个人数据的目的是提供商品或服务，那么数据就不能被用以"提供其他服务"等任何其他目的，除非对数据主体清楚说明。因此，在收集数据时，每个数据受托人都必须在依据隐私政策收集和处理数据时进行目的限定。草案将"同意"作为处理个人数据的基础，规定了同意应当不迟于处理开始时做出，有效同意必须是自愿、知情、具体、清晰且能够撤回的。此外，数据受托人不得对"同意"设定条件，这些条件可能是任何商品或服务的提供或者商品质量，任何合同的履行或者合法权利、诉求的享有等。草案还界定了个人敏感数据。针对数据本地化，提出跨境传输个人数据必须在国内留存副本。每个数据受托人应确保在印度境内存储至少一份个人数据副本。法案中确认了个人数据、关键个人数据、个人敏感数据三种类型的个人数据，并做出了不同的出境规定，明确指出关键个人数据不得出境，其他类型的个人数据在符合条件下可传输至境外。此外，规定政府拥有对个人数

据出境的自由裁量权。在数据主体权利上，草案规定了确认和访问权、纠错权、可移植权、被遗忘权等，并规定了行使权利的一般条件。

四　国际制度对中国大数据安全发展的启示

（一）加强个人隐私保护

完善隐私保护的法律政策体系。整合现行国家侵权责任法、网络安全法等法律法规对个人隐私保护的相关规定。加快个人隐私权保护立法，明确自然人具体的权利内容、维权方式、侵权责任，规范个人信息数据的采集、使用、删除、保护等行为，破解当前个人隐私保护法律依据碎片化、保护途径间接化、司法救济薄弱化等瓶颈。加强隐私数据库的保护监管。利用大数据技术保护手段，攻克数据库安全维护方面的系统漏洞。通过设立独立的数据库监管和执法机构，加强数据库的管理，杜绝机构内部人员侵犯个人隐私数据，定期发布数据库使用状况和安全评估报告。

（二）加快个人信息保护立法

完善个人信息保护的规章制度。在《网络安全法》的基础上，明确个人信息在收集、使用、处理、交易、出境等各环节的安全要求。进行个人信息保护统一立法，制定专门独立的个人信息保护法，规范数据的收集、保存、删除、使用和跨境传递等行为，完善政策体系，制定配套的可落地的操作标准细则。明确个人信息的保护范围，规定不同的使用主体、使用渠道、使用性质，明确企业、第三方机构和用户的具体权责。完善个人信息安全保护的标准。充分发挥标准的指导和引领作用，制定明确的安全标准，区分个人信息和个人敏感信息，规范个人信息收集、存储、处理、使用和披露等行为，制定配套的风险评估和技术支撑标准，防止个人信息滥用，最大程度保障个人的合法权益和社会公共利益。

（三）加快推进数据安全立法

加快数据安全的理论研究。深化数据安全的前瞻性研究，强化对数据主权的保护。明确数据安全的价值取向、规范数据使用的基本原则，整合现有碎片化、分散化的数据法条，统一数据安全标准。加强数据安全立法的体系研究和构建，整理现行法规中与数据安全相关的法律条文，推动数据保护立法由低级向高级、由零散向系统化演进。把握数据安全立法的重点难点。数据安全立法要重点关注数据的采集、存储、流通和应用过程，尤其涉及国家利益、公共安全、商业秘密、个人隐私和军工科研等领域的数据；在标准体系上，加快建立数据安全的基础标准、技术标准、管理标准和应用标准；在等级保护上，制定更高规格、更高等级的保密数据和敏感数据安全保护制度，划定关键信息基础设施的等级范围和级别；在风险评估上，施行强制性的数据安全风险评估制度，推动数据安全认证和数据安全检测制度化；在限制条件上，对跨境数据的存储要求是，针对限制和不能出境的数据，进行有针对性的限定性规定。增强全球数据安全规则制定权。鼓励一批条件相对成熟的地方先行先试，积极开展数据安全攻防演练，形成可借鉴、可复制、可推广的数据安全立法地方经验。将《数据安全法》定位为我国在数据安全领域的基本法。以《数据安全法》为基础，进一步构建数权—数权制度—数权法的法律构架。强化数据跨境安全管理，提升国际数据安全规则的制定权和话语权，为互联网全球治理贡献中国智慧，提供中国方案，构建网络空间命运共同体。

（四）加快数据跨境安全标准制定

完善数据出境安全管理体系。完成国家层面的顶层设计，统筹好金融、气象、地理、医疗健康等行业前期开展的数据出境管理实践，完善关于数据出境安全评估的制度体系，形成覆盖线上线下数据出境行为、多种管理模式相结合、对各行业各领域均有约束力的数据出境安全管理制度体系。加快数据出境安全标准制定。推动相关行业主管部门制定适应于本行

业本领域的数据出境具体规则和要求。充分考虑中国企业发展需求，制定数据跨境的安全标准和操作细则。建立数据出境安全评估的风险指标、数据属性指标等，制定出境活动评估指标，评判出境活动的相关风险，为国家开展数据出境安全评估审查和数据出境安全制度落地提供支撑，为企业和第三方机构开展数据跨境安全风险自评估、自审查提供价值参考和规范指引。

参考文献

宏瑞、王宏伟、张春雷、王合永：《俄罗斯最新〈主权互联网法〉的内容、特点、对策》，北大法律信息网，2019年9月11日。

李晓伟：《印度〈2018年个人数据保护法案（草案）〉解读》，中国信息通信研究院安全研究院网站，2018年10月24日。

中国信息通信研究院：《互联网法律白皮书（2019）》，中国信息通信研究院安全研究院网站，2019年12月19日。

中国信息通信研究院：《电信和互联网用户个人信息保护白皮书（2018年）》，中国信息通信研究院安全研究院网站，2018年12月4日。

全国信息安全标准化技术委员会：《大数据安全标准化白皮书（2017）》，全国信息安全标准化技术委员会网站，2017年4月10日。

吴沈括、黄伟庆：《欧盟：网络安全治理的"新规划"》，光明网，2019年8月24日。

范淼：《如何加强隐私保护　避免成为大数据下的"透明人"》，人民网，2019年6月23日。

王毅纯：《论隐私权保护范围的界定》，《苏州大学学报》（法学版）2016年第2期。

大数据金融风险防控指数篇

Big Data Index of Financial Risk Prevention and Control

B.12

大数据金融风险防控指数的
体系构建与测算方法研究

摘　要：　当下，科学防范和有效化解金融风险，严守发生系统性金融
风险底线，持续推进金融稳健运行成为金融工作的根本性任
务。随着大数据时代的到来，金融迎来与科技融合发展的新
机遇，金融监管也将得到科技创新手段的补足。在此背景下，
针对金融风险水平的测度与创新防控金融风险的方式成为新
的研究命题。本文在梳理大量相关理论研究文献的基础上，
以代表性理论为指引，通过构建大数据金融风险防控的理论
模型与大数据金融风险防控指数，从宏观审慎监管与金融可
持续发展的视角，试图探索我国区域金融风险及其防控机制。

关键词：　大数据金融风险防控指数　金融监管　风险测度　大数据技术

改革开放以来，经过几十年的艰苦创业，我国金融事业取得了新的历史性成就。与此同时，随着政治多极化、经济全球化、金融国际化格局的逐步形成，国际国内经济下行压力凸显，国际贸易保护主义横行，国际金融危机外溢性增强，我国金融业发展仍面临不少风险和挑战。从技术变革来看，新一代信息技术的深度发展打破了地域限制的藩篱和信息不对称的禁锢，人类生活方式和社会生产模式被广泛改变着。技术变革提高了生产效率，传统行业迎来了革新机遇。"互联网＋金融"有效开拓了"长尾市场"，"信息跑路"得以实现，"普惠金融"泽被万家。机遇与风险并存，时代的发展与技术的革新在为金融发展带来曙光的同时还附带了潜在的扩散性危机，其破坏力不可轻视。针对传统金融的有效改革，对金融风险的防范监测与调节管控迫在眉睫，大数据等新技术的优势也要加快运用于金融监管领域。

一　大数据金融风险防控指数的提出

（一）研究背景及意义

1. 研究背景

金融是现代经济的核心，是资源配置和宏观调控的重要工具，是经济高质量发展的重要推动力。改革开放以来特别是进入 21 世纪以来，国家始终高度重视金融风险防范与促进金融安全稳定运行。中共中央政治局就维护国家金融安全与完善金融服务、防范金融风险举行了两次集体学习，并于 2017 年的全国金融工作会议上宣布设立了国务院金融稳定发展委员会以履行金融监管职责。习近平总书记指出，"金融安全是国家安全的重要组成部分，是经济平稳健康发展的重要基础。维护金融安全，是关系我国经济社会发展全局的一件带有战略性、根本性的大事。防范化解金融风险特别是防止发生系统性金融风险，是金融工作的根本性任务"。

随着在以大数据、云计算、区块链等为代表的技术创新的持续推动下，金融迎来了新一轮的发展机遇并与之产生了深度融合，以新的金融产品与服务、新的金融经营模式、新的金融运作手段为代表的金融科技应运而生。而同时，技术变革除了为金融发展带来革新机遇，也大大增加了金融风险发生的不可控性。进入大数据金融时代，金融风险的来源点增多了、普发性增强了、覆盖面增大了，这给金融稳定带来了很多不确定性，也给我们的金融风险防控工作提出了很多新的挑战和要求。2017年，央行提出要不断强化"监管科技"在提升交叉性金融风险的识别防范以及化解能力方面的作用。而如何打造和实践具有中国特色的监管科技，更好推进金融风险防控的预见性、系统化和精准度工作，已经成为金融科技业与监管界共同关注的话题。

2. 研究意义

近年来，随着经济社会的不断发展和金融业务的跨界融合，我国的金融风险不断充斥潜伏于各个系统部门并持续积累着。高杠杆和低回报的实体经济部门风险、融资结构逐渐失衡的金融部门风险、经济下行与财政收入增速下滑带来的公共部门债务风险、虚拟经济过度催生的房地产部门泡沫风险、互联网金融冲击形成的新兴部门风险以及人民币贬值预期持续走弱的主权货币风险等逐渐显露并酝酿为系统性金融风险的趋势，这使得有效防范和精准监控系统性金融风险的必要性和不可或缺性更为凸显。

基于此，本文从现阶段的金融稳定情况和金融风险防控现状着手，尝试建立一套相对完善的指数评价指标体系，以针对我国相关地区当下的金融风险防控水平做出整体性评价，以期为相关决策者或市场主体能更加牢固树立底线思维，切实增强忧患意识，扎实推进制度技术防火墙建设，加强科学防范和精准监控潜在金融风险，有效化解在途风险，提供一定的金融风险预估基础和防控理论指引。总的来说，针对金融风险的监测预估和防范管控不仅是保证现代金融事业健康稳健运行的需要，也是金融部门能更好服务实体经济部门的坚强保证，更是本研究的理论和现实意义所在。

（二）大数据金融风险防控指数的提出构想

金融风险的防范监测与调节管控对金融系统的稳定具有至关重要的作用。传统的微观审慎监管目标早已不足以支撑庞大的金融系统的稳定，宏观

审慎监管方式也早已成为世界各经济体针对金融监管所采取的主要方式。宏观审慎监管包括三个方面：一是识别系统风险，即发现、监测和计量系统风险及其潜在影响；二是降低系统风险的发生概率，即通过提高监管标准和采取针对性监管措施等，预防系统风险爆发；三是缓解对金融体系和实体经济的溢出效应，即在系统风险爆发后，限制破坏的程度和范围，尽可能降低经济损失。[①]

金融风险尤其是系统性风险具有来源分散、潜伏性强、扩散速度快、波及范围广等特点，这使得金融风险的监测和预警工作变得尤为重要。在此基础上，针对我国当下的金融系统尤其是宏观金融环境的风险评估成为维护金融稳定的首要任务。在这一思路下，我们提出：首先对相关金融风险防控的理论研究进行系统整理归纳，然后在此基础上进一步对相关针对金融风险监测和评估所关注的主要方面和方法进行借鉴和发展，最后充分联系我国金融监管实际和自身发展特点，着重围绕金融风险尤其是系统性金融风险的"防"和"控"两个主要方面进行风险水平的整体评估，以此助力相关各方更加了解区域宏观金融风险状况的整体水平，助力我国宏观审慎金融监管实践。

金融是一个涵盖面极广的生态系统，不仅包含了金融部门本身，也涵盖了经济金融市场各个微观联系主体。防控金融风险的目的也在于能更好促进金融系统稳定，改善市场投融资环境，提升金融供给效率，使之更好服务实体经济，推动经济平稳运行和健康发展。因此，从金融稳定的目的角度来看，金融监管与调控促进了金融的稳定，而金融稳定更加有利于金融本身的可持续发展，金融的健康可持续发展也必定会使金融稳定得到生态保障，这是一个相互的正反馈机制。因此，防控金融风险应关注金融的可持续发展方面。

此外，从技术层面来说，随着大数据、云计算等新一代信息技术的迅猛发展，金融发展迎来了新一轮机遇，金融监管更是得到了监管手段创新的补

---

① 朱小川：《国际宏观审慎监管对我国的启示》，2009 年 11 月。

足，"监管科技"亦是"金融科技"发展的"必需附属品"。金融科技在本质上存在一定的风险隐患，如高隐秘性、快速传播、灰色套利、加速金融脱媒以及技术与数据的风险性等。因此，在利用金融科技推动经济发展的同时，也要加快监管科技的布局，以监管科技（RegTech）来消除金融科技（FinTech）所带来的风险隐患。运用大数据的技术分析和监测金融风险亦是本文研究命题的内涵之一。

二 大数据金融风险防控指数的理论支撑

（一）金融风险防控相关研究基础

1. 金融风险及其监管研究综述

传统的金融风险理论研究主要是围绕金融系统的核心角色——银行进行的，主要关注的是银行的诸多风险来源。随着"牙买加体系"的不断成形，银行业国际化程度越来越高，围绕风险的研究也不断深入。研究者们逐渐发现，由于各市场主体的联系日益紧密，风险的传染性增强，仅仅针对单一机构的单一风险的防控早已不足以应对可能的金融危机的集聚。而金融风险也正朝着系统性金融风险进而发展为区域金融危机的方向恶化着，亚洲金融危机便是那个时期的最好印证。因此，从20世纪80年代起，系统性金融风险开始逐渐进入全球理论界研究者的视野。"系统性金融风险这个新概念是专家们对自由化、全球化带来的金融动荡和危机的新认识。"世行前行长弗朗索瓦·沙奈在《金融全球化》一书中如是说。①

无监管或无效处置下的系统性金融风险具有发展为区域金融危机的趋势，进而破坏经济金融系统，造成市场运行崩溃和恐慌。这使得金融风险的防范与监管开始成为世界各国金融工作的主要焦点，而被认为是针对系统性金融风险防范最有效方式的宏观审慎监管开始步入监管舞台中央。国外学者

---

① 弗朗索瓦·沙奈：《金融全球化》，齐建华、胡振良译，中央编译出版社，2006。

针对金融监管理论的研究主要是从政府是否应该进行金融监管、金融监管是否有效以及金融监管应采取何种方式方法三个方面，即解决了金融监管存在的价值问题、金融监管解决市场失灵的问题以及金融监管体制机制创新的问题等。

而在外界经济环境动态变化的基础上，金融监管的理论也处在不断变化的状态。[①] 我国关于金融监管的早期相关研究主要集中为地方政府金融监管的职权边界研究、地方政府金融监管模式和经营模式研究、区域金融风险预警系统的研究以及地方政府金融监管绩效的研究等。随着宏观审慎监管的推行，相关研究逐渐聚焦到金融风险成因的推导、金融风险的监测评估、宏观监管机制完善的必要性与对策建议以及金融风险防范的技术创新等方面。

2. 金融风险测度研究综述

要进行科学有效的金融监管，首要任务便是充分精确地研判和量化金融风险的水平，而针对金融风险的防范也有不同领域和方面的主次之分，金融风险的定量测度便是能有效解决此等问题的主要方式之一。关于金融风险测度的研究也在国际国内形成了不少的理论成果和实践基础。国外针对金融风险测度方面的研究主要形成了以下研究成果：较早时期由弗兰克和罗斯提出的 FR 模型、萨奇斯等推出的 STV 模型，以及卡明斯基、林康德和雷恩哈特建立的 KLR 模型等。此外，还有在两次金融危机期间提出的马尔科夫状态转换法、人工神经网络法、金融稳健性指标法等，以及在 2008 年全球金融危机后国外相关学者研究建立的系统性风险早期预警系统（EWE）、共同风险模型法（Co-Risk）、系统性压力综合指数（CISS）以及网络分析法、边际期望损失法等。国内相关学者则主要是参考和发展国外相关测算模型和方法，提出了新的立足实际的测算方法和理论，并利用相关数据进行了实证研究。比较有代表性的研究包括：唐旭、张伟提出了由预警方法、预警指标、预警模型等组成的中国金融危机预警系统；[②] 张元萍、孙刚运用 STV 模型和

---

① 李成：《金融监管理论的发展演进及其展望》，《西安交通大学学报》（社会科学版）2008年第 4 期。

② 唐旭、张伟：《论建立中国金融危机预警系统》，《经济学动态》2002 年第 6 期。

KLR 信号分析法对我国发生金融危机的可能性进行了实证分析[①]；李成等通过实证分析建立了资本流动影响金融安全测算体系[②]；孙亚静分别从国家风险、外汇风险、利率风险及外部金融环境风险的角度构建了我国宏观金融安全监测体系[③]；陈守东、王寅、王婷运用 Logit 模型分别建立宏观经济风险预警模型和金融市场风险预警模型；[④] 白雪梅、石大龙运用 CoVaR 方法度量了我国 27 家金融机构 2008 ~ 2013 年的系统性金融风险水平的基本状况；[⑤] 韩心灵、韩保江从实体经济风险、银行部门风险、政府债务风险、虚拟经济风险以及货币危机风险五个维度提出了中国系统性金融风险压力指数（CSFSI）指标体系等。[⑥]

（二）大数据金融风险防控指数的理论基础

1. 金融与数据同一理论

透过表象来看，金融其实是数据和数据集的化身，它的本质是数据的聚合物，并且以数据为高度支撑。无论是传统的金融企业还是新兴的金融机构，产品本身、资产形式与业务统计等都以数据形式存在和展现。互联网的内涵和信息软件的构成要素亦是以各种各样的数字和数据算法为基础，这是金融和新一代信息技术的共通之处。金融和新一代信息技术的技术共生与业务融合，使得金融的交易方式、信息记录甚至人们的生产生活被数字化，大数据技术被不断推动和应用。可以说互联网金融源自大数据，产生于新一代信息技术，同时也极大地推动了新一代信息技术和大数据的发展。新的信息

---

① 张元萍、孙刚：《金融危机预警系统的理论透析与实证分析》，《国际金融研究》2003 年第 10 期。

② 李成、郝俊香：《基于金融安全的资本流动：理论解读与中国实证》，《国际金融研究》2006 年第 8 期。

③ 孙亚静：《构建我国宏观金融安全监测指标体系的思考》，《当代经济研究》2006 年第 7 期。

④ 陈守东、王寅、王婷：《系统性金融风险及其防范对策研究》，《社会科学战线》2013 年第 12 期。

⑤ 白雪梅、石大龙：《中国金融体系的系统性风险度量》，《国际金融研究》2014 年第 6 期。

⑥ 韩心灵、韩保江：《供给侧结构性改革下系统性金融风险：生成逻辑、风险测度与防控对策》，《财经科学》2017 年第 6 期。

技术时代，大数据成为战略资源，金融大数据的价值尤其突出，基于大数据的金融服务新模式亦是金融科技的新方向。金融风险的防控与大数据的治理要求不期而遇，金融与大数据变得更加密不可分。

2. 金融风险扩散理论

金融风险尤其是系统性金融风险的危害性众所周知，而危害性则主要表现在扩散速度快与侵害波及面广。系统性金融风险牵一发而动全身的传染性特点可统述为金融风险扩散理论，这主要是在代际遗忘理论、金融周期理论、金融脆弱性理论、金融国际化发展理论以及金融创新风险理论等分析金融发展和金融风险的诸多理论基础上演进而得出的。金融是现代经济发展体系的核心要素，具有资源配置和宏观调控的功能属性，是社会经济要素和发展经济函数的连接器和动力源，与各方密切关联，不断使得金融生态日趋一致性，使得金融机构间、金融机构与实体经济间、金融监管机构间以及各经济实体间的依赖性逐渐提高，便自然会使得在发生系统性金融风险和危机时，金融风险和危机会迅速延伸传导到每一个领域。

3. 宏观审慎监管理论

金融监管的宏观审慎监管理论是与亚当·斯密所提出的市场自由竞争理论相对的金融发展理论，即市场自由竞争这一"看不见的手"与国家干预这一"看得见的手"在金融监管中到底谁才是资源配置最优解的问题。而从 20 世纪初经济大萧条的发展实践来看，无干预的市场自由模式受到"市场失灵"的冲击，以"国家干预"立足的凯恩斯主义呼之欲出，但也同样未能在时代不断变迁和社会环境复杂多变中坚持多久。从国际国内学者的大量理论研究与世界经济发展的实践路径来看，"看得见的手"的择机干预与适度介入这一相对有效模式越来越被人们所认可和推行。宏观审慎监管的理论框架和构想正是在市场失灵的情况下面对相关可能的风险危机时，需要在监管干预的基础上得来的。

4. 金融可持续发展理论

金融可持续发展理论是由我国学者白钦先教授在提出金融资源理论学说并系统论述其三个层次的金融资源递进性关系的基础上提出的。他将可持续发展的理念创造性地从研究发展中国家的生态环境、经济增长和人口控制等问题运用到金融领域进而形成金融发展理论。所谓金融可持续发展，是指金融体制和金融机制随着经济的发展而不断调整，从而合理有效地动员和配置金融资源，提高金融效率，以实现经济和金融在长期内有效运行和稳健发展。[①] 从范围来看，金融的可持续发展不仅是指金融部门相关内容和要素的长期持续发展状态，而且包括金融机制、金融监管、金融创新活动、金融风险危机以及金融相关外围联系等金融生态环节和要素的良性发展及运作。此外，还必须关注金融创新、金融体制变迁、金融危机和金融一体化对金融可持续发展的影响。

（三）大数据金融风险防控的理论模型

根据上述相关研究基础与理论依据，为建立大数据金融风险防控体系与金融风险防控指数评估体系，本文尝试建立了"大数据金融风险防控理论模型"（以下简称"模型"）。如图1所示，模型主要涵盖了大数据金融风险防控、金融生态稳定与金融可持续发展三个层面。其中，金融生态稳定是金融风险防控的主要方面，也是金融风险防控的目的所在，其内涵在于金融部门能稳健运行且实体经济的杠杆率处于适中状态。为达到这一目标，相关部门的金融风险防控必不可缺，即金融监管部门运用相关财政政策、货币政策和监管政策等对金融风险的防范监测与调节管控是金融稳健运营的保障。金融生态的稳健运营有助于金融的可持续发展，具体则表现在微观主体健康、宏观经济平稳、金融运行有效等。此外，金融生态稳定与金融可持续发展是相互促进的，金融各个方面的稳定为金融的可持续发展奠定了良好的市场环境基础和发展动力支撑，而金融可持续发展也反馈了健康的预防机制，为促进金融稳定提供了重要的支撑力量。

同时，以大数据为代表的新一代信息技术在模型里也提供了技术支持，为金融风险监管的创新运用以及新一代信息技术与金融业的融合发展注入了

---

① 白钦先、丁志杰：《论金融可持续发展》，《国际金融研究》1998年第5期。

新的活力，即监管科技与金融科技的创新发展渐入佳境。监管科技着力于金融监管进而促进金融稳定，而金融科技则着力于金融业与新一代信息技术的融合发展。监管科技是金融科技的附生物，金融科技也不断推动了监管科技的发展，两者在大数据金融发展与风险防控实践中都具有重要作用。

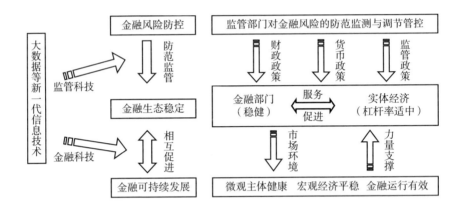

图1　大数据金融风险防控理论模型

三　大数据金融风险防控指数的指标体系构建

（一）评估指标体系的构建原则

1. 科学性原则

评价指标体系的科学性主要体现为理论依据的充分性和指标反映的客观性。理论依据的充分性则主要体现为指标体系构建方法的科学性，即在选取评估指标时应充分考虑到不同指标的理论代表，细分指标的权重赋予也应采用科学的数学统计分析方法，而不应由主观臆断进行赋权。指标反映的客观性是指整体评估应将理论与实际联系，实事求是，客观公正地反映指标背后的抽象总结。这就更加要求指标体系需要体现出大数据金融风险防控体系的构成要素以及影响其构成要素组成的代表性因素。

2. 层次性原则

虽然大数据金融风险防控的主要研究重点是大数据金融风险防控的风险水平与防范现状，但不可否认的是，大数据金融风险防控布局的影响因素和提升途径繁多。因此，在进行大数据金融风险防控指标体系构建时应在科学性的原则下充分地纳入不同的指标内容，基本做到一般和个别的统一、相对和绝对的统一、定性和定量的统一。这就要求在遵循指标独立性原则的基础上进行分层设计，使得整体评估体系具有层次感、侧重点和系统性。

3. 针对性原则

在大数据金融风险防控指标体系构建中，应充分考虑到大数据金融风险防控指数评价所研究的区域差异、发展阶段差异、投入关注差异以及统计制度差异等，不同的地区有着不同的强项和弱项，有相对成熟的发展和技术优势，也有涉足未深的防控领域。因而在进行评价指标体系的整体设计时应重点关注和切实考虑到不同地区的防控金融风险现状，避免出现大量两极化的结论，使得研究的可信度和参考性下降。要因地、因时、因特点制宜，针对大数据金融风险防控在各地区不同的发展特性和发展阶段，设计出更加科学、全面且有特点、重点和焦点的评价指标体系。

4. 可操作性原则

可操作是大数据金融风险防控指标体系能发挥作用的基本要求。任何一套指标体系的构建都可以进行大范围、多角度的设计，这也体现了其全面性的要求，但在进行指标设计时也要考虑到合理性和可操作性，即指标选取要根据目标而定，不应天马行空，还要充分考虑到评价指标所代表的信息和数据的可获得性和可计算性原则。此外，相关评价指标是否具有替代性、宏微观指标选择是否放大或缩小了指标本身所代表信息的内在含义，使得指标设计和评估操作本身的失效也应在考虑范围之内。因此，可操作性原则是保证大数据金融风险水平和防控现状评估能基本完成的前提。

5. 可持续性原则

可持续性原则并不是指一套体系多次使用，而是指指标体系本身设计和改进的可持续性。大数据金融风险防控的评估结果本身在一定程度上是无变

化的可视化输出形式，具有一定的稳定性。但在时间和空间的共同作用下，不同的评估结果又会形成动态的趋势线或波动线，即指标本身是稳定的，一定时间的评估结果也是稳定的，但随着时间的推移、发展阶段变化、社会资源和资本变化，大数据的金融风险防控具备了动态性。因此，指标体系的选择和设计也应随之变化，即在选取指标时应在一定程度上增加具有代表性的长期指标，减少短期指标。同时，指标体系的适用性和实用性并不是一成不变的，随着大数据金融风险防控的动态变化，大数据金融风险防控指标体系也要予以相应的调整，要力争全要素、多角度、多体系地考虑大数据金融风险防控的阶段性特征，通过不断改进，设计出科学合理的、具有实践性和时空性的、静态与动态相结合的可持续评估体系。

（二）评估指标体系的构建思路与内容

1. 评估指标体系的构建思路

在对相关理论的研究和归纳基础上，本文针对金融风险的发展及其演化为系统性金融风险的路径做了简要梳理，并从国外国内两个维度系统总结了围绕系统性金融风险进行防范监管的研究。此外，针对金融风险测度研究的梳理总结也为本文的研究奠定了坚实的基础。理论指导实践，经过分析总结，上文已梳理了大数据金融风险防控指数相关理论基础，主要包含：金融与数据同一理论、金融风险扩散理论、宏观审慎监管理论以及金融可持续发展理论。在此基础上，本文立足于中国金融监管实际，结合世界金融监管大局，从金融监管的主体端、监管端以及发展端出发，提出了大数据金融风险防控理论模型。

以大数据金融风险防控理论模型为指导，以评估指标体系构建原则为基准，围绕具体的金融防控实践，本文从宏微观稳定视角、监管与发展环境、市场主体状况以及联系主体发展效率等维度形成 3 个分指数，即金融稳定指数、金融风控指数与金融可持续发展指数并设计了相应的评价指标体系。其中，金融稳定指数包含实体经济服务度、政府部门杠杆水平、住户部门偿债能力以及银行业金融机构资本充足率，金融风控指数包含银行潜在风险损失、互联网金融潜在风险、房产泡沫风险度以及金融制度完备度，金融可持续发展指数包含上市公司盈利水平、房地产投资效率、财政收入相对水平以及对外开放度。

2. 评估指标体系的具体内容

根据上文所述评估指标体系的构建思路，大数据金融风险防控指数评价指标体系的具体内容如表 1 所示。

表 1　大数据金融风险防控指数评价指标体系

分指数	要素层	指标层
金融稳定指数	实体经济服务度	工业增加值/社会融资规模
	政府部门杠杆水平	人均债务余额/人均 GDP
	住户部门偿债能力	住户部门贷款/GDP
	银行业金融机构资本充足率	经金融机构资产负债率调整而得
金融风控指数	银行潜在风险损失	银行不良贷款率
	互联网金融潜在风险	网贷问题平台数
	房产泡沫风险度	房价增长率 - 人均可支配收入增长率
	金融制度完备度	地方落实金融政策法规数量
金融可持续发展指数	上市公司盈利水平	上市公司净资产收益率
	房地产投资效率	房地产投资完成率
	财政收入相对水平	财政收入增速 - GDP 增速
	对外开放度	外资银行机构数

四　数据处理与测算方法

（一）数据标准化与权重确定

1. 数据标准化

大数据金融风险防控指数是一个具有层次性的综合指标系统，在指标体系的构建过程中包含了直接统计指标、比例变化指标以及计算合成指标。这也导致各指标对应的数据单元存在量纲不统一的情况。可以通过数据的标准

化处理来消除各数据变量间的量纲差异，使得所有指标数据转化为具有同一性的无差异变量以便于统一测算。统计上常见的数据标准化处理方法主要有直线型方法（如极值法、标准差法）、折线型方法（如三折线法）、曲线型方法（如半正态性分布法）以及对数 Logistic 模式标准化与模糊量化模式标准化等。本处采用直线型方法中的极值法进行数据的标准化处理。规定所有指标中的指标数值最小为 0、最大为 100，再按如下方式进行相应的数据标准化得出对应结果。标准化计算公式为：

$$X_i = f(x_i) = \frac{x_i - x_{min}}{x_{max} - x_{min}} \times 100$$

式中，x_i 代表分指数下要素层的某一单项指标的原始数据值，$X_i = f(x_i)$ 代表单项指标 x_i 的标准化结果值，x_{max} 代表单项指标中的最大数值，x_{min} 代表单项指标中的最小数值。

2. 指标权重确定

大数据金融风险防控指数是一个综合评估结果，包含了三个分指数，而每个分指数下又涵盖了不同的要素，每个要素对综合指数评估结果的影响存在一定的差异性。为能更好反映不同要素对综合指数的不同作用，需要针对不同要素的重要性分别确定测算权重。根据常用的权重确定方法，本处采用德尔菲法即专家打分法对影响大数据金融风险防控指数的不同要素进行相对科学的权重确定。

（二）测算方法解析

在经过数据的标准化处理与各指标的权重确定之后，进入综合指数的结果测算与可视化输出环节。在综合指数测算结果的计算上本文采用以加权平均法为基础的指数综合评分法。指标本身对指数结果有不同的影响方向，即存在正向影响指标与逆向影响指标，本文将负向指标标准化值取相反数，使所有标准化值全变为正向影响标准化数值，再运用如下公式进行综合指数的测算。某地区的大数据金融风险防控指数分数为：

$$S = s(x,y,z) = \sum_{i=1}^{m} \omega_i X_i + \sum_{j=1}^{n} \omega_j Y_j + \sum_{k=1}^{l} \omega_k Z_k \tag{2}$$

式中，S（Score）为大数据金融风险防控指数的综合得分数；X_i、Y_j、Z_k 分别为金融稳定指数、金融风控指数与金融可持续发展指数下要素层指标的正向标准化数值；ω_i、ω_j、ω_k 分别为要素层指标对应的权重；m、n、l 分别为分指数下要素层指标的具体个数，此处 $m = n = l = 4$。i、j、k 分别表示分指数下要素层指标的第几项数，三者最大项数分别为 m、n、l 项，即 $i = 1,2,\cdots,m$；$j = 1,2,\cdots,n$；$k = 1,2,\cdots,l$。

五 结论与展望

第一，金融风险尤其是系统性金融风险需要科学防范与管控。金融风险尤其是系统性金融风险发展为金融危机后对相关经济主体乃至区域经济发展带来的毁灭性打击是毋庸置疑的。迄今为止，亚洲金融危机与美国次贷危机带来的余害未消。随着经济全球化、金融国际化、政治多极化的世界发展格局逐步形成，国际金融危机外溢性增强。在区域经济联系日益紧密的今天，金融联系日益频繁，这使得金融风险不断外延，金融危机潜在风险水平不断提高。因此，科学防范金融风险与精准管控风险源头成为我国金融健康发展的重要"防火墙"与"灭火器"。

第二，金融监管尤其是宏观审慎监管需要全系统精准化布局。根深则叶茂，本固则枝荣。金融的天职和宗旨便是为实体经济服务，而能更好保证金融高质量、高效率服务实体经济则是金融监管的要义所在。金融风险是金融这一"根"的顽疾，而金融监管必须成为治疾之药，并且要保证药到病除。金融监管的首要方面便是风险识别，即发现、监测和计量系统性金融风险及其潜在影响；其次是通过相应监管政策与措施防控风险爆发；最后需要采取缓解措施降低金融风险对金融系统与实体经济带来的负外部性。针对系统性金融风险，则更加需要金融监管尤其是宏观审慎监管的全系统与精准化布局，做到金融风险防控全国"一盘棋"。

第三，信息技术尤其是大数据等新技术助力金融与监管科技。大数据、

云计算、区块链、人工智能等新一代信息技术打破了地域限制与信息不对称的禁锢，降低了服务成本，提高了生产效率，有效解放了"长尾市场"，"普惠金融"变成现实。金融服务水平和金融产品质量在金融科技创新的基础上显著提升，金融监管也在技术革新的基础上迎来新机遇，监管科技是应对金融科技风险的必要补足。通过整合金融数据资源，利用大数据技术对数据集进行分析挖掘，对潜在风险操作进行拆解分析，对风险水平进行合理预测预警，对降低风险的方法手段进行方案推送等，具有重要意义。

参考文献

王大贤：《金融科技与监管科技方兴未艾》，《金融经济》2019 年第 1 期。

赵增强：《互联网金融及其风险防控》，《税务与经济》2018 年第 1 期。

贾楠：《中国互联网金融风险度量、监管博弈与监管效率研究》，吉林大学博士论文，2017。

黄益平：《防控中国系统性金融风险》，《国际经济评论》2017 年第 5 期。

王国刚：《防控系统性金融风险：新内涵、新机制和新对策》，《金融评论》2017 年第 9 期。

仇晓光、刘闻博：《互联网金融风险防控论纲》，《江西社会科学》2015 年第 9 期。

郑晓晓：《我国互联网金融风险及其防控研究》，《征信》2014 年第 11 期。

中国建设银行浙江省分行课题组、李晓虹：《商业银行金融产品创新及其风险防控的研究》，《浙江金融》2014 年第 9 期。

李成：《金融监管理论的发展演进及其展望》，《西安交通大学学报》（社会科学版）2008 年第 4 期。

白钦先、丁志杰：《论金融可持续发展》，《国际金融研究》1998 年第 5 期。

B.13
2019年中国大数据金融风险防控指数分析报告

摘　要： 强化监管科技应用实践，积极利用大数据、人工智能、云计算等技术丰富金融监管手段，提升跨行业、跨市场交叉性金融风险的甄别、防范和化解能力，日益成为金融科技业与监管界共同关注的话题。为客观反映我国大数据金融风险防控情况，本文以国家官方数据和权威机构数据为基础，利用构建的大数据金融风险防控指数评价体系对2019年中国各省份大数据金融风险防控现状进行评价，以期为各地区金融风险防控提供借鉴参考。

关键词： 大数据金融　风险防控　指数分析

金融是现代经济社会发展的核心要素，金融风险防控是金融业最重要的工作之一。近年来，大数据、区块链、人工智能等新一代信息技术迅猛发展，以数字技术为支撑的监管科技在金融风险防控中发挥着越来越重要的作用。全国各省份充分利用大数据等现代科技提高金融风险防控能力，不仅是金融事业健康发展的需要，也是促进实体经济高质量发展的需要。

一　总体情况评估

2019年中国大数据金融风险防控指数分析是依据国家官方数据和权威

机构数据，从金融稳定、金融风控和金融可持续发展三个维度对全国31个省份进行综合评估，最终得出各省2019年大数据金融风险防控总指数的最终结果。

（一）整体概况

本次评估结果显示，2019年中国大数据金融风险防控总指数平均值为50.43，方差为50.37，离散程度比较大。其中，福建、河南、江苏、广东等15个省份得分超过全国平均值，占比达到48.4%。福建、河南、江苏得分均在60以上，其中得分最高的福建超过得分最低的海南30.84，省域间大数据金融风险防控指数差距较大（见表1）。

表1　2019年中国大数据金融风险防控指数得分情况

省份	总指数	金融稳定指数	金融风控指数	金融可持续发展指数
福建	65.30	18.86	24.98	21.46
河南	61.99	18.99	26.07	16.93
江苏	60.29	23.97	23.14	13.18
广东	59.08	12.63	17.99	28.46
河北	58.23	13.40	24.67	20.16
安徽	56.83	13.33	27.20	16.29
辽宁	56.04	13.40	21.14	21.50
天津	55.49	16.91	21.17	17.42
湖南	55.21	17.89	21.75	15.57
重庆	54.91	14.51	24.64	15.75
甘肃	52.67	10.92	23.46	18.29
广西	52.58	12.98	26.24	13.36
新疆	52.36	12.65	24.01	15.69
湖北	51.98	15.43	24.64	11.90
北京	51.29	9.13	17.87	24.29
上海	49.96	9.47	15.88	24.61
吉林	49.19	19.78	19.33	10.07
山东	48.80	20.36	11.62	16.83
西藏	48.78	11.22	23.86	13.70
江西	47.06	12.42	23.67	10.96

省份	总指数	金融稳定指数	金融风控指数	金融可持续发展指数
四川	46.90	13.24	20.63	13.04
浙江	46.86	10.69	14.30	21.87
黑龙江	46.73	12.67	25.41	8.65
青海	46.58	8.48	24.70	13.40
陕西	45.37	14.38	17.63	13.36
贵州	44.72	5.00	19.58	20.14
山西	44.39	15.31	18.46	10.63
内蒙古	41.08	16.11	14.55	10.41
云南	39.70	12.63	18.09	8.99
宁夏	38.54	11.89	20.74	5.91
海南	34.46	5.96	20.60	7.90
平均值	50.43	13.70	21.23	15.51
方差	50.37	17.23	15.52	29.32
权重	100.00	30.00	35.00	35.00
得分率(%)	50.43	45.67	60.66	44.31

为了进一步反映各省份彼此间的差距，我们在此引入相对差距指数。[1] 本次评价中，各个省份大数据金融风险防控总指数的最大相对差距指数为 0.47（即得分最低的海南比得分最高的福建落后 47%），表明各省份之间存在较大差距。从一级指标来看，金融风控指数得分率[2]最高，达 60.66%；金融可持续发展指数得分率最低，为 44.31%，总体上表明各地区金融可持续发展能力等有待进一步提高。

基于表 1 的数据，用 K－S 检验算法[3]检测总指数是否符合正态分布，最终求得 pvalue = 0.9982 > 0.05，不拒绝总指数服从正态分布的原假设。

---

[1] 相对差距指数 = 1 -（最低值/最高值），指最高水平与最低水平之间的相对差距，旨在反映两者之间的差距程度，数值越大，差距越大。

[2] 得分率 = 平均值/权重，该指标衡量了消除权重影响后的分指标指数发展状况。

[3] K－S 检验算法以样本数据的累计频率分布与特定的理论分布比较（如正态分布），如果两者差距足够小，则认为样本分布取自该分布。

因此总指数服从均值为 50.43、方差为 50.37 的正态分布,画出的分布曲线如图 1 所示。结合分布曲线和 3 个一级指标的得分情况,把 2019 年中国大数据金融风险防控指数发展类型分为相对领先型、金融稳定指数领先型、金融风控指数领先型、金融可持续发展指数领先型和低度均衡型五种类型,并根据各个省的实际情况进行分类,所得的结果如表 2 所示。

其中,广东、福建等总指数得分较高,属于相对领先型;天津、湖南等金融稳定指数得分高,归为金融稳定指数领先型;重庆、河北等金融风控指数得分较高,属于金融风控指数领先型;北京、上海等金融可持续发展指数得分较高,划入金融可持续发展指数领先型;云南、宁夏和海南得分不理想,但比较均衡,归入低度均衡型。

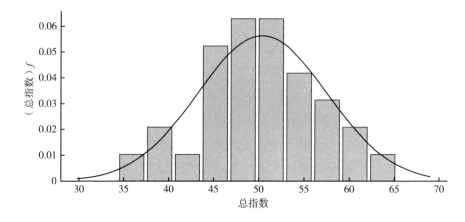

图 1   2019 年中国大数据金融风险防控总指数分布曲线

表 2   2019 年省域所属的大数据金融风险防控指数发展类型

发展类型	省份
相对领先型	广东、福建、江苏、河南
金融稳定指数领先型	天津、湖南、山东、吉林、内蒙古、山西、陕西、四川、湖北
金融风控指数领先型	重庆、河北、安徽、广西、黑龙江、青海、江西、西藏、新疆
金融可持续发展指数领先型	北京、上海、浙江、辽宁、贵州、甘肃
低度均衡型	云南、宁夏、海南

（二）结果说明

本报告结果显示，2019 年中国大数据金融风险防控指数存在与各省金融业发展程度不完全一致的情况，浙江、上海和北京等地区的得分并不理想，这与所采用的指标、指标权重、基础数据等相关。

二 分区域大数据金融风险防控指数评估分析

结合地域特征，将全国划分为东部地区、中部地区、西部地区和东北地区四个区域对 2019 年大数据金融风险防控指数进行分析，首先根据表 1 的数据计算出四个区域总指数和一级指标的平均值（见表 3），并根据表 3 的结果绘制出对比图（见图 2）。

表 3　分区域 2019 年大数据金融风险防控指数平均值

项目	全国平均值	东部地区平均值	中部地区平均值	西部地区平均值	东北地区平均值
总指数	50.43	53.00	52.91	47.02	50.56
金融稳定指数	13.70	14.14	15.56	12.00	15.28
金融风控指数	21.23	19.22	23.63	21.51	21.96
金融可持续发展指数	15.51	19.62	13.71	13.50	13.41

根据表 3 和图 2 的分析结果，从一级指标来看，东部地区金融稳定指数和金融可持续发展指数平均值均高于全国平均值，而金融风控指数平均值低于全国平均值。中部地区金融稳定指数和金融风控指数平均值均超出全国平均值，但金融可持续发展指数平均值低于全国平均值。除了金融风控指数与全国平均值基本持平外，其余两项指数西部地区平均值均低于全国平均值。东北地区金融稳定指数和金融风控指数平均值均略高于全国平均值，金融可持续发展指数平均值低于全国平均值。为结合实际情况寻找原因，总结经验，将区域内各省大数据金融风险防控指数与区域平均值和全国平均值进行比较分析。

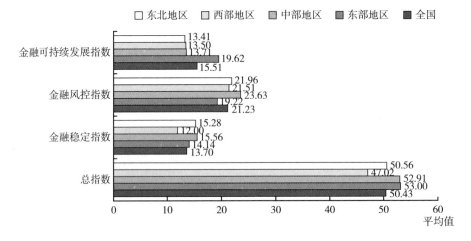

图2　分区域2019年大数据金融风险防控指数对比

（一）东部地区

福建总指数得分居东部地区首位，区域发展不平衡。东部地区10省份中，福建、江苏、广东、河北、天津等位列全国总指数前十名，数量占全国前10名的一半。东部地区大数据金融风险防控总指数平均值为53，除上海、山东、浙江、海南外，其余6省份得分均高出全国平均值（见图3），得分最高的福建是得分最低的海南的1.89倍，且都位于东部地区，区域发展不平衡。

表现最佳的福建省推动《福建省地方金融监督管理条例》列入2019年度省人大立法预备项目，加强规范事中事后监管制度。对市场主体实行"双随机"监管，制定《福建省地方金融监督管理局"双随机、一公开"监管工作暂行办法》，公布《随机抽查事项清单》《监管对象主体名录库》等。目前，已对典当行、融资担保公司等地方金融组织开展了"双随机"监管；加强社会信用体系建设工作，制定《行政许可和行政处罚等信用信息公示暂行办法》，对外公开行政许可、行政处罚相关信息，并将监管对象违法违规信息推送至信用福建等监管平台；编制《"互联网＋监管"监管事项清

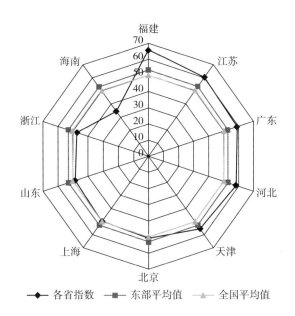

图3 东部地区2019年大数据金融风险防控
指数与平均值对比

单》和《检查实施清单》，并做好有关监管数据的录入共享工作，提升监管精准化、智能化水平；稳步开展网贷风险专项整治工作，以市场出清为工作目标，明确全省所有网贷机构的清退方式和时间表，并逐一制订清退方案，推动所有网贷机构通过良性退出、机构转型、打击取缔等方式退出市场。

（二）中部地区

河南总指数得分居中部地区首位，区域发展相对不平衡。中部地区6省份中河南、安徽、湖南等位列全国总指数前十名，除了江西与山西外，其余4省份总指数得分均高于全国平均值。中部地区总指数平均值为52.91，比全国平均值高出2.48。区域表现最好的河南比表现最差的山西得分高出17.6（见图4），区域发展相对不平衡。

表现最好的河南省修订印发了《支持民营经济健康发展财税政策》，出台46条高含金量的政策鼓励民营经济在更宽领域发挥更大作用，严格落实

223

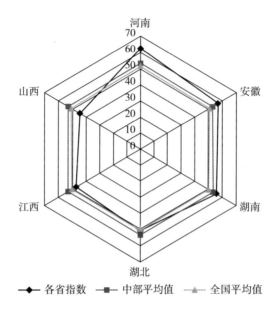

图4 中部地区 2019 年大数据金融风险防控
指数与平均值对比

引智创业扶持和减税降费政策、支持扩大融资规模、不断优化营商环境等，同时出台了《关于进一步深化民营企业金融服务的意见》，11 条"真金白银"的硬措施加大了对民营企业的帮扶力度，着力解决融资难题，促进全省经济高质量发展。

（三）西部地区

西部地区重庆表现最为优异，区域发展水平低于全国平均水平。西部 12 省份中，位列全国总指数前十名的仅有重庆。重庆、甘肃、广西、新疆 4 省份总指数得分高于全国平均值，重庆得分比全国平均分高 4.48，宁夏得分比全国平均分低 11.89，重庆得分比宁夏高 16.37。西部地区总指数平均值为 47.02，低于全国平均值。内蒙古、云南、宁夏 3 省份分别得分 41.08、39.70、38.54，低于区域平均值，其余省份发展相对均衡，与平均值较为接近（见图 5）。

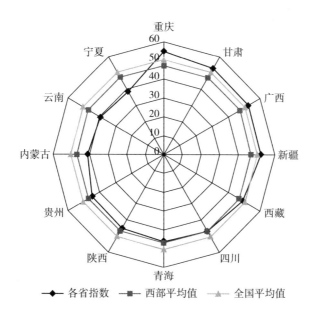

图5　西部地区大数据金融风险防控指数与平均值对比

表现最佳的重庆出台《重庆市银行业支持实体经济发展若干措施》，通过政策引导和机制促进，统筹协调政府、银行和企业的关系，强化监管督实，让银行更好地服务于实体经济发展，缓解企业融资难、融资贵问题，提高企业的可持续发展能力。同时，《关于进一步优化金融信贷营商环境的意见》于2019年12月31日印发，主要从"获得信贷"指标出发，围绕征信覆盖面、信贷信息深度以及合法权利力度等方面明确10条具体措施，以提升金融信贷服务的质量和水平。

（四）东北地区

东北地区中辽宁表现最为突出，总指数平均值与全国平均值相当。东北三省中，辽宁总指数得分位列全国前十名，为56.04，比全国平均值50.43高出5.61分，其余两省得分均低于全国平均值。东北地区总指数平均值为50.56，与全国平均值基本持平（见图6）。

表现最好的辽宁省出台《辽宁省人民政府办公厅关于优化金融环境

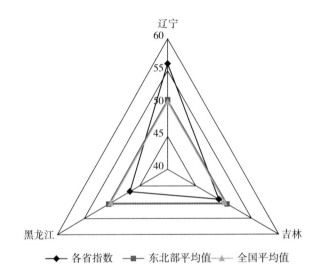

图6　东北地区2019年大数据金融风险防控指数与平均值对比

的意见》《关于进一步支持企业上市发展的意见》等政策文件，逐步建成规范有序、健康顺畅且富有辽宁特色的金融生态体系，全面服务辽宁振兴发展。

三　大数据金融风险防控指数分解分析

在权重确定的情况下，总指数得分是由3个一级指标的得分情况决定的，一级指标的得分又与二级指标的得分有关。将金融稳定指数、金融风控指数和金融可持续发展指数进行分解分析，进一步从二级指标的角度评估不同地区各项指数发展现状，深化对各省份大数据金融风险防控现状的理解。

（一）金融稳定指数

金融稳定指数主要由实体经济服务度、政府部门杠杆水平、住户部门偿债能力及银行业金融机构资本充足率4个二级指标构成，主要反映各地区工业增加值与社会融资规模的比值、人均债务余额与人均 GDP 的比值、住户部门贷款与 GDP 的比值及银行业金融机构资本充足状况。2019 年全国金融稳定指数平均值为 13.7，其中江苏、山东、吉林等 12 个省份得分超过全国平均值，占比为 38.71%（见图 7）。江苏得分最高，为 23.97，是贵州的 5 倍左右。上海、北京作为我国主要金融中心，金融稳定指数排名并不靠前，其中的原因需要从构成金融稳定指数的二级指标进行分析。在此选择江苏省和贵州省金融稳定指数所属二级指标的数据进行对比分析，数据如表 4 所示。

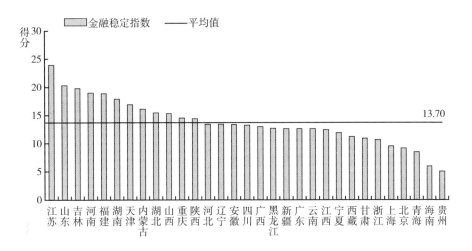

图 7　各省金融稳定指数得分情况

表 4　金融稳定指数所属二级指标对比分析结果

单位：%

项目	金融稳定指数			
	实体经济服务度（工业增加值/社会融资规模）	政府部门杠杆水平（人均债务余额/人均 GDP）	住户部门偿债能力（住户部门贷款/GDP）	银行业金融机构资本充足率（经金融机构资产负债率调整而得）
江苏	234.89	13.98	45.41	-6.67
贵州	113.17	58.90	83.39	3.32
全国平均值	176.91	25.00	44.80	3.57
权重	10.00	5.00	5.00	10.00

根据表 4 的数据，实体经济服务度为正向指标（越大越好），江苏省比全国平均值高 57.98 个百分点，贵州省比全国平均值低 63.74 个百分点。政府部门杠杆水平、住户部门偿债能力、银行业金融机构资本充足率为反向指标，江苏省与全国平均值相比分别低 11.02 个百分点、-0.61 个百分点、10.24 个百分点，贵州省与全国平均值相比则分别高 33.90 个百分点、38.59 个百分点、-0.25 个百分点。

江苏在实体经济服务度、政府部门杠杆水平、银行业金融机构资本充足率等方面表现优秀，金融稳定指数居全国首位。2019 年，中国（江苏）自由贸易试验区获批，江苏省坚持稳定信贷总量与优化投向并重、源头防控与存量化解并重、保障安全与改进效率并重、先行先试与经验推广并重，着力支持经济平稳运行，打好金融风险防控攻坚战，提升金融服务水平，推动金融改革创新。第二产业增加值 44270.51 亿元，增长 5.9%，金融服务实体经济的能力不断提升。全省地方政府债务风险和住户部门债务风险总体可控，考虑到地方政府债务新增渠道和额度均有所增加，2019 年江苏省 GDP 增速达 6%，与 GDP 的情况对比分析，总体偿债风险基本可控。全省银行业金融机构资产和利润整体保持增长趋势，资产负债结构逐步优化，贷款拨备充足，资本整体保持较充足水平。

（二）金融风控指数

金融风控指数主要由银行潜在风险损失、互联网金融潜在风险、房产泡沫风险度及金融制度完备度等 4 项二级指标构成，主要反映各地区银行潜在风险损失情况、网贷平台发展情况、房价增长率与人均可支配收入增长率差额及金融政策法规制定情况等。安徽、广西、河南等 15 个省份得分超过全国平均值，占比为 45.16%，其中得分最高的安徽比得分最低的山东高 15.58（见图 8）。在此选择安徽省和山东省金融风控指数所属二级指标数据进行对比分析，数据如表 5 所示。

根据表 5 的数据，银行潜在风险损失、互联网金融潜在风险、房产泡沫风险度为反向指标，安徽省与全国平均值相比分别低了 0.41 个百分点、

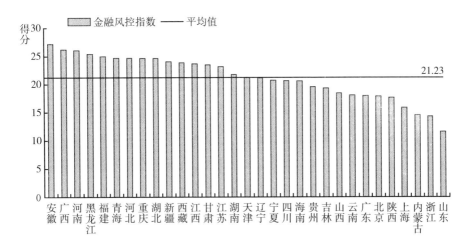

图8 各省金融风控指数得分情况

表5 金融风控指数所属二级指标对比分析结果

项目	金融风控指数			
	银行潜在风险损失（银行不良贷款率，%）	互联网金融潜在风险(网贷问题平台数，家)	房产泡沫风险度（房价增长率－人均可支配收入增长率，%）	金融制度完备度（地方落实金融政策法规数量，条）
安徽	1.60	112.00	0.89	1.00
山东	3.00	368.00	9.94	10.00
全国平均值	2.01	94.32	4.17	5.29
权重（%）	9.00	10.00	6.00	10.00

－17.68家、3.28个百分点，然而山东省与全国平均值相比高出0.99个百分点、273.68家、5.77个百分点。金融制度完备度为正向指标，山东省2018～2019年出台金融政策法规数量高于安徽省和全国平均值。

安徽在银行潜在风险损失和房产泡沫风险度方面表现突出，金融风控指数居全国首位。金融业已成为安徽省重要的支柱产业。安徽信贷融资总量持续攀升，并通过定期通报、走访约谈、正向激励等措施，推动金融机构加大信贷投放力度；通过高质量举办银企对接活动，搭建政银企对接平台，推进金融资源精准服务实体经济。围绕股权融资和债权融资双轮用力，多渠道扩

大直接融资规模，优化融资结构，助力企业降杠杆。金融风险得到稳妥防控处置，通过积极应对资本市场风险，深入推进互联网金融风险整治，集中处置非法集资风险，有效整治交易场所违法违规行为，P2P网贷在营机构数和借贷存量业务规模分别较整改初期下降了80%和71%，守住了不发生系统性金融风险的底线。房价增长率与人均可支配收入增长率的差值与全国平均值相比处于优势地位，居民幸福生活指数比较高。2019年7月，《安徽省交易场所监督管理暂行办法》报经省政府常务会议审议通过，在促进各类交易场所规范经营、投资者合法权益保护、防控各类交易场所风险等方面将产生积极作用。

（三）金融可持续发展指数

金融可持续发展指数由上市公司盈利水平、房地产投资效率、财政收入相对水平、对外开放度等4项指标构成，主要反映各地区上市公司净资产收益率、房地产投资完成率、财政收入增速与GDP增速差额及外资银行机构数等情况。2019年全国金融可持续发展指数平均值为15.51，广东、上海、北京等16省份得分均超过全国平均值，其中广东、上海、北京得分分别为28.46、24.61、24.29，列全国前三名（见图9）。在此选择广东、上海、北京和宁夏金融可持续发展指数所属二级指标数据进行对比分析，数据如表6所示。

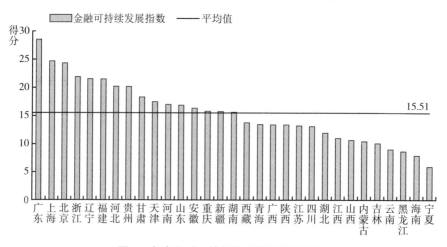

图9　各省金融可持续发展指数得分情况

表6 金融可持续发展指数下属二级指标对比分析结果

项目	金融可持续发展指数			
	上市公司盈利水平（上市公司净资产收益率,%）	房地产投资效率［房地产投资完成率（实际/计划）,%］	财政收入相对水平（财政收入增速 – GDP 增速,%）	对外开放度（外资银行机构数,家）
广东	13.60	75.32	6.77	258
上海	10.73	73.68	− 18.78	206
北京	10.86	76.68	0.18	116
全国平均值	9.05	69.63	− 1.74	30

广东、北京和上海金融可持续发展动力充足，创新性的做法值得全国其他地方学习借鉴。根据表6 的数据，上市公司盈利水平、房地产投资效率、财政收入相对水平和对外开放度都为正向指标，广东分别比全国平均值高 4.55 个百分点、5.69 个百分点、8.51 个百分点、228 家，上海分别比全国平均值高 1.68 个百分点、4.05 个百分点、−17.04 个百分点、176 家，北京分别比全国平均值高 1.81 个百分点、7.05 个百分点、1.92 个百分点、86 家。在金融业对外开放方面，北京、上海、广东三省份的外资银行总数占全国外资银行总数的 69%，外资银行主要集中在东部地区的几个主要省份中，中部地区河南、山西、安徽、湖南、湖北、江西总计仅有 34 家，而西部地区新疆、宁夏、甘肃、青海、西藏 5 省份均没有外资银行。

广东省随着粤港澳大湾区建设加快推进，新技术、新产业、新业态、新模式不断涌现，战略性新兴产业、高技术制造业、现代服务业等成为拉动经济增长的主要动力，上市公司盈利水平较高。财政收入增速与 GDP 增速的差值处于优势地位，作为经济运行"晴雨表"的财政收入保持较快增长主要受到经济基本面的有力支撑、高开放度等的影响。广东作为改革开放的先行区，2017 年，国务院批准广东、浙江、江西、贵州、新疆 5 省份被设立绿色金融改革创新试验区，广东推进改革的力度很大，一些政策和做法的创新为全国层面的改革形成了可以复制推广的经验。

北京坚持首都定位，在全国率先开展中国版金融科技"监管沙箱"试点，制定《北京市关于积极推进普惠金融发展的实施意见》《北京市知识产

权保险试点工作管理办法》《北京市地方金融监督管理条例》等，深入开展虚拟货币、互联网理财、P2P 等互联网金融风险专项整治，提升"冒烟指数"监测预警功能。制定《深化金融供给侧改革　持续优化金融信贷营商环境的意见》，在全国率先推动建立动产担保统一登记系统，该做法写入国务院《优化营商环境条例》，在全国推广。设立全国首家小微企业"续贷中心"。高盛、东方汇理、德国安顾、贝恩资本等外资机构在京开展新一轮布局，2019 年落地外资金融机构 23 家。

上海加快建成国际金融中心，上海证券交易所设立科创板并试点注册制，为中国资本市场全面深化改革开启了新征程，促进了产业与金融深度融合。为促进资本市场支持科创企业发展，上海市印发《关于着力发挥资本市场作用　促进本市科创企业高质量发展的实施意见》《关于加快推进上海金融科技中心建设的实施方案》等，积极抢占全球金融科技制高点。中国首家外资全资保险控股公司——安联（中国）保险控股有限公司获批开业。30 多家海外投资基金管理公司在上海设立，在中国证券投资基金业协会备案的 22 家外商独资私募证券投资基金管理人全部落户上海。金融市场创新取得新突破，全球首单中国（上海）自贸试验区和境外债券发行，期货市场全面引入债券充抵交易保证金制度等，这些都是推动金融业双向开放、增强金融服务实体经济能力等方面的重大尝试和举措。上海市网贷整治、重点交易场所清理整顿等工作取得阶段性成效，互联网金融风险持续收敛，并初步建立长效治理机制，依法推动风险化解，未发生区域性、系统性金融风险和重大金融安全事件。

四　省份相似性及指标相关性分析

利用数学方法对 2019 年中国大数据金融风险防控指数进行分析，并用计算机进行求解，有利于对评价对象进行量化分析，实现政策效果评价从定性到定量的跨越，提高政策的科学性。

（一）省份相似性分析

山东和吉林、北京和上海等2019年大数据金融风险防控指数相似性较高。为了度量各个省份2019年大数据金融风险防控指数的相似性，此处采用欧式距离的大小来衡量，距离越小，则相似性越高。欧式距离表达式为：

$$d(x,y) = \Big[\sum_{i=1}^{n} | x_i - y_i |^2 \Big]^{\frac{1}{2}} \tag{1}$$

其中，$d(x,y)$ 为 x、y 省之间的欧式距离，x_i、y_i 分别为 x、y 省在 i 指标的取值，n 可取一级指标个数3或二级指标个数12。

由（1）式以表1一级指标的数值为基础计算得出各省份之间的欧式距离，其中重庆和新疆的欧氏距离最小，为1.96，为此次评估最相似的2个省份，北京、上海次之，欧式距离为2.04。若以一级指标所属的二级指标的数值为基础计算各省份之间的欧式距离，则吉林和山东之间的欧式距离最小，为14.63，是最为相似的2个省。从实际情况来看，山东和吉林在银行业金融机构资本充足率、银行潜在风险损失等方面相似度较高；重庆和新疆在银行潜在风险损失、房地产投资效率等方面具有较高的相似性；北京和上海在政府部门杠杆水平、银行业金融机构资本充足率和上市公司盈利水平等方面表现十分相似。相似的地区可以更好地借鉴对方的成功经验，把与本地区相似的地区作为参考，可提高效率，使政策执行的效果更好。

（二）二级指标相关性分析

互联网金融发展程度与对外开放度、住户部门偿债能力与上市公司盈利水平等具有一定的相关性。为了分析各个二级指标之间的相关关系，在此把实体经济服务度、政府部门杠杆水平、住户部门偿债能力、银行业金融机构资本充足率、银行潜在风险损失、互联网金融潜在风险、房产泡沫风险度、金融制度完备度、上市公司盈利水平、房地产投资效率、财政收入相对水

平、对外开放度等二级指标表示为 X_1、X_2、X_3、X_4、X_5、X_6、X_7、X_8、X_9、X_{10}、X_{11}、X_{12}。根据相关系数的表达式（2）求出各个二级指标之间的相关系数矩阵如表 7 所示，并画出二级指标之间的聚类树形图，如图 10 所示。

$$r_{jk} = \frac{\sum_{i=1}^{31} (x_{ij} - \bar{x}_j)(x_{ik} - \bar{x}_k)}{\left[\sum_{i=1}^{31} (x_{ij} - \bar{x}_j)^2 \sum_{i=1}^{31} (x_{ik} - \bar{x}_k)^2 \right]^{\frac{1}{2}}} \tag{2}$$

其中，r_{jk} 为 j、k 二级指标之间的相关系数，$\bar{x}_j$、$\bar{x}_k$ 分别为 j、k 二级指标的平均值，x_{ij}、x_{ik} 分别为 i 省份在 j、k 指标的取值，i 的取值为 1～31。

根据表 7 和图 10 的相关数据，X_6 和 X_{12} 最先聚为一类，且具有最大的相关系数 0.75。其次，X_3 和 X_9 又聚为一类，相关系数为 0.55。再次，X_2 和 X_5 又聚为一类，相关系数为 0.47，且都为正相关关系。这表明在本次测评中，互联网金融发展程度与对外开放度的相关关系最强，住户部门偿债能力与上市公司盈利水平、政府部门杠杆水平与银行潜在风险损失也具有一定的相关关系。从实际情况来看，互联网金融越繁荣的地方外资银行越多，上市公司

表 7　2019 年大数据金融风险防控指数二级指标相关系数

指标	X_2	X_3	X_4	X_5	X_6	X_7	X_8	X_9	X_{10}	X_{11}	X_{12}
X_1	-0.22	-0.39	-0.19	0.46	-0.06	0.29	0.19	0	-0.13	-0.09	-0.19
X_2	1	0	0.22	0.47	-0.44	0.27	0.07	-0.26	0.16	0.09	-0.35
X_3	0	1	-0.14	-0.37	0.45	-0.06	0.03	0.55	0.35	-0.10	0.36
X_4	0.22	-0.14	1	0.12	-0.08	0.02	-0.13	-0.22	-0.09	0.42	-0.05
X_5	0.47	-0.37	0.12	1	-0.32	0.17	0.18	-0.06	-0.22	-0.01	-0.39
X_6	-0.44	0.45	-0.08	-0.32	1	-0.06	0.16	0.29	0.21	0.05	0.75
X_7	0.27	-0.06	0.02	0.17	-0.06	1	-0.13	-0.01	0.01	-0.25	-0.09
X_8	0.07	0.03	-0.13	0.18	0.16	-0.13	1	0.05	-0.04	-0.05	0.04
X_9	-0.26	0.55	-0.22	-0.06	0.29	-0.01	0.05	1	-0.09	-0.31	0.26
X_{10}	0.16	0.35	-0.09	-0.22	0.21	0.01	-0.04	-0.09	1	0.04	0.35
X_{11}	0.09	-0.1	0.42	-0.01	0.05	-0.25	-0.05	-0.31	0.04	1	-0.09

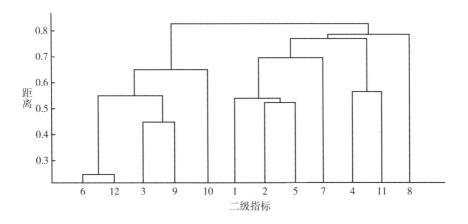

图10　2019年大数据金融风险防控指数二级指标聚类树形图

盈利水平越高的地方住户部门偿债能力也越高，政府部门杠杆水平越高的地方银行潜在风险越大，数据与实际较为符合。对于相关性的分析，有助于政策出台时能考虑更大的政策影响范围，提高大数据金融风险防控政策的精准性。

五　展望与建议

金融风险防控是金融业健康发展最为重要的因素之一，必须借助大数据等现代技术手段，采取一切可能的措施，不断提高金融风险防控能力。

（一）坚持稳健的货币政策与财政政策，提高金融稳定指数

坚持底线思维和问题导向，优化政策体系，有效疏通政策传导机制，打通金融资源配置到民营企业、小微企业、先进制造业等实体经济的"最后一公里"，推动经济金融良性循环，缓解融资难、融资贵问题。充分考虑经济金融形势的新变化，有序推进结构性去杠杆，防止住户部门债务风险过快上升，坚决遏制地方政府隐性债务增量，有序化解存量。继续推进市场化法治化债转股，引导商业银行及相关实施主体用好定向降准资金。把握好防风

险与促发展的关系，实现并行发展，加强监管协调，引导金融机构有序确定整改计划，实现新旧业务平稳过渡。加快资管新规配套细则制定出台，进一步补齐监管短板，引导资金流向实体经济。

（二）完善金融监管制度与体系，提高金融风控指数

推动《中华人民共和国中国人民银行法》《中华人民共和国商业银行法》《处置非法集资条例》等金融领域立法修订工作，完善金融基础设施监管制度，积极探索建立市场化法治化的金融机构退出机制。明确金融风险防范的主体责任，加大金融机构不良资产处置力度，严格健全金融机构公司治理和股东监管机制，加强内控合规。全面清理整顿金融秩序，严厉打击金融犯罪和金融腐败等非法金融活动。提前做好各类风险处置预案，及时发现和处理各种突发风险，防范金融市场异常波动和共振风险。加强房地产调控力度，坚持"房住不炒"原则。建立金融委办公室新闻发言人制度，及时、主动发布和解读经济金融政策和经济金融数据。积极做好金融市场舆情监测，健全重大舆情快速响应机制。

（三）加强金融改革开放和科技支撑，提高金融可持续发展指数

加大金融改革开放力度，推进供给侧结构性改革，确保出台措施落地。加强知识产权保护，创造公平竞争的市场环境，激发各类市场主体活力。强化金融领域正向激励机制，提升机制的有效性，积极营造鼓励担当、宽容失败、尽职尽责的环境氛围，积极吸引外资银行在华落地。大数据、区块链、云计算和人工智能等新一代信息技术推动金融创新迅猛发展，催生了网络借贷、股权众筹融资、智能投顾等新业态，金融科技已成为未来最有发展潜力的领域之一。鼓励金融机构或相关企业积极合法合规开展金融业务、产品、流程和模式创新，在实现规范发展的同时提升金融服务实体经济的效率。同时，注重发展合规科技与监管科技，提升监管效能。加强风险分析与防范，加强金融监管中大数据的运用，确保金融风险可度量、可穿透、可监控。

参考文献

连玉明：《大数据蓝皮书：中国大数据发展报告 No. 1》，社会科学文献出版社，2017。

上海市地方金融监督管理局：《2019 年上海国际金融中心建设十大事件》，上海金融网，2020 年 1 月 21 日。

福建省地方金融监督管理局：《福建省地方金融监督管理局 2019 年法治建设工作总结和 2020 年工作计划》，上海金融网，2019 年 12 月 9 日。

中国人民银行金融稳定分析小组：《中国金融稳定报告（2019）》，中国人民银行网站，2019 年 11 月 26 日。

B.14
大数据金融风险防控政策评估报告

摘 要： 政策执行力作为构成政府执行力概念的核心要素，成为各级地方政府研究的一项重点新课题。但由于政策的复杂性，政策执行力难以用数量关系来计量。本文尝试采用定性与定量相结合的方法，首先梳理并分析 2016～2019 年中央及部委金融风险防控政策，发现中央政策既动态连贯又重点统筹，按照时间大致可分为四大重点方向。随后，对标党中央、国务院 2016 年以来发布的 20 件重要文件，对各地区的文件落实情况开展评估，发现各地区政策文本发布与中央步调基本一致，呈现出"重点突出，各有侧重"的特征。

关键词： 大数据 金融风险防控 政策评估

一 研究背景

2019 年 12 月 10～12 日，中央经济工作会议在北京举行，会议强调，要坚决打赢三大攻坚战，全面做好"六稳"[①] 工作，统筹推进稳增长、促改革、调结构、惠民生、防风险、保稳定，保持经济运行在合理区间。其中，防控金融风险是一场持久战，要着眼于标本兼治，综合治理，明确阶段目标做好长期应对。党中央、国务院高度重视金融风险防控工作，自 2016 年以

[①] 2018 年 12 月召开的中央经济工作会议要求 2019 年"进一步稳就业、稳金融、稳外贸、稳外资、稳投资、稳预期"，即"六稳"。

来，央行、银保监会（2018 年，银监会、保监会正式合并成为银保监会）、证监会等部委相继发布文件，为打好防范化解金融风险攻坚战形成了"政策合力"。

政府执行力是关乎改革开放的关键因素，是整个国家治理体系保持有效运转的集中体现，是实现地方政府决策目标的重要保证。党的十九大报告明确提出，要转变政府职能，深化简政放权，创新监管方式，增强政府公信力和执行力，建设人民满意的服务型政府。政策执行力作为构成政府执行力概念的核心要素，成为各级地方政府研究的一项重点课题。地方政府处于国家政权的末端，是支撑整个国家公共管理体系运行的基础，是国家意志在社会范围的输出终端。但由于政策的复杂性，政策执行力难以用数量关系来计量。

本文尝试采用定性与定量相结合的方法，首先梳理并分析 2016～2019 年中央及部委金融风险防控政策。随后，对标党中央、国务院 2016 年以来发布的 20 份重要文件，重点对各省（自治区、直辖市）的政策执行力开展评估。

二 中央及部委金融风险防控政策总体趋势分析

2016～2019 年，中央及部委发布诸多金融风险防控政策，总体来看，我国金融风险防控的顶层设计呈现出动态连贯、重点统筹的特点，按照时间的推移，大致可分为四大重点方向。

（一）货币政策、监管政策配套去杠杆

2015 年 12 月 18～21 日，中央经济工作会议在北京举行，会议提出，2016 年要抓好去产能、去库存、去杠杆、降成本、补短板五大任务，即"三去一降一补"。其中"去杠杆"主要涉及的是政府部门、非金融企业和居民部门的杠杆。2016 年，我国开启主动去杠杆，打出货币政策和监管政策相配套的"组合拳"。首先，货币政策方面采取收紧取向，主动适应经

济发展新常态。与此同时，减少资金供给，同时营造利率上行的环境以抑制融资需求，遏制市场继续举债甚至主动降低债务规模。其次，监管检查逐步配套。2016 年，监管层密集出台了一系列关于金融去杠杆的政策。中国人民银行、银监会、证监会和保监会统一行动，对票据、信贷资产收益权、保险资管、券商资管、基金子公司以及银行理财出台了多项监管政策。

表 1　2016 年发布的重要金融监管政策文件

发布时间	文件
2016 年 10 月	《国务院关于积极稳妥降低企业杠杆率的意见》
2016 年 10 月	《国务院办公厅关于印发互联网金融风险专项整治工作实施方案的通知》
2016 年 11 月	《国务院办公厅关于印发地方政府性债务风险应急处置预案的通知》
2016 年 1 月	《中国银监会办公厅关于票据业务风险提示的通知》
2016 年 3 月	《关于规范金融资产管理公司不良资产收购业务的通知》
2016 年 3 月	《进一步加强信托公司风险监管工作的意见》
2016 年 4 月	《关于加强票据业务监管促进票据市场健康发展的通知》
2016 年 4 月	《关于规范银行业金融机构信贷资产收益权转让业务的通知》
2016 年 5 月	《证券投资基金管理公司子公司管理规定》
2016 年 5 月	《基金管理公司特定客户资产管理子公司风险控制指标指引》
2016 年 6 月	《关于清理规范保险资产管理公司通道类业务有关事项的通知》
2016 年 6 月	《关于加强组合类保险资产管理产品业务监管的通知》

（二）系列监管文件整治金融市场乱象

2016 年 12 月 14～16 日，中央经济工作会议在北京举行，会议强调，要把防控金融风险放到更加重要的位置，下决心处置一批风险点，着力防控资产泡沫，提高和改进监管能力，确保不发生系统性金融风险。自 2016 年末中央经济工作会议定调"防风险"后，各监管方纷纷拟订并发布"治理乱象"的政策文件，形成"地毯式"监管。2017 年 3～4 月，银监会发布系列监管文件，开始重点检查与整治银行业的种种行业乱象与监管套利行为。与此同时，证监会与保监会也纷纷出台相关政策，实现从业务到人员的监管全覆盖。

表2　2017年发布的重要金融风险防控政策

发布日期	文件
2017年9月	《国务院办公厅关于完善反洗钱、反恐怖融资、反逃税监管体制机制的意见》
2017年3月	《中国银监会办公厅关于开展银行业"监管套利、空转套利、关联套利"专项治理工作的通知》
2017年3月	《中国银监会办公厅关于开展银行业"违法、违规、违章"行为专项治理工作的通知》
2017年4月	《中国银监会办公厅关于开展银行业"不当创新、不当交易、不当激励、不当收费"专项治理工作的通知》
2017年4月	《中国银监会关于集中开展银行业市场乱象整治工作的通知》
2017年4月	《中国银监会关于银行业风险防控工作的指导意见》
2017年8月	中国证监会公告《公开募集开放式证券投资基金流动性风险管理规定》
2017年12月	互联网金融风险专项整治、P2P网贷风险专项整治工作领导小组办公室正式下发《关于规范整顿"现金贷"业务的通知》

（三）全面排查到重点领域防范和处置

2017年12月18～20日，中央经济工作会议在北京举行，会议强调，2018年要打好防范化解重大风险攻坚战，重点是防控金融风险，要服务于供给侧结构性改革这条主线，促进形成金融和实体经济、金融和房地产、金融体系内部的良性循环，做好重点领域风险防范和处置。2018年3月，银监会和保监会合并为中国银行保险监督管理委员会，进一步加强了监管的协调性，防范了监管空白和监管套利风险。2018年，"一行两会"、发改委、财政部等相关部门发布多条金融监管政策及相关信息，涉及传统金融业、互联网金融和民间借贷、资产管理行业、金融对外开放等众多重点领域金融风险的防范与处置。

表3 2018 年发布的金融风险防控的重要政策

方面	发布日期	文件
加强传统金融业风险防控	2018 年 1 月	《中国银监会关于进一步深化整治银行业市场乱象的通知》
	2018 年 5 月	《上市公司国有股权监督管理办法》
规范互联网与民间借贷	2018 年 5 月	《关于规范民间借贷行为 维护经济金融秩序有关事项的通知》
	2018 年 8 月	《关于开展 P2P 网络借贷机构合规检查工作的通知》
	2018 年 10 月	《互联网金融从业机构反洗钱和反恐怖融资管理办法（试行）》
规范资产管理行业	2018 年 4 月	《关于加大通过互联网开展资产管理业务整治力度及开展验收工作的通知》
	2018 年 4 月	《关于规范金融机构资产管理业务的指导意见》
	2018 年 7 月	《关于进一步明确规范金融机构资产管理业务指导意见有关事项的通知》
扩大金融开放	2018 年 1 月	《关于进一步完善人民币跨境业务政策促进贸易投资便利化的通知》
	2018 年 5 月	《关于进一步明确人民币合格境内机构投资者境外证券投资管理有关事项的通知》
	2018 年 6 月	《关于人民币境外机构投资者境内证券投资管理有关问题的通知》

（四）回归到金融服务实体经济的本源

2018 年 12 月 19～21 日，中央经济工作会议在北京召开，会议强调，要畅通国民经济循环，加快建设统一开放、竞争有序的现代市场体系，提高金融体系服务实体经济能力，形成国内市场和生产主体、经济增长和就业扩大、金融和实体经济良性循环。2019 年 2 月 22 日，习近平总书记主持中共中央政治局第十三次集体学习时进一步强调经济和金融的辩证关系："经济是肌体，金融是血脉，两者共生共荣。"党中央、国务院做出重大战略决策部署，发布系列加强金融服务实体经济的纲领性文件，为决策和工作指导提供可靠手段和支撑。

按照党中央、国务院决策部署，2019 年，各部门以及各级地方政府推进实体经济发展的政策开始陆续出台，主要通过加大降成本力度、加强对实体经济金融支持、鼓励创新等方式进一步推进实体经济发展。2019 年 12 月

10~12 日，中央经济工作会议在北京召开，会议强调，统筹推进稳增长、促改革、调结构、惠民生、防风险、保稳定，保持经济运行在合理区间。预计 2020 年，宏观金融风险防控政策的出台依旧坚持"稳"字当头，微观政策、社会政策与之配套形成完整的政策框架，金融风险防控更具前瞻性、针对性、有效性。

三 省级地方政府对金融风险防控政策落实评估

（一）评估方法

1. 评估范围

本次评估重点对标党中央、国务院自 2016 年以来发布的 20 份金融风险防控纲领性文件，对各省份的文件配套落实情况开展评估（见表 4）。依据文件具体内容，将文件归为六大方面，即防范化解财政金融风险、整治金融市场乱象、推进重点领域良性发展、加强社会信用体系建设、推进金融业综合统计和提高服务实体经济能力。其中，防范化解财政金融风险是保障实体经济健康发展的必然要求，也是稳定金融市场、保障地方财政稳健运行的重要举措；整治金融市场乱象关系着每个人和每个市场主体的切身利益，关系着整个经济金融的效率与稳定；推进重点领域良性发展是推动金融稳定和经济高质量发展的重要抓手；加强社会信用体系建设，关系到市场经济体制的完善，关系到实体经济成本的下降，是优化营商环境、防范金融风险的重要举措；推进金融业综合统计是前瞻性防范化解系统性金融风险、维护金融稳定的重要抓手；提高服务实体经济能力是防范金融风险的根本举措。

2. 数据来源

本报告的基础数据来源于：一是政府门户网站。政府门户网站是政府机关实现政务信息公开、服务企业和社会公众、互动交流的重要渠道。二是"北大法宝"数据库。"北大法宝"数据库是目前最成熟、专业、先进的法

表4 党中央、国务院发布的金融风险防控纲领性文件

方面	文件名称	发布日期
防范化解财政金融风险	《国务院办公厅关于印发地方政府性债务风险应急处置预案的通知》	2016 年 10 月 27 日
	《关于做好地方政府专项债券发行及项目配套融资工作的通知》	2019 年 6 月 10 日
整治金融市场乱象	《国务院关于进一步做好防范和处置非法集资工作的意见》	2016 年 2 月 4 日
	《国务院关于积极稳妥降低企业杠杆率的意见》	2016 年 10 月 10 日
	《国务院办公厅关于印发互联网金融风险专项整治工作实施方案的通知》	2016 年 10 月 13 日
	《国务院办公厅关于完善反洗钱、反恐怖融资、反逃税监管体制机制的意见》	2017 年 9 月 13 日
推进重点领域良性发展	《国务院关于印发推进普惠金融发展规划(2016～2020 年)的通知》	2016 年 1 月 15 日
	《中共中央 国务院关于深化投融资体制改革的意见》	2016 年 7 月 18 日
	《国务院办公厅关于规范发展区域性股权市场的通知》	2017 年 1 月 26 日
	《国务院办公厅关于积极推进供应链创新与应用的指导意见》	2017 年 10 月 13 日
	《中共中央 国务院关于完善国有金融资本管理的指导意见》	2018 年 7 月 8 日
加强社会信用体系建设	《国务院关于建立完善守信联合激励和失信联合惩戒制度加快推进社会诚信建设的指导意见》	2016 年 6 月 12 日
	《国务院关于加强政务诚信建设的指导意见》	2016 年 12 月 30 日
	《国务院办公厅关于加强个人诚信体系建设的指导意见》	2016 年 12 月 30 日
推进金融业综合统计	《国务院办公厅关于全面推进金融业综合统计工作的意见》	2018 年 4 月 9 日
提高服务实体经济能力	《国务院办公厅关于进一步激发民间有效投资活力促进经济持续健康发展的指导意见》	2017 年 9 月 15 日
	《国务院办公厅转发证监会〈关于开展创新企业境内发行股票或存托凭证试点若干意见〉》	2018 年 3 月 30 日
	《国务院办公厅关于有效发挥政府性融资担保基金作用切实支持小微企业和"三农"发展的指导意见》	2019 年 2 月 14 日
	《关于加强金融服务民营企业的若干意见》	2019 年 2 月 14 日
	《中共中央 国务院关于营造更好发展环境支持民营企业改革发展的意见》	2019 年 12 月 4 日

资料来源:中央人民政府门户网站。

律信息全方位检索系统之一。三是百度搜索指数。百度搜索指数是以网民在百度的搜索量为基础，以关键词为统计对象，计算得出的关键词在百度网页中搜索频次的加权值，该数据每日更新，可反映互联网用户对关键词搜索关注程度。

3. 评估方法

本次评估数据的收集主要采用文案调查法，主要通过各地政府官方网站的公开渠道，完成对地区相关文件的收集和整理。由于政府信息公开程度不同，数据收集的过程存在不同程度疏漏的风险。基于一致性的研究要求，我们将收集渠道统一为各地政府门户网站的公开栏目以及"北大法宝"数据库，未包含所属的委办局网站和其他非公开渠道。此外，由于文案调查所收集资料的准确程度受较多主观性因素影响，有些资料的搜索范围适当扩大，对标六个重点方面工作进行了模糊匹配。为了保证评估结果的可比性，本次评估在资料搜集的基础上，对资料进行了量化整理，采用定量评估方法对各地区政策落实情况进行评估研究。

4. 评价体系

本次评估以各省（自治区、直辖市）政府公开发布的落实文件为评价对象，主要从文件落实率和政策创新性两个方面制定评估指标体系。文件落实率考量地方对党中央、国务院下发的政策文件是否有相应的落实文件；政策创新性评估地方相关文件的内容质量，是否结合地方实际进行创新性安排与布置。其中政策质量是政策落实的重要影响因素，为充分体现政策落实质量，本次评估采用乘数估值法对各地区进行评估计分，即在落实文件得分基础上，赋予创新乘数因子。最后，根据各地得分汇总计算出地区政策落实情况综合得分（见表5）。

（二）省级政策落实情况分析

1. 政策落实情况分析

整体来看，政策落实情况较为良好，但各地区差别较大。31个省（自治区、直辖市）共发文370件，平均每省发文12件，政策整体落实率约为

表5　政策文件评估指标体系

评估方面	指标	指标解释	计分标准
落实情况	文件落实率	地方是否有对应于党中央、国务院发布文件的落实文件	有落实文件计1分 无落实文件计0分
政策质量	政策创新性	根据落实文件内容,将创新落实分为四个等级,结合地方实际有创新提法的为"优",在党中央、国务院文件基础上内容进一步丰富补充的为"良",如实落实党中央、国务院文件的为"中",规避重点难点政策的为"差"。根据创新落实的不同情况设定不同的乘数因子	"优"的乘数因子为1.2 "良"的乘数因子为1.1 "中"的乘数因子为1.0 "差"的乘数因子为0.9

60%。在评估涉及的20件党中央、国务院相关重要文件中,除《中共中央　国务院关于营造更好发展环境支持民营企业改革发展的意见》发布时间为2019年12月、各方的具体部署情况还未能通过公开文件来体现外,其余文件均有地方落实文件。分地区分析可发现,政策落实与经济发展没有必然联系。政策落实率排名靠前的省份依次为安徽、福建、广东、河南、黑龙江和江苏,这些地区经济发展虽不平衡,但文件落实率均在70%以上。其中,政策落实情况最为突出的地区为安徽省,一共发布落实文件16件,文件落实率达到80%,并且其在各个方面均有落实文件出台。相较而言,西藏等省份文件落实率未达40%,政策执行力还有待进一步增强(见表6)。

从四大区域①划分来看,东北地区与中部地区落实率均为65%,东部地区与西部地区落实率均为58%。从区域内部来看,东北地区的落实率差距较小,表现较为均衡。

---

① 为便于比较,我们将31个省份划分为以下四大区域:东部地区包括北京、天津、河北、上海、江苏、浙江、福建、山东、广东和海南;中部地区包括山西、安徽、江西、河南、湖北和湖南;西部地区包括内蒙古、广西、重庆、四川、贵州、云南、西藏、陕西、甘肃、青海、宁夏和新疆;东北地区包括辽宁、吉林和黑龙江。

表6 各地区发文概览

地区	发文数量(件)	文件落实率(%)	公布文件涉及的方面(个)	平均每个方面发文数量(件)	地区	发文数量(件)	文件落实率(%)	公布文件涉及的方面(个)	平均每个方面发文数量(件)
安徽	16	80	6	2.7	辽宁	13	65	6	2.2
北京	8	40	4	2.0	内蒙古	10	50	4	2.5
福建	14	70	5	2.8	宁夏	10	50	5	2.0
甘肃	13	65	5	2.6	青海	13	65	5	2.6
广东	14	70	5	2.8	山东	12	60	5	2.4
广西	13	65	4	3.3	山西	11	55	5	2.2
贵州	12	60	5	2.4	陕西	9	45	4	2.3
海南	9	45	4	2.3	上海	9	45	5	1.8
河北	13	65	5	2.6	四川	12	60	5	2.4
河南	14	70	5	2.8	天津	10	50	5	2.0
黑龙江	14	70	5	2.8	西藏	7	35	4	1.8
湖北	13	65	6	2.2	新疆	13	65	5	2.6
湖南	11	55	5	2.2	云南	13	65	5	2.6
吉林	12	60	6	2.0	浙江	12	60	5	2.4
江苏	14	70	5	2.8	重庆	13	65	6	2.2
江西	13	65	5	2.6					

2. 政策质量情况分析

从政策质量来看，地方对党中央、国务院的政策落实质量集中在"中"和"良"（占比达96.7%），也就是各地区基本能做到"忠实落实执行中央文件精神和要求"或者"在忠实落实执行的基础上，能够根据地方实际做进一步丰富补充"。在各地区中，北京、上海、陕西等地的优秀率较高，即在制定落实文件时，能够结合地方实际提出较为创新性的做法或举措（见图1）。

从四大区域划分来看，东北、东部、中部和西部地区的优良率分别为41.4%、48.5%、47.8%和44.5%，东部与中部地区政策质量高于西部与东北地区。结合落实率进一步分析发现，中部地区政策执行力表现可圈可点,不仅文件落实率较高,发文质量也处于前列。尤其是河南省,在文件落实率达70%的同时,政策优良比例也达到57%,说明其能较为准确地把握、领会政策内容与精神,也能较为有效地调度、使用和配置相关政策执行资源。

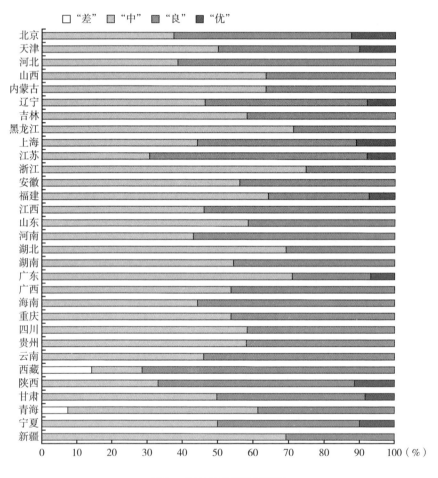

图1　各地区政策质量情况

3. 政策落实时间分析

政府工作是一项系统工程,在中央确定决策部署之后,各地各部门需要配套做好落实工作。落实不到位,固然有政策措施与实际结合需要一定时间等客观原因，但一些地方也确实存在庸政懒政等问题。在从发文数量和发文质量方面进行评估之后，需进一步从发文效率的角度进行分析评估。

通过对各省（自治区、直辖市）的政策发文时间进行统计发现，各地落实文件的发布多集中在中央发文 3 个月后。不过，仍有 14.8% 的地方落实文件发文时间在中央发文后的 3 个月内，其中，安徽省不仅发文数量突出，在落实时间上也较为靠前，表现出当地政府较强的政策执行力（见图 2）。

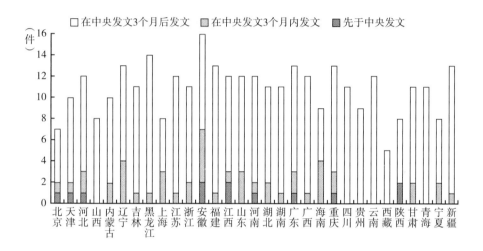

图 2　各地区发文时间与中央发文时间对比

各地区文件落实（仅统计发布时间在中央发文时间之后的文件）间隔时间平均数为 307.4 天，中位数为 244.5 天。河北、安徽、海南等省份表现亮眼，平均落实时间不到 150 天（见图 3）。在为进一步做好防范和处置非法集资工作方面，湖北省仅在中央发文后的 2 天便发布了相关落实文件。与之形成鲜明反差的为新疆，文件平均落实时间接近 450 天，即平均在中央发文 1 年以后当地才会出台对应落实文件，政府响应时间亟待优化。

值得注意的是，有部分地区具有较高的政治敏感度，部分文件出台时间早于中央发文时间。这种情况多出现在对《国务院关于进一步做好

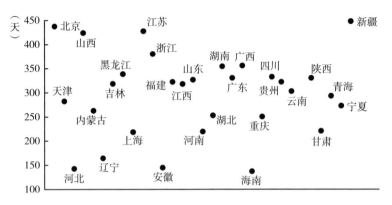

图3　各省文件落实间隔时间平均数

防范和处置非法集资工作的意见》和《国务院办公厅关于印发互联网金融风险专项整治工作实施方案的通知》落实工作中，31个省份中有9个省份在中央发文之前便已出台相关主题文件（见表7）。分析发现这两份文件均是整治金融乱象方面的文件，这也从侧面表明我国对金融乱象整治的强硬态势。

表7　在中央发文之前便有发文的地方和对应文件

中央文件名称	中央成文日期	中央发文日期	地方	地方发文名称	地方发文日期
《国务院关于进一步做好防范和处置非法集资工作的意见》	2015年10月19日	2016年2月4日	河南	《河南省人民政府办公厅关于进一步做好防范打击和处置非法集资工作的意见》	2015年2月16日
			陕西	《陕西省人民政府办公厅关于进一步做好防范打击和处置非法集资工作的意见》	2015年7月19日
			广东	《广东省人民政府印发贯彻落实〈国务院关于进一步做好防范和处置非法集资工作的意见〉工作方案的通知》	2016年1月16日
			江西	《江西省人民政府关于进一步做好防范和处置非法集资工作的实施意见》	2016年1月23日
			安徽	《安徽省人民政府关于进一步做好防范和处置非法集资工作的实施意见》	2016年1月28日
			天津	《天津市人民政府办公厅关于进一步做好防范和处置非法集资工作的意见》	2016年2月3日

中央文件名称	中央成文日期	中央发文日期	地方	地方发文名称	地方发文日期
《国务院办公厅关于印发互联网金融风险专项整治工作实施方案的通知》	2016年4月12日	2016年10月13日	北京	《北京市人民政府办公厅关于印发〈北京市互联网金融风险专项整治工作实施方案〉的通知》	2016年5月30日
			河北	《河北省互联网金融风险专项整治工作实施方案》	2016年5月5日
			陕西	《陕西省人民政府办公厅关于印发互联网金融风险专项整治工作实施方案的通知》	2016年5月14日
			安徽	《安徽省人民政府办公厅关于印发互联网金融风险专项整治工作方案的通知》	2016年5月26日
			江西	《江西省人民政府办公厅印发江西省互联网金融风险专项整治工作方案的通知》	2016年6月3日
			重庆	《关于印发重庆市互联网金融风险专项整治工作实施方案的通知》	2016年8月22日

4. 发文涉及领域分析

从文件涉及的六个重点工作领域看，各地区政策文本发布与中央步调基本一致，呈现出"重点突出，各有侧重"的特征。从发文情况来看，各地发文主

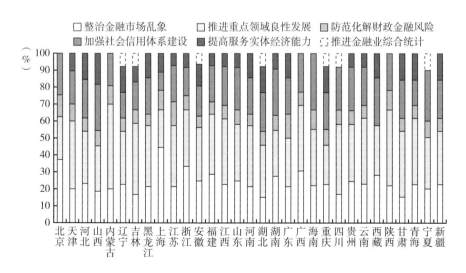

图4　各地在六大方面发文数量占比

要集中落实"整治金融市场乱象"、"推进重点领域良性发展"和"加强社会信用体系建设"三个方面，31个省份均在这三个方面发文。

尤其是在"整治金融市场乱象"方面，各地均至少发布2件落实文件，随着文件的落实，各地相关部门纷纷迅速行动、直面问题、坚决整改。2019年，各地整治手段持续加码，整治措施更加创新，整治效果更加精准（见表8）。

表8　2019年各地整治金融市场乱象典型做法

地区	措施/成效
上海	上海市公安机关自2019年6月下旬起开展新一轮打击惩治"套路贷"专项行动。专项行动开展以来，全市公安机关共摧毁"套路贷"违法犯罪团伙286个，刑事拘留1050人，破案363起；查扣冻结资金2.27亿余元，为人民群众挽回各类经济损失4.35亿余元
天津	2019年9月，天津市地方金融监督管理局发布《关于公布天津市P2P网络借贷风险专项整治拟取缔机构名单的公告》，共10家公司涉嫌非法开展P2P网贷业务，按照国家整治办要求应予以取缔
江西	江西省金融监管局、省教育厅、省公安厅、省检察院、江西银保监局联合举办防范校园贷风险宣讲会，通过"赣教云"平台向全省各高校直播，各高校组织2019级新生进行收听收看
江西	江西省南昌市东湖区检察院立足红谷滩新区"省级金融商务区"功能，充分发挥检察职能，积极打好防范化解金融风险攻坚战，为服务保障区域经济高质量发展提供了有力的司法保障
天津	自2018年底，天津市滨海新区启动建设"智慧滨海"项目，通过建设智慧城市，积极构建并全力打造"1+4+N"新型智慧城市建设体系，应用"冒烟指数"防范系统金融风险

资料来源：上海市人民政府办公厅、天津市地方金融监督管理局、江西省地方金融监督管理局、南昌市金融办、《人民日报》。

（三）省级落实得分与互联网关注度交叉分析

1. 金融领域关键词的互联网关注度分析

在百度指数搜索框中输入金融风险防控相关的关键词，可得到关键词每日的搜索指数。从百度搜索指数来看，"普惠金融""互联网金融""非法集资""供应链金融""反洗钱""杠杆率"等关键词经常被互联网用户搜索。

其中,"普惠金融"和"互联网金融"的日均搜索指数达到 1000 次,这也反映出互联网用户对这些方面的关注程度较高(见图 5)。

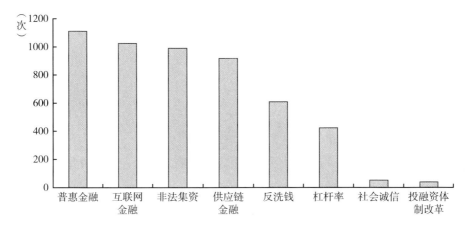

图 5 金融风险防控相关关键词的 2019 年百度搜索指数平均值

资料来源:百度指数,http://index.baidu.com。

2. 金融重点领域得分与关注度交叉分析

将搜索指数较高的关键词与中央文件相匹配发现,互联网金融、非法集资、反洗钱、杠杆率等关键词对应中央"整治金融市场乱象"方面的政策文件;普惠金融、供应链金融等关键词对应中央"推进重点领域良性发展"方面的政策文件(见表 9)。

表 9 关注度高的关键词与中央文件对应情况

方面	关键词	文件名称
整治金融市场乱象	互联网金融	《国务院办公厅关于印发互联网金融风险专项整治工作实施方案的通知》
	非法集资	《国务院关于进一步做好防范和处置非法集资工作的意见》
	反洗钱	《国务院办公厅关于完善反洗钱、反恐怖融资、反逃税监管体制机制的意见》
	杠杆率	《国务院关于积极稳妥降低企业杠杆率的意见》
推进重点领域良性发展	普惠金融	《国务院关于印发推进普惠金融发展规划(2016～2020 年)的通知》
	供应链金融	《国务院办公厅关于积极推进供应链创新与应用的指导意见》

以各省份在"整治金融市场乱象"方面的发文得分与百度搜索指数构建四象限散点图（见图6），发现大部分省份处于第一象限（占比达41.9%），即得分较高的地区，百度搜索指数较高。尤其是上海与浙江，在得分与关注度方面都处于较高水平，这虽与其信息化基础较好、金融资源优势突出有直接的关系，但也从侧面表现出政策与民意相匹配的良性互动现象。

处在第二象限的地区为广西、黑龙江、云南、贵州、新疆与青海，这些地区"整治金融市场乱象"方面的政策落实得分较高，但互联网用户关注度处在中等偏低水平。这说明当地政策宣传影响力较弱，后续需要出台相关举措，不断提升政策的吸引力与影响力。

处在第三象限的地区为天津、山西、吉林、内蒙古、甘肃、海南和宁夏，这些地区在"整治金融市场乱象"方面的发文得分与关注度都处在较低水平。尤其是宁夏与海南，后续还需在提高政策落实度与影响力等多方面下功夫。

处在第四象限的地区为四川、湖北与陕西，这些地区互联网用户关注度较高，但"整治金融市场乱象"方面的发文得分处于中等偏低水平。这说明当地还缺乏较强的政策支持力度，后续需要配套出台对应政策，不断满足人民群众的迫切需求。

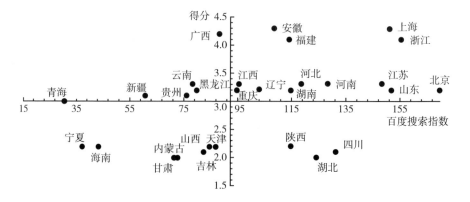

图6 各省在"整治金融市场乱象"方面的发文得分与关注度情况

四 小结

通过对各省（自治区、直辖市）政府公开发文的汇总评估，我们得出以下基本认识。

第一，政策落实与经济发展没有必然联系，政策落实情况较优的地区既有经济发展水平较高的地区，也有经济发展水平相对落后的地区。

第二，从文件落实率看，文件落实整体表现良好，但地区间差别较大。表现突出的安徽省文件落实率达到80%，排名靠后的西藏，文件落实率却未达40%。

第三，从政策质量看，各地发文基本能做到贯彻落实中央文件精神和要求。结合落实率进一步分析发现，中部地区政策执行力较强，不仅文件落实率较高，发文质量也处于前列。

第四，从落实时间看，各地区文件落实间隔时间平均数为307.4天，中位数为244.5天。河北、安徽、海南等省份表现亮眼，平均落实时间不到150天。

第五，从发文涉及领域看，地方发文主要集中落实"整治金融市场乱象"、"推进重点领域良性发展"和"加强社会信用体系建设"三个方面，31个省（自治区、直辖市）均在这三个方面发文。

第六，从互联网关注度看，互联网金融、非法集资、供应链金融、反洗钱、杠杆率等"整治金融市场乱象"与"推进重点领域良性发展"方面的关键词受到广泛关注。这些也是各地政府密集出台政策的领域，表现出国家政策与民意相匹配的良性现象。

参考文献

连玉明：《大数据蓝皮书：中国大数据发展报告 No.2》，社会科学文献出版社，

2018。

连玉明：《大数据蓝皮书：中国大数据发展报告 No. 3》，社会科学文献出版社，2019。

王建冬、童楠楠、易成岐：《大数据时代公共政策评估的变革——理论、方法与实践》，社会科学文献出版社，2019。

张宁、陈辉、赵亮：《中国金融科技创新发展指数报告（2018）》，经济科学出版社，2019。

中国人民银行上海总部金融稳定分析小组：《中国区域金融稳定报告（2019）》，中国金融出版社，2019。

治理科技指数篇

Governance Technology Index

B.15
治理现代化与治理科技指数体系建构

摘　要： 党的十九届四中全会把推进国家治理现代化纳入了"两个一百年目标"的总体战略框架之内，治理现代化成为继工业现代化、农业现代化、国防现代化、科学技术现代化之后的第五个"现代化"。治理现代化即以现代化的治理体系和治理能力实现善治之目标。本文创新性提出"治理科技"的概念，并构建治理科技评估理论模型，聚焦制度保障、发展环境、支撑能力、场景应用、效能评估五个评价维度，建构治理科技指标体系，旨在衡量和评估国内各地区在推进治理现代化中数字技术的应用能力和治理效能，为各地区治理科技的发展应用提供参考借鉴。

关键词： 治理现代化　数字技术　治理科技　指数体系

党的十九届四中全会将推进国家治理能力和治理体系现代化纳入"两个一百年目标"之中，是对中国改革开放 40 年来政治改革和政治发展的重要理论总结，对中国特色社会主义现代化事业更是具有重大且深远的战略意义。没有信息化就没有现代化，运用数字技术为国家治理体系和治理能力现代化插上科技腾飞的翅膀，必将擘画出一幅"数字中国"的宏伟蓝图。

一 治理现代化与治理科技的内涵

从传统国家治理体系向现代国家治理体系转型，包含了治理手段现代化、治理主体多元化、治理体系科学化等内容，必将重构国家与社会、政府与公民、政治权力与政治权利的关系。建设网络强国、数字中国、智慧社会，以治理科技能力的提升为国家治理现代化提供新的技术支撑，这不仅有助于我们在全球数字化转型的机遇期内赢得先发优势和引领效应，而且对推动数字中国建设具有积极意义。

（一）中国的崛起是大势所趋，决定中国崛起的根本动力在于改革开放

决定中国崛起的根本推动力在于两个"全面"，即全面深化改革和全面扩大开放。全面深化改革是发展中国特色社会主义的根本动力，全面扩大开放是实现国家繁荣富强的根本出路。以开放促改革、促发展，是我国发展不断取得新成就的重要法宝。1978 年，党的十一届三中全会启动的改革开放，开启了中国国家治理探索的新旅程。2013 年，十八届三中全会把国家治理体系和治理能力现代化当作全面深化改革的总目标。2019 年，十九届四中全会重申这一目标，并把推进国家治理现代化纳入"两个一百年目标"的战略框架。在不久的将来，一场更为声势浩大的深化改革与扩大开放必将展现出崭新的壮丽图景。

治理现代化即以现代化的治理体系和治理能力实现善治之目标。治理现代化的前提是治理，目标是善治，手段是现代化。现代化是一个动态的概

念，数字时代的现代化就是基于信息化的现代化。在习近平总书记作《关于〈中共中央关于坚持和完善中国特色社会主义制度、推进国家治理体系和治理能力现代化若干重大问题的决定〉的说明》时，建议更加重视运用大数据、人工智能和互联网等现代技术手段提升治理现代化水平。全球正处于新一轮科技革命和产业变革之中，随着大数据和人工智能等新一代信息技术的创新应用与发展，中国正积极推动网络强国、数字中国、智慧社会建设。数字技术作为新时代国家治理的重要抓手和引擎，不仅仅是以数据解放生产力的大发展，更重要的是以数字化、信息化和智能化驱动治理现代化的新理念。

（二）治理科技将成为推进国家治理体系和治理能力现代化的核心力量

治理现代化是一种全新的政治理念，我们需要重新审视现有理论对于社会形态变革的理解与阐释。数字技术已不再是传统治理视野下的前提或背景，其引发的社会形态变迁要求我们突破乃至变革传统理论框架，"治理科技"作为新的理论概念由此被提出。治理科技是新一代信息技术驱动的治理创新，是基于科学规则的治理体系，治理主体采用现代技术手段及科学的方式方法，进行科学有效治理并对治理效能进行追踪、反馈和评估，不断提升治理能力和水平。在这里，治理科技作为一种宽泛的理解，既指制度的实施细则、具体办法和操作规定，也指与制度相配套的各种技术。

我们所处的这个世界，是技术空前辉煌的世界，所发生的重大变革主要是由技术驱动的。技术驱动是实现国家治理体系和治理能力现代化的重要内容和基础支撑，是科技强国和现代化强国的重要标志。十九届四中全会实际上明确了大国治理的"四梁八柱"，为坚持和完善"中国之治"提供了基本遵循。在治理现代化的进程中，需要有更多的技术保障，新的应用场景也呼唤技术的发展。事实上，随着数字时代的到来，以新一代信息技术为基石的、与新时代经济社会发展相适应的治理科技体系早已应运而生。

（三）中国崛起的真正标志是国家治理现代化以及全球治理国际话语权

改革开放 40 多年来，我国现代化建设取得了举世瞩目的巨大成就，创造了世界经济发展史的奇迹。中国经济发展和社会转型的成功，首先得益于中国治理改革的成功。坚持和完善中国特色社会主义制度、推进治理现代化是一项战略性、系统性工程。经过 70 年的探索，我国当前制度建设重心已经不再是强调制度的单个突破和创新，而是更加重视并强调制度间的联系和对接以及功能的整合。也正是在这个过程中，以习近平同志为核心的党中央以新发展理念为引领，不断探索和推进党的治理现代化、国家治理现代化和全球治理现代化，带领全党和全国各族人民坚定"四个自信"、树立"四个意识"、推进"四个伟大"，在实现中华民族伟大复兴的中国梦的征程上取得了令世人瞩目的成就，为当代中国和当今世界提供了治理现代化的中国方案。

我们应该要有这样的制度自信与制度信仰，坚信凭借着强大的自我完善和发展能力以及源源不断的强大生命力，在不断适应新要求、回答新课题、总结新经验、应对新挑战、解决新问题的进程中，在提炼总结自身的优秀因素和吸收世界各国的进步因素后，中国特色社会主义制度和国家治理体系一定能成长为世界上最好的制度，为人类政治文明进步作出重大贡献，为世界政党政治发展提供有益借鉴，为人类探索更好社会制度提供中国智慧、中国方案。

二 治理科技发展的关键影响因素

（一）治理科技的制度保障问题

完善的规范性文件及法规和完备的治理体制是推进治理科技实施的基本支柱。若没有经过系统规范的筹划和专项有序规划的长效治理体制，缺乏经过顶层设计和总体规划的法律制度体系，就无法实现治理科技的纵深发展。标准规范和政策法规是政府参与社会治理最不可或缺的公共产品之一，可以直接影响着治理的方向和效果。自从我国实行改革开放政策以来，中国政治的一个最深刻的变化是公共政策与政治决策开始适当地进行分开。党的决策重心在政治事务，但是政府的决策重心则开始从政治事务陆续转移到公共事务，制定并执行公共政策逐渐被政府视为最核心的职能。现阶段，中国政府治理数字化转型整体上处于从初级向中级转变，即由以信息公开为主的交互阶段逐渐过渡到数字化事务处理阶段。

治理国家最具根本性、整体性、长期性作用的工具是制度，如果没有高效的治理能力，制度再好也难以发挥作用。身为实施国家治理的主体，管理者自身必须要胸怀责任，积极主动拥抱变革。把制度优势更巧妙高效地转化为治理效能，前提是要使制度真正落到实处，关键是广大党员和领导干部要能发挥引领模范作用，在坚决执行党和国家各项制度、坚决贯彻党中央重大决策部署上作出表率。党员干部应该把不断提高自身制度执行力和治理能力作为一种思想和行动上的自觉，尤其是在治理科技实施过程中遇到重大风险挑战、重大工作困难、重大矛盾斗争时，决不能退缩和逃避现实、绕道走，更不能胆怯、惧怕，而是要第一时间进行研究、拿出方案、推动工作，坚持问题导向，敢于直面挑战，严格按照制度履行职责、行使权力。

（二）治理科技的发展环境问题

数字技术已经成为现在各种行业、各个层级实现数字化转型升级的必经之路，数字技术为价值而生，不断涌现新的业态、新的模式，助力数字经济规模持续做大做强。伴随着数字技术的内涵和外延不断丰富，数字技术的产业数字化服务也更加丰富——从金融科技、监管科技到智能城市，数字技术实现了技术上的升级，同时也做到了科技与行业更好地融合。中国的数字经济发展阶段已从以互联网平台、移动互联应用、信息技术为主导的"数字产业化"阶段，发展到人工智能、大数据等科技推动实体产业深度转型升级的"产业数字化"融合新阶段。但是，当前国内大多数产业的数字化转

型仍然滞后，导致数字化转型的深入程度并不让人满意。因此，我们需要将数字技术作为政府、市场和社会发展的有机组成部分，激励城市和区域制定治理科技的产业发展目标及实施方案，推动数字经济规模不断扩大。

现代政府既有公共管理职能，也有公共服务的职能，只有逐步减少其管制职能，不断增强其服务职能，才能使政府从管制型逐步向服务型过渡，这也是政府治理的大势所趋。治理科技人才作为政府治理的主体，扮演着不可或缺的重要角色。作为治理工作的参与者和推动者，其业务能力和职能素养与政府治理进程的推动速度有密切关系。治理科技人才的职能和信息素养培育依旧是当前我国推进数字政府治理中的首要瓶颈。由于缺少必要的服务意识和职能素养，不少治理科技人才达不到新形势下政府治理的要求，无法面对和妥善解决新背景下政府治理中产生的新问题和困难，没有正确认识到要将公共利益至上作为工作的首要评判目标。因治理科技人才培养机制的不完善而产生的议题已渐渐受到学术圈的重视，但截至目前这些问题仍然没有得到有效解决。

（三）治理科技的支撑能力问题

治理科技借力数字技术辅助源头治理、依法治理、系统治理和综合治理。如何以多元因素推动治理的协同化、精准化、标准化、规范化、信息化和智能化，关系到制度优势能否切实转化为治理效能，推动治理效能的提升离不开充分的基础支撑。推进国家治理体系和治理能力现代化，重视信息化，综合运用大数据、云计算、区块链等技术创新为国家治理特别是基层社会治理插上科技的翅膀。数字化转型越来越依赖于数字基础设施，数字基础设施与传统基础设施相比，不仅具有公共性、共享性、泛在性等共性特征，更具有融合性、生态性、赋能性等独特性特征。随着数字革命时代的加速到来，包括5G在内的数据基础设施正成为国家的核心竞争优势之一，也成为大国之间博弈的前沿，中国需要高度认识数字基础设施之于国民经济的战略意义，全面加快数字基础设施高质量发展，助力中国数字经济转型。

国际经验表明，随着经济社会的发展，社会组织作为联系市场与政府的第三方组织，在经济社会发展中发挥着越来越重要的作用。虽然，我国政府治理能力不断提高，但社会参与力量发展进程相对滞后，发育程度依然较低，政府依然是有效治理的关键因素和多个治理层级的主导力量。政府如何引导和鼓励专业化社会工作者和社会力量参与治理，并自觉接受公众监督，在建立健全法律法规的前提下，促使现代化治理领域的诉求表达、利益协调、权益保障和矛盾调处等机制的形成和良性运转，保障社会的常态化运行是当前面临的巨大挑战。

（四）治理科技的场景应用问题

在我国经济面临新旧动能转换、转向高质量发展的新时代，数字化将驱动着社会经济高质量发展，为国家实现治理体系和治理能力现代化提供战略支撑，推动社会朝着信息化方向发展，让更多成果更好造福国家、惠及人民，并加快推进我国全面建设社会主义现代化和全面建成小康社会的进程。我国经济已从高速增长阶段转向高质量发展阶段，人民美好生活体现在公共服务上，就是从增加供给数量转向提高供给质量，更加注重服务的精细化和精准化。制定具体科学标准是衡量精细化服务的基础和前提。我国在建设服务型政府的过程中，出台了一系列关于基本公共服务标准化的指导文件，有力地推动了基本公共服务在价值导向、供给机制、服务标准等方面的标准化进程。从小处做起并落到实处，才能更好满足人民群众多样化的需求。当前，全国上下的行政服务中心借助大数据等科学技术逐步开启了以人民为中心的"最多跑一次""一网通办"等政务改革，有效提升了公共服务的质量、覆盖面和及时性等，逐步展现了具有人情温度和治理精细化的服务型政府的魅力。

2016 年以来，国务院办公厅针对网上政务服务中的办事不便捷、服务不标准、平台不互通、数据不共享、线上线下不通畅等难点痛点，出台了《关于加快推进"互联网 + 政务服务"工作的指导意见》，明确了"互联网 + 政务"服务工作总体内容，在 2020 年底前，建成覆盖全国统一协同的"互联网 + 政务"服务体系，大幅提升服务型政府的智慧化与智能化水平，提

高服务企业和群众的服务效率。经过几年的发展，各地区通过强化顶层设计、建立协同联动工作机制等措施，探索并积累了一批优秀的政务服务模式和创新实践经验，政务服务流程在变革中逐步优化完善，服务渠道更加通畅，服务形式更加多元，人民群众满意度显著提升。广东省"数字政府改革"、江苏省"不见面审批"、河南省"互联网＋智政服务"、贵州省"集成服务"、安徽省"智慧政务"等行之有效的创新经验，增进了党与民心连心的情感，也提高了服务型政府的"获得感"，在全国起到了示范带动和标杆引领作用。

（五）治理科技的效能评估问题

党的十九届四中全会指出，"作为数字中国建设的一个重要着力点，推进数字政府建设已成为新时代提升政府行政效率和政务服务水平、推进治理体系和治理能力现代化的必然要求"。越来越多的城市开启了智慧城市建设之路，治理制度和能力不断完善和提升，未来必将以结果为导向更加关注治理绩效。在政务服务领域，上海首创的"一网通办"政务服务品牌，是刀刃向内的自我革命，是优化营商环境的对外举措。通过"一网通办"改革，实现政务服务的中心从部门管理转向用户服务，让企业和群众政务办事如"网购"般便捷高效，持续提升企业和群众办事的便利度、体验度和满意度。

我国的治理科技还处在起步阶段，实践先于理论的特征较为明显。浙江省的"最多跑一次"改革试点，"一窗受理、集成服务、一次办结"的政府服务创新模式，已逐步推广到全国各地。当下，以互联网、大数据、区块链、人工智能、量子通信为代表的新技术、新模式、新业态不断涌现，以技术创新为依托的数字魅力正逐步增强，数字经济解放和发展生产力作用凸显。活力无限的网上购物、安全保障的人脸识别、"一扫即用"的共享出行……数字技术实现公共服务普惠化，提高了人民生产生活的便利度与幸福感。"一网通办""最多跑一次""不见面审批"等一系列数字技术在治理领域的创新应用，有效加快了我国经济社会高质量发展的进程，满足了人民群众的美好生活需求和提升了治理科技能力。

三　治理科技指数体系的理论框架

作为治理的延伸，治理科技同样是一种价值因素较少而技术因素较多的公共管理行为。任何国家或地区，任何政治制度安排，任何政党执政，都希望政治经济生活安定有序，有更好的治理成效。确立一套科学的治理评估体系，能对治理成果进行行之有效的评估，是正确而客观地认识治理现状的基础。只有凭借一系列合理的评估标准，才能准确判断治理的绩效，肯定治理取得的成果，发现治理过程存在的问题，从而比较治理的优劣；同样也只有通过治理评估，将治理的现实状态与理想状态进行对比才能找到差距，找准发力点，进一步明确治理改革的方向与路径，从而推动国家的治理现代化进程。每一套治理评估体系或评估标准，都有着特定的政治理念和政治现实，而治理科技评价体系的确立过程，也是一种政治学理念与科学技术相互论证与相互结合的过程，有助于检验并提升治理科技下的理念创新。

（一）治理科技评估指标设计思路

1. 研究思路

本研究以国家治理体系和治理能力现代化与科学技术融合应用发展相关评价指标体系为理论基础，确立治理科技评价指标体系的构建要素，以全国 31 个省份的治理科技相关数据为基础，采用多元评估方法，对各省份的治理科技制度保障、发展环境、支撑能力、场景应用、效能评估进行全方位的评估和排序，为全国和各地区治理科技的发展提供一定的理论和实践参考。

2. 设计原则

（1）静态与动态相结合。治理科技指数指标体系包括静态和动态两类指标。静态指标是反映一定时间或空间内治理科技应用发展的定量数据；动态指标反映一段时间或空间内治理科技应用变化趋势的变量数据。静态指标可以评估当前某地区治理科技所达到的水平，而动态指标可以

衡量某地区在一定时间内治理科技的进展和绩效提升水平。静态指标和动态指标相结合，能够综合全面地评价治理科技的发展情况，对实践的指导意义更强。

（2）科学性与实用性并重。指标体系的构建，在指标选取、权重确定、数据获取、数据处理等方面都有相应的科学理论为基础依据，构建的评价指标体系要能够准确地反映治理科技的实际应用情况，从而保证评估结果的客观性。指标选取还需充分考虑具体工作的可操作性，目前治理科技应用处于初步阶段，评价数据获取可得性较小，且指标的多维度特性使得单指标代表性较弱。因此，我们构建了以统计数据、公开数据为主要来源，以综合性评价数据为次要来源的指标体系。

（3）系统性与可比性并重。系统性是指指标之间既相互联系又相互制约的关系。一方面，系统优化是指标数量选取及体系架构形式的原则，尽量用较少的指标更加客观全面地反映评价对象，同时避免指标体系过于庞杂或单一。另一方面，在设计指标体系时，要统筹兼顾各指标之间的关系，通过对各项指标相互间的有机联系和合理的数量关系等进行优化处理，从而达成指标评价体系总体功效的最优，使治理科技评价能够更加全面和客观，从而能够综合有效地评价治理科技。可比性即指标体系要适用于不同时期和不同对象之间的比较，要求指标具有独立性，且要与国内规范的、通用的计算方法和名称口径一致，可以长期适用，以确保在较长时段内评估效果的递进性、连续性和稳定性，便于进行不同地区之间的横向比较以及和其他时期之间的纵向比较。

（二）治理科技指标体系基本架构

1. 理论模型

评估维度指的是按照一定标准划分的评估范围的类型，是将复杂多样的评估内容进行具体化、明确化和可操作化的第一步。治理科技评价指标体系的建构，既要能够体现我国治理科技发展现状和特点，又要以国家治理体系和治理能力现代化及科技支撑政策为导向，引导各地提升治理科技效能，促进各地治理科技普惠化、标准化。从指标体系的科学性、可操作性和前瞻性角度出发，从制度保障指标、发展环境指标、支撑能力指标、场景应用指标、效能评估指标这五个维度来建构治理科技指标体系。

我们认为，治理科技制度保障指标是构建现代治理科技服务体系的合法性的重要基础，体现政府保障治理服务的主体责任，也是实现治理科技应用成果全民共享程度的重要表现；治理科技发展环境指标和支撑能力指标能够最直观地体现出治理科技投入水平和产出水平，是治理科技评估体系的基础性指标；治理科技场景应用指标则是对治理科技实施的外部支撑因素进行评估，综合性地体现治理现代化的外部动因，预测治理科技应用的发展潜力和发展趋势；效能评估指标则是衡量地区实施治理科技的绩效和回应公众服务需求及时性的重要指标，体现的是地区治理能力。五者构成了治理科技发展水平测度的五维综合模型，即治理科技指数理论模型。

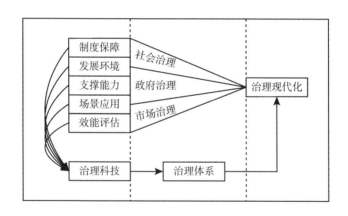

图1　治理科技指数理论模型

2. 具体指标

治理科技指标体系由制度保障、发展环境、支撑能力、场景应用、效能评估 5 个一级指标组成，分别从五个独立维度对治理科技发展应用情况进行量化测评。5 个一级指标下分别对应设置 3 个二级指标，形成 5 个一级指标和 15 个二级指标构成的指标体系。

表 1　治理科技指标体系及指标说明

一级指标	二级指标	指标说明
制度保障指标	机构设置数量	通过各地区设置大数据相关行业管理机构数量和规格反映机制保障力度
	出台政策数量	通过治理科技相关文件数量反映政策支持力度
	出台标准数量	通过各地区出台信息技术相关标准数量反映规则制定能力
发展环境指标	人均地区生产总值	通过人均 GDP 反映各地区在治理现代化视域下高质量发展和高水平治理之间的关系
	数字经济发展指数	对各地区数字经济的发展水平、层次、潜力和特点进行评估,反映各地区数字经济发展水平
	大专及以上文化程度就业人口占比	通过高学历就业人口的比重来反映地区治理主体的整体素质
支撑能力指标	首批 5G 商用试点示范城市数量	通过 5G 试点城市数量来反映地区信息化发展引领水平
	高新技术企业占全省企业比重	通过高新技术企业数量占比来衡量一个地区科技发展水平和经济发展水平
	社会组织从业人员占就业人口比重	通过社会组织从业人员占就业人口比重反映地区社会组织发育程度
场景应用指标	政府数据集开放数量	通过政府数据开放平台数据集开放数量反映地区政府数据开放能力
	城市大脑建设数量	通过城市大脑建设反映地区智慧城市建设水平
	网上政务服务能力	通过政府网上政务服务的提供方式、服务事项、办事指南等方面表现反映各地网上政务服务能力水平
效能评估指标	"一网通办"服务事项覆盖率	通过"一网通办"服务事项覆盖率反映方便群众和企业办事审批服务事项网上办理水平
	互联网 + 政务服务便利度	通过互联网 + 政务服务便利度反映政务办理的便利和高效水平
	智慧政务服务满意度	通过智慧政务服务满意度反映网上政务改革应用给广大群众带来的数字红利获得感

　　治理科技制度保障指标是指政府等治理主体通过法规政策制定、标准研制和机构设置等来保障治理科技的应用，主要反映的是治理主体对治理科技实施的重视程度。

　　治理科技发展环境指标是指治理科技实施的外部影响环境的综合水平，该指标通过人均地区生产总值、数字经济发展指数和就业人口综合素质等反映地区治理科技实施的发展环境水平。

治理科技支撑能力指标是指地区实施治理科技的内部支撑能力，主要通过首批 5G 试点城市数量、高新技术企业占比和社会组织从业人员占比反映地区治理科技实施的可持续发展支撑能力。

治理科技场景应用指标是指数字技术赋能治理应用的水平，该指标通过政府数据开放平台建设及开放数据集数量、以城市大脑建设为代表的智慧城市建设和网上政务服务能力综合指标来全面反映各地区治理科技的发展水平。

治理科技效能评估指标是指治理科技转化为治理效能的水平，该指标通过"一网通办"服务事项覆盖率、互联网＋政务服务便利度和智慧政务服务满意度来反映治理科技带来的便利度、满意度和获得感。

（三）指标数据获取和评价方法

1. 数据获取

评价的数据主要来源于：国家统计年鉴数据，主要包括《中国统计年鉴》《中国社会年鉴》《中国劳动统计年鉴》等的统计数据。官方公布的数据，主要包括国家部委官方网站、地方政府官方网站及各类管理机构业务等数据。调查研究数据，主要来源于权威机构各类研究报告的调查数据。

2. 指标测算方法

在治理科技指标体系中，二级指标的单位和数量差异较大，如场景应用指标中政府数据集开放数量达几千个，而制度保障指标中机构设置数量各省级机构至多一个；效能评估指标中的 3 个二级指标取值范围限制在 [0, 100%]，各指标之间的数值不能直接进行度量和比较。为尽可能反映实际情况，消除各项指标因单位与数值数量级不同而对综合评价结果造成影响，首先需要对评价指标单位等进行标准化处理。

评价指标的标准化处理包括对相关指标的无量纲化处理和一致化处理两个方面。在多指标的综合评价中有三种常用指标，分别为指标数值越大评价结果越优的正向指标（又称极大型指标）、指标数值越小评价结果越好的逆

向指标（又称极小型指标）、指标数值越接近预设的评价结果越好的适度指标（即居中型指标）。一致化处理的目的就是将评价指标同趋势化以便进行比较，常用的方法是把适度指标和逆向指标根据标准转化为正向指标。本文涉及的 15 个二级指标均为正向指标，不需要进行一致化处理。本文数据测算采用了无量纲化处理。无量纲化也称指标规范化，利用数学变换来消除因原始指标的单位与数量级不同而对评估结果造成的影响。之后，将无量纲化处理后的数据按照相应权重合成最终治理科技指数。

四 治理科技发展的趋势与展望

（一）数字技术正在演变成为新时代驱动社会结构变革和经济社会发展的原动力

数字技术不仅在重塑经济运行模式和社会形态，也为传统的治理模式、治理理念和治理实践带来巨大变革。以数据为关键生产要素的经济发展新动能逐步形成，不断涌现出新业态、新产业、新模式。数字技术把虚拟经济和实体经济联结成一个日益紧密的孪生系统，每一个价值个体都会在里面产生复杂交错的连接，个体之间的紧密连接将改变国家创新生态体系，重构世界经济版图。从经济增长动能中发现，部分新兴主体力量在推进经济社会数字化转型进程中的价值日益凸显。数字时代的转型要求我们必须采纳和应用数字技术手段，提升治理的精准度和科学性。面对新事物、新现象、新业态和新模式，我们既要避免因治理的越位、缺位和错位而给创新带来负面影响，也要抓住机遇以数字化、智能化手段加快提升治理科技能力的步伐。

（二）治理科技有助于中国在全球范围内国家治理升级的关键时间窗口期赢得领先优势

数字经济的蓬勃发展，给经济社会带来了颠覆性影响。尤其是数字经济的数据化、智能化、平台化、生态化等特征，深度重塑了经济社会形态，引发了数字经济治理的根本性变革。传统的治理理念、治理工具等，均面临前所未有的挑战，并且这些挑战是全球数字经济治理面临的共同难题，是发达国家强化垄断地位的惯用做法。我国以数字经济为引领深度参与经济全球化发展，应当用规则、标准等准则手段建立"护城河"，抢占制高点，以技术创新、产业创新、制度创新和模式创新等提高融合发展能力。数字经济的天然共享基因决定了其天生全球化特征，如何在治理现代化中构建并运用治理科学技术争夺数字治理体系和数字经济规则建构话语权，是中国经济紧抓时代发展机遇实现"弯道超车"的客观需求，也是变被动为主动把握下一轮发展战略机遇期的新内涵、新特征的需要，更是中国通过数字经济发展参与全球治理的需要。

（三）治理科技引发的治理变革还远未结束，未来治理方式和竞争方式必将超出预期

数字社会是一种政府、企业、居民、平台、媒体等深度参与的生态系统。在这样的生态体系中，需要形成以国家治理为核心、平台运营规范、行业自律跟进和社会监管广泛参与的立体化治理体系。当代经济社会发展正快速数字化转型，传统治理模式应迭代更新突破原有框架局限以适应新形势、新需求，根据具体应用场景融入新兴技术手段，实现治理模式的变革与创新。变革创新，重在运用，将新科技运用到提升治理能力的过程中，需要避免治理的智能化、精细化与对科技的简单依赖，也需要遵循治理理念先行和科技为我所用等规律。此外，新科技应用是一个容错试错的过程，新技术带来的新问题，如人脸和指纹识别技术引发的隐私保护、不同阶层收入的"数字鸿沟"问题等，需要我们在主动接纳并顺应治理科技发展趋势的同时，不断完善相应的技术条件，规避风险，消除技术背后的隐患。

参考文献

俞可平：《中国的治理改革（1978～2018）》，爱思想网，2018 年 6 月 5 日。

俞可平：《中国治理评估框架》，爱思想网，2008 年 12 月 17 日。

朱玉芳、杨煜：《2019 大数据提升政府治理效能评价指数发布》，光明时政网，2019 年 5 月 28 日。

王海涵、杨腾龙：《2019 中国城市政府治理与公共服务指数发布》，新浪网，2019 年 12 月 15 日。

张君荣：《〈全球治理指数 2019 报告〉在上海发布》，中国社会科学网，2019 年 11 月 18 日。

唐爱军：《推进国家治理现代化的几个着力点》，新华日报网，2019 年 11 月 15 日。

念灿华：《全球政府数字化转型启示与借鉴》，国家信息中心网，2019 年 1 月 17 日。

B.16
2019年中国治理科技指数分析报告

摘　要：　国家治理体系和治理能力现代化是实现国家发展战略的重大
命题，实施网络强国、数字中国、智慧社会战略，关键是要
抓好治理科技的落实和部署。基于治理科技指标体系，以公
开权威数据为基础，聚焦制度保障、发展环境、支撑能力、
场景应用、效能评估五个评价维度，对我国各地区治理科技
发展应用情况进行综合评估。结果表明，数字技术为国家治
理体系和治理能力现代化提供了有力的科技支撑，治理科技
指数与地区经济发展水平和数字技术应用水平呈现正相关
关系。

关键词：　治理现代化　治理科技　指数分析

党的十九届四中全会专题研究坚持和完善中国特色社会主义制度、推进
国家治理体系和治理能力现代化问题，强调要加强系统治理、依法治理、综
合治理、源头治理，把我国制度优势更好转化为国家治理效能，为实现
"两个一百年"奋斗目标、实现中华民族伟大复兴中国梦提供有力保证。大
数据、人工智能、区块链、云计算、物联网等新一代信息技术不断涌现，以
治理科技能力的提升为国家治理体系和治理能力现代化提供新的技术支撑，
形成了基于新一代数字基础设施的智能化制度体系，为各地区经济社会发
展、国家治理、社会治理、人民生活带来了重大而深远的影响。运用指标体
系衡量和评估国内各地区在推进治理现代化中数字技术的治理效能和应用能
力，对促进地区治理现代化具有重大的现实意义。

一 总体情况评估

中国治理科技指数评估是依据国家官方数据和权威机构数据，从治理科技的制度保障、发展环境、支撑能力、场景应用和效能评估五个维度对全国31个省份进行综合评估，从而得出全国各地区治理科技指数。

（一）整体概况

本次评估结果显示，广东、上海、浙江、北京治理科技指数遥遥领先于其他地区，得分均超过75分（见表1）。全国治理科技指数平均值为41.37，其中有12个省份得分超过全国平均水平，所占比重为38.7%。排名第1的广东得分81.2，得分是排名最后的西藏的9.5倍，省域间治理科技发展差距明显。同时，得分排在前十名的地区中，广东、上海、浙江、北京、江苏、福建、天津、山东位于东部地区，西部地区和中部地区分别只有贵州和安徽跻身前十，而东北地区排名最靠前的辽宁居第20名。地区发展差异化，东强西弱的发展趋势明显。

表1　2019年中国治理科技指数分析结果

省份	总指数		制度保障指数		发展环境指数		支撑能力指数		场景应用指数		效能评估指数	
	得分	排名	得分	排名	得分	排名	得分	排名	得分	排名	得分	排名
广东	81.20	1	14.37	3	11.35	4	19.01	2	17.29	1	19.18	2
上海	78.11	2	11.76	10	16.34	2	17.96	3	13.47	4	18.57	3
浙江	76.43	3	16.67	1	11.06	5	14.09	5	16.35	2	18.26	5
北京	75.54	4	13.18	6	18.49	1	19.61	1	10.02	5	14.25	9
江苏	62.62	5	11.52	11	12.51	3	10.20	8	9.17	6	19.23	1
贵州	53.49	6	14.53	2	2.44	28	4.28	28	13.69	3	18.55	4
安徽	52.69	7	13.15	7	3.85	19	9.30	10	8.58	7	17.80	6
福建	51.61	8	8.77	21	8.53	7	11.33	7	7.54	9	15.44	7
天津	49.94	9	9.93	18	10.52	6	15.26	4	5.29	12	8.94	25
山东	46.87	10	11.32	12	7.80	8	8.58	14	8.42	8	10.75	17

省份	总指数		制度保障指数		发展环境指数		支撑能力指数		场景应用指数		效能评估指数	
	得分	排名	得分	排名	得分	排名	得分	排名	得分	排名	得分	排名
重庆	45.99	11	11.08	13	5.51	10	13.11	6	4.42	14	11.86	11
四川	45.82	12	12.05	9	4.88	13	7.33	19	6.19	10	15.38	8
海南	40.56	13	14.16	4	2.81	26	7.63	17	4.90	13	11.05	13
广西	39.88	14	13.50	5	2.81	26	7.68	16	4.40	15	11.50	12
湖北	39.38	15	10.04	17	5.67	9	7.24	20	4.24	16	12.18	10
河北	36.87	16	12.62	8	3.78	22	9.82	9	3.54	18	7.12	27
江西	35.97	17	10.13	15	3.13	23	8.82	12	3.26	22	10.63	18
陕西	35.29	18	9.44	19	5.15	12	7.12	21	3.50	21	10.08	21
河南	34.80	19	7.36	22	4.25	16	8.11	15	5.30	11	9.78	23
辽宁	32.95	20	4.88	25	5.46	11	8.60	13	3.22	23	10.80	15
湖南	32.74	21	5.58	24	4.54	15	8.86	11	2.98	24	10.78	16
山西	32.65	22	7.01	23	3.93	17	7.57	18	3.89	17	10.24	20
黑龙江	31.69	23	10.11	16	3.12	24	6.18	22	2.30	26	9.99	22
内蒙古	29.96	24	9.32	20	4.76	14	4.61	26	3.54	18	7.73	26
吉林	29.36	25	10.61	14	3.84	20	6.11	23	2.14	29	6.65	28
宁夏	26.43	26	4.29	27	3.90	18	4.43	27	3.54	18	10.28	19
云南	23.84	27	3.63	29	1.45	30	5.11	25	2.75	25	10.89	14
青海	20.22	28	4.73	26	2.86	25	3.98	29	2.14	28	6.51	29
甘肃	19.94	29	1.25	30	1.46	29	5.46	24	2.18	27	9.59	24
新疆	11.11	30	3.92	28	3.83	21	3.35	30	0.00	31	0.00	31
西藏	8.54	31	0.70	31	1.06	31	0.78	31	0.66	30	5.33	30
平均值	41.37		9.41		5.84		8.76		5.77		11.59	

从区间来看，将各省总指数得分按从小到大依次划分为 9 个区间，每个区间都有相关省份分布（见图 1）。其中，得分区间 0 ~ 10 仅有西藏，得分区间 10 ~ 20 分布着甘肃和新疆两省份，得分区间 20 ~ 30 分布着内蒙古、吉林、宁夏和云南、青海五省份，得分区间 30 ~ 40 分布着广西、湖北、河北、江西、陕西、河南、辽宁、湖南、山西和黑龙江十省份，得分区间 40 ~ 50 分布着天津、山东、重庆、四川和海南五省份，得分区间 50 ~ 60 分布着贵州、安徽和福建三省份，得分区间60 ~ 70 仅有江苏，得分区间 70 ~ 80 分布着上海、浙江和北京三省份，得分区间 80 ~ 90 仅有广东。

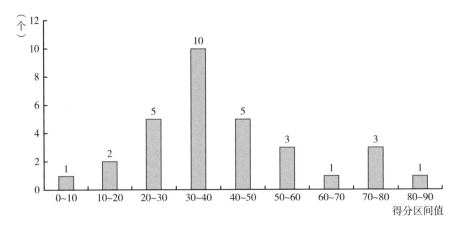

图1　各分值区间省份分布情况

（二）一级指标得分情况分析

从各项指数的得分率来看，效能评估指数平均值为 11.59，得分率[①]为 57.95%，得分率最高，在治理科技发展中依旧占据着重要位置，因为 31 个省份的效能评估水平普遍较高，不少省份加强了政务数据管理与应用，推出一批接地气、百姓喜闻乐见的"一网通办"服务，提升政府信息公开的透明度与公共服务的便利性、普惠性，获得了老百姓实实在在的欢迎。而场景应用指数平均值为 5.77，得分率为 28.85%，得分率最低（见表 2）。这种情况主要是由于治理科技在政府等领域的应用模式和场景仍处于探索阶段，

表2　各指数得分率计算结果

一级指标	权重(%)	平均值	得分率(%)
制度保障指数	20	9.41	47.05
发展环境指数	20	5.84	29.20
支撑能力指数	20	8.76	43.80
场景应用指数	20	5.77	28.85
效能评估指数	20	11.59	57.95

①　得分率＝平均值/权重，该指标衡量了消除权重影响后的分指数发展状况。

不同的治理场景意味着不尽一致的技术要求，未来随着政府部门数据开放和治理科技的进一步发展，治理科技的应用场景将在政府及更多主体的职能转变中发挥更重要的作用。

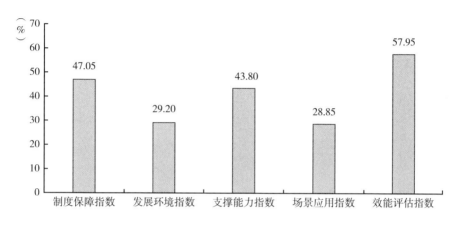

图2　各指数得分率对比

二　区域发展分析

　　总体来看，除东部地区外，其他区域治理科技指数均低于全国平均值，且区域发展不平衡，东部和西部区域内各省发展差距明显。其中，东部地区总指数平均值为59.98，高出全国总指数平均值18.61；中部地区总指数平均值38.71，比全国总指数平均值低2.66；西部地区总指数平均值为30.04，比全国总指数平均值低11.33，东北地区总指数平均值为31.33，比全国总指数平均值低10.04。

（一）东部地区发展情况

　　从整体上看，东部地区治理科技指数发展水平较高。从东部地区与全国比较看，东部地区平均值为59.98，比全国平均值高出18.61。除了河北和海南两省得分低于全国平均值外，其余各省得分均高于全国平均值，治理科

技发展处于较高水平（见图3）。东部地区治理科技指数发展情况与其他三个地区差异明显。

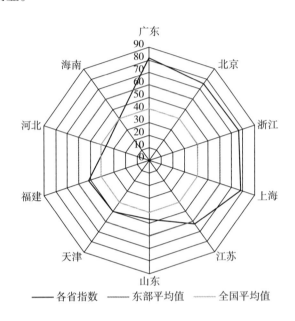

图3　东部地区治理科技指数与平均值对比

从区域内比较看，内部呈现不均衡的状态。东部地区的广东、上海、浙江、北京和江苏发展水平最高，这五个地区提升了整体的发展水平，并且广东、上海、浙江和北京五个单项指数均位列前十，显示了强大的综合治理科技水平。山东、天津、福建、河北、海南五省与广东、北京、浙江、上海、江苏五省差距较大（见图3）。这五个地区治理科技指数平均值为45.17，总体处于全国中上水平，它们与区域内部排名靠前地区有差距的原因都是至少有一项单项指标排名相对靠后，其中福建的制度保障指数，天津、山东和河北的效能评估指数，海南、河北的发展环境指数都排名相对靠后。

广东省在场景应用指标和效能评估指数上表现突出。广东省在2018年4月就发布了《广东省数字经济发展规划（2018～2025年）》，强调要利用广东丰富的数据资源、实力强劲的产业基础和多样化的应用场景，加快发展数字经济，推动广东加快向制造强省、网络强省、数字经济强省转变。广东省委、省政府高度重视"数字政府"建设，2017年底广东省政府就建设"数字政府"做出了决定，把创新数字化政府管理体制和信息化政务建设摆在了重要高度，强调要以系统集约化为原则，通盘筹划广东省的信息化基础设施资源，突破各个部门之间的数据牢笼和数据壁垒，创新线上政务服务的新业态和新模式，把广东省"数字政府"的转型和快速落地作为加速全省数字经济发展的重要契机和驱动经济高质量发展的保障。全国首创的"政企合作、管运分离"的模式在广东应运而生，"粤省事"和"广东政务服务网"等优秀的政务服务平台增强了老百姓的便利感和满足感，形成了"信息多跑路、百姓少跑腿，服务零距离，企业好办事"的良性循环，广东省的政务服务能力也从2016年的排全国第九名跃升到2018年的排全国第一名。广东通过坚持整体谋划、全省一盘棋地推动"数字政府"的改革，再度体现了广东省政府深入贯彻落实"数字中国"重大战略、加快推进"数字政府"改革落地的决心，也为全国其他地区实施"数字中国"战略、探索开创政府数字化改革提供了方向和经验。

（二）中部地区发展情况

从整体上看，中部地区发展水平与全国平均水平十分接近，治理科技发展处于中等水平。从中部地区与全国比较看，中部地区治理科技指数平均值为38.71，比全国低2.66（见图4）。除了安徽外，各省得分均低于全国平均值。其中，得分最高的安徽比得分最低的山西高出20.04。

从区域内比较看，除了安徽得分较高外，其余五省得分区间均为30～40，低于全国平均值，域内发展相对均衡。安徽在效能评估指数方面取得了非常不错的成绩，网上政务服务能力的提升是安徽省在国家网络强国战略指引下，深化"放管服"改革，大力推进"互联网+政务服务"取得的成效。作为10个政府网站集约化试点省份之一，近年来，安徽坚持以人民为中心的发展思想，牢固树立创新发展理念，认真落实政府网站互联互通创新融合发展。近期，安徽省人民政府网站集约化平台建设与网站改版项目启动，加速打造利企便民、人民满意、亮点纷呈的"数字政府"。建成后的安徽省集

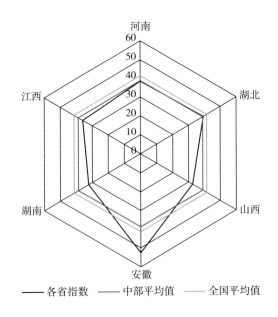

图4 中部地区治理科技指数与平均值对比

约化平台将与政务服务、政务公开、统一政府热线服务等平台互联互通、互认共享。

（三）西部地区发展情况

从整体上看，西部地区治理科技发展处于较低水平。从西部地区与全国比较看，西部地区治理科技指数平均值为30.04，比全国平均值低11.33（见图5）。并且，西部12省份仅有贵州、重庆、四川三省得分高于全国平均值，这三省提升了整体发展水平，其余省份得分均低于全国平均值。

从区域内比较看，西部地区的内部差距比较大。各省份治理科技指数仅有贵州、重庆、四川、陕西、广西五省份得分超过西部地区平均值。其中，得分最高的贵州比得分最低的西藏高出44.95。贵州省在制度保障指数方面排名居第二，贵州在各方面力量相对薄弱的基础上实现了大数据的跨越式发展，由省长挂帅贵州省大数据发展领导小组，成立大数据发展管理局，为省政府正厅级直属事业单位，下设政策法规与标准规范处、产业发展处、数

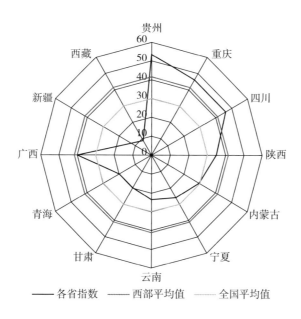

图5　西部地区治理科技指数与平均值对比

据资源管理与安全处、应用推广处等九个内设机构，着力推动大数据产业发展和政府数字化转型。此外，在大数据应用日益广泛的今天，政府数据资源共享和开放已经成为促进大数据产业发展的关键，但由于政府数据的敏感性，加之政府数据分类分级标准的滞后和缺失，政府数据开放和共享面临诸多困难。贵州先行先试发布了《政府数据　数据分类分级指南》等4项政府数据系列地方标准，在政府数据管理和共享开放领域进行了大胆探索。通过这些标准的制定与应用，对政府数据的有序管理和开发利用更加高效，对推动政府数据的开放和共享、推动政府数据的"聚通用"具有重大意义，为大数据的发展、融合与应用提供了坚实基础和有力支撑，为挖掘利用贵州省政府数据价值做出了贡献。

（四）东北地区发展情况

从整体上看，东北地区治理科技发展处于较低水平。从东北地区与全国

比较看，东北地区治理科技指数平均值为 31.33，比全国平均值低 10.04。并且，东北地区三个省得分均低于全国平均值（见图6）。

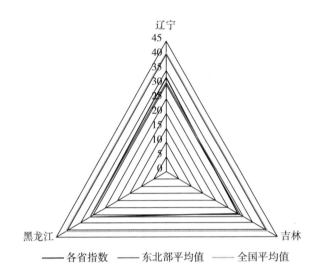

图6 东北地区治理科技指数与平均值对比

从区域内比较看，东北地区治理科技发展相对均衡。其中，得分最高的辽宁比得分最低的吉林仅高 3.59，指数值差距较小。辽宁在发展环境指标方面得分较高，辽宁是我国城市化及工业化水平较高的省份之一（国企众多），拥有不错的"家底"，社会保障水平高，居民财富累积时间长，人均地区生产总值处于全国中上水平，人均教育水平也不低，数字经济占地区生产总值比重超过30%，虽然经济增长速度慢于全国平均水平，但辽宁作为东北振兴战略的中心，得到较多政策和发展要素的支持，地方经济、数字产业和人才仍然是辽宁治理科技发展中的最大优势。

三 分指数评价结果

将制度保障指数、发展环境指数、支撑能力指数、场景应用指数、效能评估指数进行拆解分析，进一步评估不同省份各项指数发展现状，形成对各省份治理科技指数构成的认识，深化对各省份治理科技发展现状的理解。

（一）制度保障指数评价结果

浙江在出台政策、标准等方面表现抢眼，制度保障指数得分最高。制度保障指数主要从机构设置数量、出台政策数量、出台标准数量三个维度进行综合评估，其中机构设置数量主要反映地方大数据管理机构数量和行政级别，出台政策数量主要反映地方电子政务发展、政务数据开放共享、数据资源利用与保护管理等方面的政策法规发布情况，出台标准数量主要反映地方电子政务、大数据、信息资源管理等领域标准的研制情况和实施情况。从2019年各省份制度保障指数得分情况来看，该指数全国平均值为9.41。其中，浙江、贵州、广东等19个省份得分均超过全国平均值，占比为61.29%（见图7）。

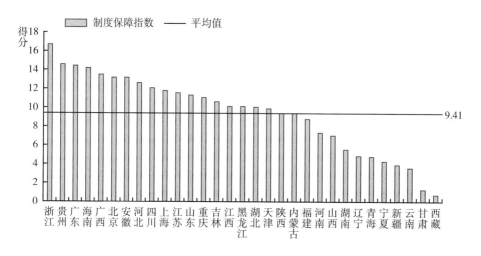

图7　各地区制度保障指数得分分布情况

除了少数几个得分相差较大的省份外，绝大多数省份得分区间在10～15，分布较均衡。但从东、西部地区比较来看，发展差异较大，得分在全国平均值以上的东部地区有浙江、广东、海南、北京、河北、上海、江苏、山

东、天津等，而西部地区得分在全国平均值以上的仅有贵州、广西、四川、陕西等。

浙江是全国首个信息经济示范区，同时也是国内仅有的同时承担数字领域三个国家级试点任务的省份（即国家电子政务综合试点、公共信息资源开放试点、政务信息系统整合共享试点）。近年，浙江以"互联网＋政务服务"为抓手，不断推出以"四张清单一张网"和"最多跑一次"为代表的政府服务创新模式，渐渐在全国各地推广，在政府的数字化转型上做到了全国领先。

在组织保障体系上强化组织保障，推进政务数据管理机构改革，2015年浙江便先行先试成立了省数据管理中心，同时在《浙江省机构改革方案》获得中央批准之后又组建了省大数据发展管理局。浙江省大数据发展管理局负责推进政府数字化转型和大数据资源管理等工作，通过组建该机构，加快了数字化与政务服务的深度融合与应用，整体有序地管理公共数据资源和电子政务，进一步加强政府信息资源的有效整合利用，打破信息孤岛、实现数据资源共享，助推"最多跑一次"改革和政府数字化转型，加快推进数字浙江建设。

在政策制度体系上，强化制度保障与支撑，加速制定政府数字化转型相关的法律法规和制度，浙江省人民政府在2017年便发布了《浙江省公共数据和电子政务管理办法》，自上而下地在各个层级推行电子政务，实行网上办事，推动治理能力与现代化科技相结合，从而使信息化的治理能力和公共服务水平让人民群众满意。

在标准规范体系上，强化标准化建设，积极构建具有浙江省特色的政府数字化转型地方标准体系，2019年浙江省《政府数字化转型工作指南》立项，这是浙江省政府数字化转型标准体系的首个标准，体现了浙江省政府数字化转型工作的目标和总体要求，为浙江省全面开展政府数字化转型提供了建设指南和工作规范。

（二）发展环境指数评价结果

发展环境指数得分排前八位的省份均位于我国东部地区，与其强大的经济实力和领先的社会发展水平相符。发展环境指数主要从人均地区生产总值、数字经济发展指数、大专及以上文化程度就业人口占比三个维度进行分析，评估地方经济、数字产业及人才对治理科技发展的影响。从 2019 年各省份发展环境指数来看，全国平均值为 5.84。全国仅有北京、上海、江苏、广东、浙江、天津、福建、山东 8 省份得分超过平均值，仅占全国的 28%（见图 8）。

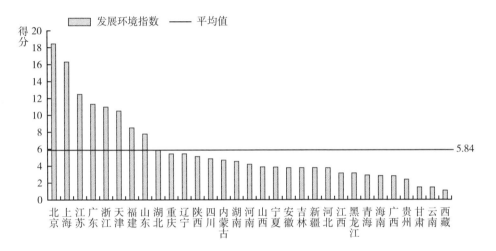

图 8　各地区发展环境指数得分分布情况

2019 年发展环境指数得分排前八位的分别是北京、上海、江苏、广东、浙江、天津、福建和山东，它们处于开放前沿，是诸多领域的"示范区"和"试验田"，不管是地区生产总值、人均地区生产总值、居民受教育水平、数字产业化水平都遥遥领先于其他地区。与此相反，很多中部、西部和东北地区的省份在发展环境指数排名方面比较靠后。在大数据引导的新时代背景下，很多欠发达地区的大数据经济实现了跨越式追赶，整体的经济形势日趋向好。但是，这些欠发达省份大多信息资源缺乏、交通不便，社会经济的整体发展水平与东部地区还有一定距离。从这些欠发达省份所在的发展阶段来看，大多还在工业化与信息化同时加速转变的阶段，各种基础设施亟须加快建设，支柱产业和民生工程都尚待进一步加强，大数据和产业的有效融

合亟待解决，同时区域不平衡现象仍然突出，区域协调发展的任务仍然很重。

（三）支撑能力指数评价结果

北京、广东和上海5G商用成熟度引领全国，北京、广东高新技术企业占比居全国前列。支撑能力指数主要从首批5G商用试点示范城市数量、高新技术企业占全省企业比重、社会组织从业人员占就业人口比重三个维度进行综合评估，主要反映地方治理科技支撑能力的情况。从2019年各省份支撑能力指数得分来看（见图9），全国平均值为8.76。其中，北京、广东、上海等12个省份得分超过全国平均值，占比为38.7%。从得分区间分布来看，全国仅有8个省份得分都位于区间10~20，其余省份得分都位于区间0~10。

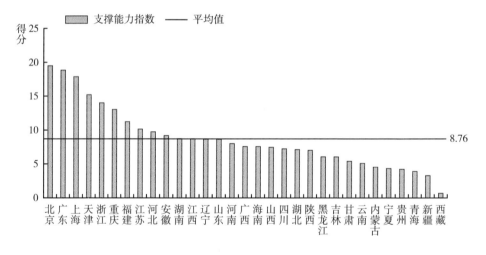

图9　各地区支撑能力指数得分分布情况

从各分项指标具体得分情况来看，广东、北京和上海在5G商用成熟度方面表现抢眼。珠三角地区是通信产业实力雄厚的地区，5G通信技术相关企业更是占到50%以上，广东的5G技术领军企业华为和中兴不仅睥睨全国，在全球市场上都拥有领先的技术和过硬的科研实力。北京则是科研院所高度集中的地区，顶尖的高等院校扎堆，科研实力强劲，在人才培养方面领先全国，中国移动等三大运营商总部均位于北京。位于上海的一众企业、高校和科研院所在 5G 产业也有不俗的实力。

北京在高新技术企业占比方面同样遥遥领先。在科技创新领域北京的信息技术与科研技术两大行业占有绝对的优势。而这两大行业恰恰又是技术含量最高的。在全国顶尖高校数量、顶尖科研院所数量、百强互联网企业数量方面，北京都以绝对优势排名第一，所以北京高新技术企业占本地区企业比重较高不难理解。

（四）场景应用指数评价结果

广东、贵州等在政府数据集开放总量上居前列，浙江城市大脑数量遥遥领先，全国政府网上政务服务能力普遍较高。场景应用指数主要从政府数据集开放数量、城市大脑建设数量、网上政务服务能力三个维度进行综合评估，主要反映地方政府政务数据开放共享、智慧城市建设及电子政务实施等治理科技应用场景的开发程度。从 2019 年各省份场景应用指数分析结果来看（见图 10），全国平均值为 5.77。其中，广东、浙江、贵州、上海、北京、江苏、安徽、山东、福建、四川 10 省份得分超过全国平均值，占比为 32.25%。

从东、西部地区比较来看，东强西弱的局面明显。得分高于全国平均值的 10 个省份中，东部省份有 7 个，西部省份有 2 个，还有 1 个为中部省份。

从各分项指标具体得分情况来看，广东、贵州等在政府数据集开放数量指标上列前三。三地是"政府数据开放"的先行者，无论是相关政策数量还是政策内容详细度都处于领先位置。

在城市大脑数量指标上，浙江以 9 个位列第一。杭州的萧山区在2016 年便开始了在"城市大脑"领域的实践探索，通过三年在交通治理等领域的实践，浙江省在"城市大脑"建设中累积了丰富的经验，并相应出台了《浙江省"城市大脑"建设应用方案》，形成了"建设基础好、

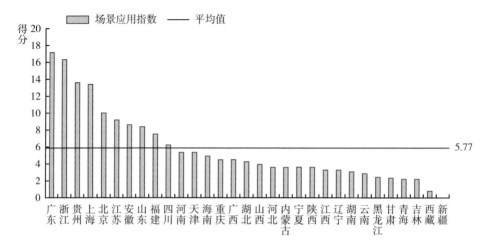

图10 各地区场景应用指数得分分布情况

技术支撑强、部门合力推、实践探索早"的良好局面,在不少领域都形成了一批全国领先的成熟应用。此外,中部的安徽、西部的贵州在这项指标上也表现不俗。

在网上政务服务能力指标上,全国31个省份的网上政务服务能力普遍较高。其中,江苏、广东、贵州、浙江、上海、安徽位于全国前列。贵州和安徽成为西部地区和中部地区跻身前列的典范。福建、四川、北京的网上政务服务能力指数得分均高于均值,为全国领先水平。海南、山东等20个省的指数得分在均值上下,相对差距不大。西藏和新疆的网上政务服务能力指数得分相对较低。

(五)效能评估指数评价结果

作为国家正式确定的"互联网+政务服务"综合试点省份,江苏在效能评估中表现优异。效能评估指数主要从"一网通办"服务事项覆盖度、互联网+政务服务便利度、智慧政务服务满意度三个维度进行综合评估,主要反映政务服务事项数量、群众利用互联网政务系统申办相关事务的可及度以及群众对网上政务服务的满意度等情况。2019年效能评估指数分析结果显示（见图 11），全国平均值为 11.59。其中，江苏、广东、上海、贵州、浙江、安徽、福建、四川、北京、湖北、重庆 11 省份得分超过全国平均值，占比为 35.48%。

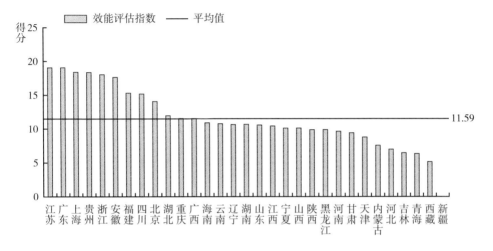

图 11 各地区效能评估指数得分分布情况

江苏坚持以为人民服务为中心，以提高服务群众和企业办事效率和满意度为出发点，以数字化政务科技为支撑，不断提升线上服务的标准和能力，全面推进"不见面审批"改革，构建"不见面审批 + 强化监管服务 + 综合行政执法"新型管理体系，进一步营造开放便捷的营商环境，提升行政效能，简化烦琐的审批手续，不断提高人民群众和企业的体验度、便利度和满意度。

四　省份相似性及指标相关性分析

利用数学方法对 2019 年中国治理科技指数进行分析，并用计算机进行求解，有利于对评价对象进行量化分析，实现政策效果评价从定性到定量的跨越，提高政策的科学性。

（一）省（区、市）相似性分析

四川和甘肃、海南和广西等2019年治理科技指数相似性较高。为了度量各个省份2019年治理科技指数的相似性，此处采用欧式距离来衡量，距离越小则相似性越高，表达式为：

$$d(x,y) = \left[\sum_{i=1}^{n} \mid x_i - y_i \mid^2 \right]^{\frac{1}{2}} \tag{1}$$

其中，$d(x,y)$ 为 x、y 省之间的欧式距离，x_i、y_i 分别为 x、y 省在 i 指标的取值，n 可取一级指标个数5或二级指标个数15。

由（1）式以表1一级指标的数值为基础计算得出省份之间的欧式距离，其中海南和广西的欧氏距离最小，为0.94，为此次评估最相似的2个省份，辽宁和湖南次之，欧式距离为1.21。若以一级指标所属的二级指标的数值为基础计算省份之间的欧式距离，则四川和甘肃之间的欧式距离最小，为52.26，是最为相似的2个省。从实际情况来看，四川和甘肃在大专及以上文化程度就业人口占比、首批5G商用试点示范城市数量和城市大脑建设数量等方面相似度较高；海南和广西在首批5G商用试点示范城市数量、城市大脑建设数量和智慧政务服务满意度等方面具有较高的相似性；辽宁和湖南在政府数据集开放数量、城市大脑建设数量和"一网通办"服务事项覆盖率等方面表现十分相似。相似的地区可以更好地借鉴对方的成功经验，使政策执行的效果更好。

（二）二级指标相关性分析

网上政务服务能力与互联网＋政务服务便利度、人均地区生产总值与大专及以上文化程度就业人口占比等具有一定的相关性。为了分析各个二级指标之间的相关关系，在此把机构设置数量、出台政策数量、出台标准数量、人均地区生产总值、数字经济发展指数、大专及以上文化程度就业人口占比、首批5G商用试点示范城市数量、高新技术企业占全省企业比重、社会组织从业人员占就业人口比重、政府数据集开放数量、城市大脑建设数量、网上政务服务能力、"一网通办"服务事项覆盖率、互联网+政务服务便利度、智慧政务服务满意度等二级指标分别表示为 X_1、X_2、X_3、X_4、X_5、X_6、X_7、X_8、X_9、X_{10}、X_{11}、X_{12}、X_{13}、X_{14}、X_{15}。根据相关系数的表达式（2）求出各个二级指标之间的相关系数矩阵如表 3 所示，并画出二级指标之间的聚类树形图，如图 12 所示：

$$r_{jk} = \frac{\sum_{i=1}^{31} (x_{ij} - \bar{x}_j)(x_{ik} - \bar{x}_k)}{\left[\sum_{i=1}^{31} (x_{ij} - \bar{x}_j)^2 \sum_{i=1}^{31} (x_{ik} - \bar{x}_k)^2\right]^{\frac{1}{2}}} \tag{2}$$

其中，r_{jk} 为 j、k 二级指标之间的相关系数，$\bar{x}_j$、$\bar{x}_k$ 分别为 j、k 二级指标的平均值，x_{ij}、x_{ik} 分别为 i 省在 j、k 指标的取值，i 的取值为 1～31。

表 3　二级指标之间的相关系数

指标	X_2	X_3	X_4	X_5	X_6	X_7	X_8
X_1	0.26	0.09	0.18	0.36	-0.01	0.32	0.22
X_2	1	0.18	0.27	0.44	0.20	0.30	0.33
X_3	0.18	1	0.46	0.42	0.32	0.46	0.22
X_4	0.27	0.46	1	0.70	0.85	0.72	0.69
X_5	0.44	0.42	0.70	1	0.44	0.64	0.73
X_6	0.20	0.32	0.85	0.44	1	0.59	0.67
X_7	0.30	0.46	0.72	0.64	0.59	1	0.61
X_8	0.33	0.22	0.69	0.73	0.67	0.61	1
X_9	-0.43	-0.32	-0.59	-0.69	-0.41	-0.58	-0.47
X_{10}	0.23	0.49	0.49	0.68	35	0.50	0.62
X_{11}	0.49	0.64	0.54	0.69	0.32	0.57	0.41
X_{12}	0.54	0.40	0.50	0.76	0.22	0.53	0.44
X_{13}	0.37	0.05	0.24	0.55	0.06	0.17	0.42
X_{14}	0.61	0.33	0.44	0.73	0.15	0.45	0.39
指标	X_9	X_{10}	X_{11}	X_{12}	X_{13}	X_{14}	X_{15}
X_1	-0.45	0.32	0.32	0.50	0.20	0.51	0.45
X_2	-0.43	0.23	0.49	0.54	0.37	0.61	0.44
X_3	-0.32	0.49	0.64	0.40	0.05	0.33	0.44
X_4	-0.59	0.49	0.54	0.50	0.24	0.44	0.54
X_5	-0.69	0.68	0.69	0.76	0.55	0.73	0.74

续表

指标	X_9	X_{10}	X_{11}	X_{12}	X_{13}	X_{14}	X_{15}
X_6	− 0. 41	0. 35	0. 32	0. 22	0. 06	0. 15	0. 28
X_7	− 0. 58	0. 50	0. 57	0. 53	0. 17	0. 45	0. 57
X_8	− 0. 47	0. 62	0. 41	0. 44	0. 42	0. 39	0. 45
X_9	1	− 0. 34	− 0. 43	− 0. 65	− 0. 43	− 0. 63	− 0. 63
X_{10}	− 0. 34	1	0. 57	0. 66	0. 42	0. 61	0. 66
X_{11}	− 0. 43	0. 57	1	0. 68	0. 38	0. 64	0. 68
X_{12}	− 0. 65	0. 66	0. 68	1	0. 67	0. 97	0. 97
X_{13}	− 0. 43	0. 42	0. 38	0. 67	1	0. 66	0. 64
X_{14}	− 0. 63	0. 61	0. 64	0. 97	0. 66	1	0. 88

根据表3和图12的相关数据，X_{14}和X_{12}最先聚为一类，且具有最大的相关系数0.97。其次，X_4和X_6又聚为一类，相关系数为0.85，且都为正相关关系。这表明在本次测评中，网上政务服务能力与互联网＋政务服务便利度的相关关系最强，人均地区生产总值与大专及以上文化程度就业人口占比也具有较强的相关关系。从实际情况来看，网上政务服务能力越强的地方互联网＋政务服务便利度越高，大专及以上文化程度就业人口占比越高的地方人均地区生产总值越大，数据与实际较为符合。对于相关性的分析，有助于政策出台时能考虑更大的政策影响范围，提高治理科技发展政策的精准性。

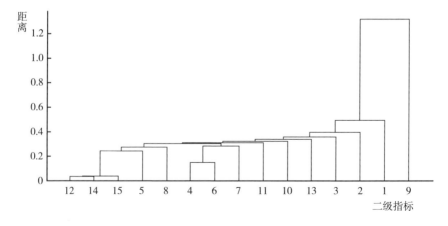

图12　2019年治理科技指数二级指标聚类树形图

五 结论与建议

（一）发挥各自特色，推动区域分工与协作

当地的经济发展水平对当地的治理科技水平具有一定的影响。从东部地区占领治理科技指数前十位的 8 个席位，并且平均得分遥遥领先于全国平均分和其他地区的评估结果就可以看出。各个区域经济实力和社会发展水平的不同，治理科技发展水平差距较大，广东、上海、浙江、北京、江苏走在全国前列，西藏、新疆、甘肃、青海等省份治理科技发展水平明显落后于排名靠前的省份。此外，区域联动发展态势尚未形成。各省份间没有明显的关联性。因此，各地应该更加关注区域间的分工和协作，实现资源的优化配置。

（二）着力补齐短板，推动区域内均衡发展

从区域内比较来看，中部和东北地区治理科技发展相对均衡，而东部和西部治理科技发展相对失衡。各个区域治理科技指数结果呈现"长尾"分布，多数省份的治理科技发展水平有待提高；对于区域内治理科技发展相对滞后的省份，除了做好基础设施和人才储备工作之外，还必须增强当地对于治理科技的关注度和支持度，并根据当地的实际情况，对标区域内治理科技水平领先的省份，制定并出台关于支持、推动治理科技发展的政策措施，并在扶持资金上做出倾斜，让区域内部落后的省份增强发展治理科技的动力和信心，为其"弯道超车"提供可能性。

（三）政府加大重视，提高数字化政府建设步伐

由于治理科技工作涉及部门众多、内容繁杂，治理科技发展水平其实也与各地政府对治理科技工作的重视程度密切相关。数字化政府建设是增强政府治理能力、提高治理科技水平的重要手段。各地政府应该积极吸引人才，营造良好的发展环境，增强数字经济产业发展活力，加快数字基础设施建

设，特别是以 5G 为代表的新一代移动通信技术建设；主动积极出台并落实数据开放政策，推进政务数据机构改革，研制和实施电子政务、大数据相关标准，推动数据资源开放共享，创新治理工具，完善治理体系，提高治理能力。

参考文献

中央党校（国家行政学院）电子政务研究中心：《2019 数字政府建设发展报告》，中国电子政务网，2019 年 8 月 2 日。

连玉明：《大数据蓝皮书：中国大数据发展报告 No.3》，社会科学文献出版社，2019。

中国电子信息产业发展研究院：《2019 中国数字经济发展指数白皮书》，中国大数据产业观察网，2019 年 10 月 1 日。

中国软件测评中心：《政务数据质量管理调查白皮书（2019）》，中国软件测评中心网站，2019 年 12 月 1 日。

浙江省经信厅产业数字化推进处：《引领全国的浙江"城市大脑"》，浙江数字经济网，2019 年 8 月 15 日。

B.17

2019年中国（贵阳）治理科技应用研究

摘　要： 治理科技是实现治理体系和治理能力现代化的支撑要素之一。贵阳在建设"中国数谷"的过程中，依托治理科技先发优势，不断深化理论创新和实践创新，以应用场景为驱动，培育创新应用沃土，在纪检、党建、公安、政法、社会治理、城市治理等领域率先开展了一批治理科技创新应用试验，探索数字治理新模式，为其他地区提供了一批可借鉴、可复制、可推广的经验与模式。

关键词： 贵阳　治理现代化　治理科技　应用创新

贵阳围绕数字政府、数字经济和数字民生，在社会治理、产业发展、民生服务等领域创新大数据应用场景，逐步形成一系列数据驱动型创新体系和应用场景模式，为大数据驱动应用场景创新集聚提供良好的沃壤。以大数据为引领，构建以数据为关键要素的数字经济，推动大数据和实体经济融合发展，形成大数据全产业链、全服务链、全治理链，实现大数据发展的"全新价值链"，这是贵阳发展大数据产业的实践逻辑，也是大数据战略从风生水起到落地生根的必然。

一　治理科技提出的背景和意义

随着大数据、人工智能、5G移动通信等新兴信息技术在国家治理中的广泛应用，以现代科技为基石、与新时代经济社会发展相适应的治理科技体

295

系已应运而生。所谓治理科技，就是运用新一代信息技术推动国家治理体系和治理能力现代化，以技术手段创新治理方式、提高治理效能。治理科技将深刻地改变国家的治理理念、治理范式、治理内容和治理手段，对于提高政府的治理效率与质量具有不可替代的巨大作用。

（一）治理科技是贵阳大数据理论创新和实践探索的产物

推进国家治理体系和治理能力现代化是党的十九大明确提出的内容，这是党中央站在时代新起点上作出的伟大战略判断，也是习近平新时代中国特色社会主义思想的重要内容。党的十九届四中全会进一步明确了科技创新是国家治理体系和治理能力现代化的重要内容和基础支撑，凸显了科技支撑在国家治理中的重要作用。作为中国大数据发展的策源地、大数据要素的集聚区和大数据探索的筑梦场，贵阳积极响应党中央、国务院决策部署，主动作为，率先利用在大数据治理领域的经验和优势，大胆决策，围绕"治理科技如何提升政府治理能力"这一时代热点大胆探索和创新，探寻国家治理能力现代化。通过以互联网大数据、区块链、5G移动通信等新兴信息技术为支撑，运用治理科技全面推进政府治理能力现代化，形成了以新兴科学技术手段辅助科学决策、社会治理机制创新等应用场景，推进了政府管理方式、社会治理模式创新的治理现代化进程。用最有效的技术工具来推动更好的治理，实现政府决策科学化、社会治理精准化，并在时代发展趋势中不断补充完善，逐步加深治理科技、治理模式两者的融合，为我国推进治理科技体系和治理能力现代化提供可借鉴、可复制、可推广的经验。

（二）治理科技是贵阳打造数字政府地方样板的经验总结

政府治理是国家治理体系的核心，而数字政府是运用治理科技推动政府转型的最新实践。近年来，贵阳运用大数据技术和方法，开展基于大数据的数字政府智能化治理，打造"一擎双翼"① 数字政府，推动政府管理服务工

---

① "一擎双翼"：以政府数据共享交换平台为引擎，政府治理平台和社会治理平台为双翼。

作网络化、智能化，实现了地方政府治理体制由碎片化、模糊化向协同化、透明化转变，治理方法从简单粗放向科学决策转变，治理模式由静态治理向动态治理转变。贵阳数字政府建设极大地提高了地方政府效能，优化了政府行政体系，形成了极富创新和极具成效的数字政府贵阳理论和实践创新，具有鲜明的数字逻辑和时代特征，是地方政府治理现代化转型的初步尝试。下一步，贵阳政府将加速新一代治理科技手段的运用，布局和实施人工智能、量子信息等治理科技在提升智慧治理方面的重大工程和应用项目，塑造全新的数字政府治理模式，向世界贡献以治理科技为引领的数字政府"贵阳智慧"。

（三）治理科技是支撑贵阳建设"中国数谷"的未来方向

治理科技是长期以来贵阳大数据实践和理论的结晶，更是贵阳开启"中国数谷"建设新征程迈出的关键一步。在"中国数谷"的建设中，贵阳一直致力于数据驱动型全治理链发展，充分利用大数据创新社会治理体系和助推治理能力现代化，推进政府管理方式社会治理模式创新，提升行政智能化水平，形成"大数据慧治、大服务惠民、大监管共治"的城市治理格局。在未来，贵阳更着眼于以"五大"① 新技术为核心支撑治理科技的发展，加快数智贵阳"未来城市"建设，促成数字孪生城市的诞生，发挥"科技支撑"在社会治理体系的重要作用，将最新技术与城市规划、治理、运营相结合，以治理科技支撑城市决策、运营，创造一个全新的城市治理方式，打造治理科技引领的未来城市样板。在新一轮科技革命制高点的争夺中，把握时代脉搏，通过治理科技手段实现治理能力的飞跃提升，全力打造"中国数谷2.0"。

二　治理科技应用创新的贵阳实践

贵阳依托治理科技先发优势，不断深化理论与实践的结合，在纪检、党建、公安、政法等领域率先开展了一批治理科技创新应用，逐步形成了

---

① "五大"：人工智能、量子信息、5G、物联网和区块链。

"数据铁笼""党建红云""社会和云""公安'块数据大脑'""政法大数据工程""数字孪生城市"等治理科技品牌项目，为应用治理科技创新政府治理和服务模式、提升行政管理和服务效率提供了宝贵的实践经验。

（一）数据铁笼：大数据吹响权力监督哨

2015年，贵阳市率先启动"数据铁笼"反腐行动计划，运用大数据人工智能等思维和技术原理，将政府行政权力运行过程数据化、自动流程化、标准规范化，实现对职能部门"三重一大"、两个责任落实、一岗双责等权力运行的监测、管理、预警、分析、反馈、评价和展示，促进监、管、执、纪智能化、精准化与阳光化，目前已在监督执纪、交通执法、住建监管、健康医疗、脱贫攻坚等方面形成了典型的场景应用。

"人在干、云在算、天在看"是贵阳"数据铁笼"建设的智慧特征。让权力走向阳光化，奏好"数据铁笼"建设"四部曲"①。以信息化作为"数据铁笼"工程建设基础，加快政务服务管理和公共服务信息化进程。运用互联网大数据、人工智能等新兴技术推动"数据铁笼"工程建设，将参与建设的委、办、局等职能部门的"三清单一流程"②纳入"数据铁笼"管理，实现职能部门权力的数据化。在"数据铁笼"信息数据化采集存储基础上，运用人工智能、云计算等技术对各人员权力运行使用情况进行关联分析、对比、预警并形成自流程化，从而把握人的行为与规律，预测未来，实现对权力的监管。同时，信息数据化与自流程化有助于深度整合各领域、层级、部门的信息资源，形成数据关联比对和融合分析，实现公职人员权力运行的透明化。

（二）党建红云：全面从严治党科技利器

管党治党须坚强有力，治国方能正确有效。贵阳市在主导大数据产业取

---

① "四部曲"：信息化、数据化、自流程化、融合化。
② "三清单一流程"：权力清单、责任清单、任务清单和业务工作流程。

得优势发展的基础上，运用大数据、物联网等科学技术手段，突破传统信息"孤岛""条"等状态和信息价值难以发挥等局限，建立了集"一云两库六大应用"[①] 于一体的"党建红云"平台，开拓了"用数据见证事实、用数据辅助决策、用数据参与管理和用数据助力创新"的特色新路，并于2016年获得全国第四届基层党建创新最佳案例第一名。

推动党建工作精准发力。运用大数据技术，通过对已录入"党建红云"平台应用系统党员、党组织基础行为数据采集，形成数据痕迹分析，了解党员对中央、省、市方针、政策和重大决策关注的焦点、重点、日常学习数据，综合研判基层党组织贯彻落实上级精神情况、党员干部的思想状况、技能培训情况等，作出综合分析与判断，为精准做好党员理想信念教育、思想政治工作、专项培训工作等提供参考，也有助于针对性地对基层组织建设进行指导和管理，有效推进各党务工作。

实现决策参考智能研判。通过对贵阳市范围内各社区、乡镇近9000个基层党组织和所有入库党员的个人数据库、领导干部信息库和基层信息库等内容进行系统智能集成分析管理和同步更新，并通过有关网站、社区、微博、论坛、短视频等抓取的海量信息数据进行过滤、筛选、识别、分析，获得基层组织动态，研判党员干部队伍组成、党员流动变化等情况，为抓干部、建队伍形成模范带动作用和加强基层组织管理、建设提供科学依据。

织密制度笼子管住权力。以"'四位一体'干部管理"确定管理层人员工作目标、岗位责任清单为基础，以"干部每日工作纪实"为工作重点，在实录过程中采集干部日常工作、学习记录数据，将其融入干部季度、半年和年度等考核数据中，实现对干部权责的跟踪、分析、评估、提醒和预警等，形成正向激励和负向惩戒机制。同时，将党员电子诚信档案信息体系纳入考核内容中，形成综合的考核体系，进而强化对党员干部品德、廉洁等方面的约束，推动从严从实管理考核干部新机制落到实处。

[①] "一云两库六大应用"："一云"，"党建红云"；"两库"，基础数据库与行为数据库；"六大应用"，党建 App、"四位一体"干部管理、党务公开、党员干部教育、领导干部个人诚信、视频云服务系统。

促进服务群众贴心及时。建设"党员志愿服务平台",借助身边党员优势,通过平台系统功能实现党员志愿服务与群众服务需求精准连接,及时解决群众难题,有效解决"有需求没帮助,能帮助没对象"的供需矛盾,密切党群干群关系。通过"驻村工作"模块,解决以往驻村工作"驻不下""干不好""干不长"等问题,发挥驻村干部"真蹲实驻、真帮实促、真抓实干"作用,让驻村干部在拥有"政策通"本领的同时,也成为农民群众的"土专家",切实解决群众难题。

(三)社会和云:社会治理的智慧大脑

以"好用、管用、易用"为原则,借助互联网、大数据等应用技术,运用自然语言处理、深度学习等人工智能手段,贵阳推进"社会和云"平台上线运行,构建了以"一图一库四应用"[①]为核心的社会治理现代化平台。平台通过构建自流程化的系统运行方式,以"一图"为支撑,将服务参与群体的范围扩大到广大民众中,通过党、政、社、企、群等多个主体共同参与建设,加速"一核多元"治理体系形成,实现管理服务的精准推送、辅助决策的精确高效。

网格化管理。通过网格管理员紧密联系广大群众,基层人员进行网格化管理工作,并与各级政府有机联合从而构成真正的联动机制,实现案件统一受理、转派、处置。网格化管理通过物联网云计算等科学技术,对人员的基础信息、行为特征等数据进行关联分析,同步跟进事情的进展,形成可视化处置办理,并通过自动循环、检索、跟踪、预警等模式,促进社群的贴心服务工作,不断规范社会行为,从而形成"人在格中走,事在格中办,情在格中系"的网格化管理格局。

---

① "一图一库四应用":"一图"指的是要将贵阳的三维地理信息作为项目的重要支撑,以便真正实现精细到楼层、到户的社会服务和管理;"一库"是指要建立针对社会面的人、地、事、物、情、组织等多维度相互关联的块数据库,基于这个块数据库,可实现社会资源的供需平衡和精准服务,为政府提供更加真实可靠的决策支持数据;"四应用"则分别是网格化管理、社会动员、社区服务和数读贵阳。

社会动员。其重点业务为社会公益活动，通过社会动员应用整合供给侧与需求侧两端的社会资源，合理规范供求双方行为、活动内容等，借助平台云计算、人工智能等技术实现社会需求有效分析，引导供给侧实现更精准高效援助，避免盲目公益出现，进一步提升公益活动的影响力。

社区服务。该应用功能是社区公共服务功能的延伸，为社区居民提供政务服务需求以外的内容。通过社区服务平台聚合服务资源，以社区为单位，为广大市民提供养老、家政、开锁、线缆规范、燃气管道更新、小区环境美化等琐碎的社区日常服务，从社区层面上进一步提升社会化服务。

数读贵阳。该平台功能主要服务对象为政府和社会，政府职能部门根据数读贵阳所提供信息参考实现科学有效决策、及时发布百姓关注内容，社会公众则可通过"数据分析"功能，及时了解、分析政府公开的相关数据，关注个人所需内容，感受数读贵阳魅力，未来将是广大群众体验大数据服务的一个重要窗口。

（四）智慧警务：公安的"块数据大脑"

贵阳市各个业务单位在大数据的融合和共享方面取得了初步的成效。在此基础上，贵阳公安全面深化改革，坚持融合式发展思路和扁平化服务导向，抢抓发展机遇，打破壁垒，使分散在各个警种各个部门间的"条数据"形成"块数据"融合应用，深入挖掘数据资源内在价值，建成全国第一家块数据指挥中心，"人在干、云在算，四两拨千斤"的大数据现代警务思维在贵阳市公安局块数据指挥中心体现得淋漓尽致。

块上集聚。块数据指挥中心通过同步实时整合市公安内部、各市直部门、社会网络、公共服务机构等各类数据信息资源，形成集存储、网络、计算等资源于一体的块数据核心资源池，并集中进行数据处理、流转、共享、分析及展现等，实现了多警种部门协同、整体联动，形成了数据、资源、线索的叠加效应。

智能调度。块数据指挥中心通过合成化作战，统筹各方面资源，发挥各部门优势，借助联勤联动、警种协同等模式快速调动各警种力量和资源共享

等手段，汇聚成强大的侦破合力，并由指挥中心运用"一张图、一键通、菜单式"的扁平化指挥调度，实施"点对点"式直接下达指令，调度一线警力，避免指令传递偏差，缩短指挥调度时间，主动快速处置警情。

精准打防。在各类基础数据资源整合、治理的基础上，贵阳公安立足大数据情报研判主导警务工作，建立高效、智能化的情报研判体系，对治安态势、大型安保活动等进行主动分析研判，实现事前情报分析预警，为指导指挥行动提供依据参考；对突发事件应急、重要专项打击等工作进行分析推演，为指挥调度决策提供方向；对已发生重大案情、事件进行事后案情复盘，为加强警务应急处理提供经验借鉴与工作引领，真正做到以静制动、前端防范、过程控制、后期复盘，全面提升对国家安全、公共安全、社会稳定的预知预判和掌控能力。

（五）数治法云：贵阳政法大数据工程

为贯彻落实中央、省、市政法工作战略部署，进一步提升贵阳治理现代化水平，贵阳市作出了"贵阳政法大数据工程"的重要部署，涵盖政法大脑、数治法云、政法大数据治理、政法大数据场景四大标志项目，着力从政法工作协同机制创新、政法领域数据联通融合、政法工作能力提升三个方面实现新突破，全力打造贵阳政法大数据发展的升级版，把贵阳市建成全国政法大数据建设应用的标杆城市，谱写贵阳政法事业发展新篇章。

政法大脑是"神经"，负责整体智能预判、智能辅助、智能决策和智能调度。数治法云是"血脉"，通过"一机一库一云一网一平台"实现政法数据在"云网端"的融会贯通。政法大数据治理是"肝脏"，负责净化政法数据，规范数据标准，提升数据质量。政法大数据场景是"肢体"，是政法大数据应用的主要场景。同步规划建设"政法大数据重点实验室"和"中国政法大学政法大数据研究中心"为政法大数据工程持续推进提供理论、技术、应用、人才和创新支撑。

创新政法工作协同机制。建设"贵阳政法大数据工程"的数据引擎和智能引擎——政法大脑，体系化建立全市政法系统的分析、决策、指挥、协同平台，实现全市政法工作的平台化协同创新。规范化建立政法数据采集、报送、共享的标准和流程，确保数据标准和流程在各级各部门有效使用，实现全市政法大数据工作标准化协同创新。

打造多维数据流通渠道。开展"一机一库一云一网一平台"建设，建成支持移动智能办公的"云上政法"App、分类分级储存全市政法数据的政法数据库、承载全市政法大数据应用的政法云、联通全市政法信息系统的政法网、治理分析全市政法数据的政法大数据平台，从基础设施层、数据资源层、治理分析层等打通数据流通渠道，为全市政法大数据的存储、分析、应用提供基础支撑。

实现"五个能力"① 全面提升。推动政法大数据在重点领域、重点工作的融合应用，保证"政法大数据＋决策支持""政法大数据＋风险防控""政法大数据＋内部管理""政法大数据＋市域治理""政法大数据＋执法办案"等每一个应用场景的业务运行都能够落地见效，并用"怎么学"、"怎么干"和"怎么加强领导"三个要求不断增强政法人员工作本领，切实做到"五个能力"的全面提升。

（六）数智贵阳：数字孪生城市试验田

数字孪生是技术演进与需求升级驱动下新型智慧城市建设发展的一种新理念、新途径、新思路。数字孪生城市是促进真实城市的建设有序规范、服务智慧高效的新模式，是实现城市管理精准化、基础设施智能化、经济发展绿色化、生活环境宜居化等发展目标的基石。贵阳市在智慧城市上贡献了特有的智慧，并取得了可喜成果，对数字孪生城市的探索便是其宝贵经验之一。

目前，贵阳市在顶层设计上首创了块数据、主权区块链等理念；并在政府治理、便民工程、营商服务等领域做出了有效的实践性探索。政府治理

---

① "五个能力"：维护国家政治安全的能力、维护社会稳定的能力、促进公平正义的能力、保障人民安居乐业的能力、服务经济社会发展的能力。

上，开通以"六个一"① 为特色的政务服务应用体系"一网通办"，破除"数据孤岛"壁垒，建立"数据不搬家、数据不复写、数据管理机制不改变"数据开放体系。便民服务中，上线了"筑民生""贵州通""社会和云""智游贵阳"等公共服务平台，让老百姓生活更加便利。营商环境中，紧抓"万企融合"行动契机，加速实体经济企业数字化发展进程。

以数据连接万物，以数字驱动决策将是数字城市发展的趋势。贵阳市将在花果园超大型社区开展治理科技、打造数博大道等小型城市生态系统上逐步推进数字孪生城市建设，打造信息化、智慧化城市。

三　治理科技应用面临的问题与挑战

目前，贵阳以治理科技为支撑，加快了地方治理体系和治理能力现代化步伐，但治理科技的应用在政用、商用和民用领域呈现出不均衡的态势。同时，治理科技应用推广基础薄弱，产业生态尚未形成，在全领域推进治理科技应用以及提升乡村振兴过程中地方治理面临一定挑战。

（一）治理科技政、商、民应用指数不平衡

治理科技政用指数明显超过民用和商用指数，这种"短板效应"将成为阻碍贵阳提升整体治理水平的问题之一。近年来，贵阳重点发展大数据服务于政府治理应用的成效尤为显著，"一网、一门、一次"② 的政务服务大数据应用实践实现了资源集中整合、互惠互享、深度应用，但与政用深入程度相比，治理科技在市场和社会两方面应用程度较弱。从治理科技应用于市场发展的角度来看，贵阳治理科技的发展未能充分引领市场主体形成应用合力、引导各类资本与治理科技发展对接共赢，使应用创新红利向市场倾斜、促进产业增值发展方面存在挑战。从社会治理应用程度来看，引导社会力量

---

① "六个一"：一张网、一朵云、一扇门、一个号、一支笔、一次成。
② "一网、一门、一次"："一网"，一网通办；"一门"，线下"只进一扇门"；"一次"，现场办理"最多跑一次"。

共同开发治理科技应用产品，发挥不同创新主体竞合功能和优势互补功能，促进治理的现代化是治理科技的重点，然而目前贵阳治理科技应用的发展重心向政用服务倾斜，未能发挥"产学研资"结合的联盟优势，离实现多元化主体积极参与治理科技的应用创新与共享还有一定距离。创新应用的不均衡给贵阳的治理科技在社会和市场方面的应用带来了挑战。在推动科技在政府治理中取得普惠成果过程中，要打破政、商、民用三个指标间的"短板效应"。实现治理科技应用均衡发展，是贵阳在提升整体治理能力过程中不可绕过的一个问题。

（二）治理科技数字基础设施建设薄弱

科技应用基础设施薄弱制约了治理科技的广泛应用，是实现治理体系和治理能力现代化的短板，加快基础设施建设是目前最为迫切的工作之一。在完善科技应用基础设施的过程中，未经过科学的统筹规划，各行其是、单打独斗、不能形成合力，无法重点对某一领域的治理应用进行集中强化和提升，加剧了政府、企业数据资源和应用平台等资源的重复建设，造成了资源浪费、削弱了产业竞争力。因此，如何对现有数据中心及服务器进行优化改造和充分利用是完善治理科技应用基础设施中的一个重要课题。目前，从贵阳科技发展情况来看，治理科技应用还存在基础设施"薄弱化"的问题。政务应用资源、市场应用资源和社会应用资源都有待统筹，从而加快贵阳治理科技创新平台、应用中心等基础设施的建设进度。此外，治理科技应用的支撑条件有待强化。完善5G、IPv6、物联网等网络基础设施及存储、处理、运算等计算基础设施，是加快传统基础设施建设、推进人工智能广泛应用的重要途径，也是提升治理能力的一大重要任务。

（三）治理科技应用存在城乡数字鸿沟

贵阳治理科技发展迅猛，但尚未形成具有足够影响力的领军企业、重大引领项目，产业规模小、产业集聚度低，核心业态占比与具有自主知识产权的核心关键技术较少，全链条产业生态体系尚未形成，经济发展的贡献能力

尚未凸显。新兴技术在促进城市快速发展的同时，也引发一系列农村"结构性阵痛"，城乡"信息鸿沟"凸显。现下，贵阳农业农村综合信息服务体系呈现空白的断链状态，农产品生产消费、库存运输、价格成本等基础数据未能进入调查分析系统，农村耕种仍然存在盲目式播种、粗放式管理和封闭式销售等现象；面向农业农村的集电子商务和网络服务于一体的综合信息服务平台尚未建立，乡村振兴和乡村社会治理能力提升步伐受阻，影响了城乡治理发展一体化进程。完善治理科技产业链、缩小新一轮城乡差距、消除群体性结构失衡、全面提高科技创新红利从单一局部向普惠性延伸，将是贵阳治理科技体系改革和能力建设中的重要课题。

四　治理科技应用创新的经验启示

治理科技的创新应用将促进技术之治与制度之治的协同治理，为构建网络空间命运共同体提供有益的探索。治理科技的兴起，将加快人、技术与社会的有机融合，促进数字经济发展。近年来，贵阳治理科技应用创新取得了可喜的成绩，积累了一批可复制、可推广的经验与启示，主要体现在以下几个方面。

（一）以政用为核心，商用、民用为两翼，助推治理体系和治理能力现代化

治理科技的一项重要内容是信息数据化，贵阳以大数据、人工智能等科学技术手段推进职能部门行政体制改革，紧紧围绕深化"放管服"内容，加快利企便民工作落实，加快大平台共享、大数据慧治、大系统共治的数字政府建设，推动治理科技和政府深度融合，提升政府治理能力和公共服务水平。贵阳以政用为突破口，带动商用、民用发展，逐步加快以数据为关键要素的商业模式创新和民生服务事业现代化进程。

实践证明，充分发挥治理科技政用价值，提升政府管理能力和服务能力，有助于推进国家治理能力现代化。以政用为核心，实现数据开放共享，

为商用、民用的发展提供基础支撑，促进更多的商业、民生应用，在更广泛的商用、民用基础上，推动政务不断优化服务于企业、民生等公共服务功能，让群众、企业分享治理科技发展红利，激励人民和企业更加自觉地投身于治理科技建设事业。创新政用带动商用、民用的发展，为最终实现协同发展打造良好模板。

我国经济增长模式将由过去的传统要素投入转向现代创新驱动型，创新驱动中涌现的新产业和新模式使得发达区域和落后区域间面临同等的机遇，而对于落后地区而言，这更是赶超的契机。在新兴产业发展方面，落后地区应该依托于地方政府有力的支撑，抢占发展先机，扭转落后局面。

（二）坚持创新驱动发展、数据驱动创新，推动欠发达地区后发赶超新跨越

大数据、区块链等新兴科技参与治理科技建设有着巨大发展空间，贵阳充分利用禀赋优势，以基础性数据存储为突破点，把发展大数据存储的潜在优势变成实际的产业优势。同时，贵阳通过一系列的体制机制创新，大力招商引资引智，积极利用和整合相关外部资源，构建产业合作伙伴圈，加大对治理科技的宣传推广力度，积极补齐人才、技术、产业等短板，为国际国内大数据等治理科技的交流合作创造条件，贵阳走出了一条以创新驱动发展、以数据驱动创新发展的新路，为我国地方促进大数据等治理科技的发展提供了思路启发和经验借鉴。

贵阳坚持将创新驱动发展作为全局核心，积极探寻创新治理科技发展模式，以大数据、人工智能、区块链等现代科学技术培育壮大经济发展新动能，加快新旧动能转换，促进治理创新、产品创新和商业模式创新，充分发挥数据驱动创新治理科技的价值，为欠发达地区利用大数据、人工智能等科学技术培育发展新动能、后发赶超提供了可借鉴、可复制、可推广的经验。

在对其他区域启示方面，各地政府都应顺应国家区域发展战略的演变，努力用好"先行先试"政策而非被动等待。当前国家在宏观政策方面对不

同区域要求愈发呈现同一特征，而地方政府应更多关注细微的可以解决一些产业发展痛点的政策，从需求上引进相关企业来发展经济，为加速发展新兴产业进而实现"弯道超车"提供有力支撑。地方政府应首先为潜在优势产业的发展创造制度环境，通过先行先试来消除产业发展痛点，积极整合和协同内外部资源构建共赢的产业生态体系。

（三）创新体制机制和战略路径，以应用场景为创新第一驱动力优化营商环境

地方政府的重视以及自上而下的创新性变革，是贵阳大数据产业领跑全国的最主要因素。在国家战略部署和地方政策推动下，贵阳紧紧抓住大数据治理科技领先其他区域的发展机遇，协同内外部资源，多方面完善产业链，从而进一步强化先行优势。同时，贵阳高度重视大数据等治理科技的发展，不断强化顶层设计和政策导向，出台了一系列支持治理科技发展的具体政策和措施，积极打造容错试错的试验田，完善法规标准，优化软环境，使得政策环境指数居全国前列，为促进治理科技的创新应用和发展、助推经济高质量发展创造了良好条件。

相对于其他地区，贵阳率先高起点、高标准编制规划，以全球视野和战略眼光，超前制定特色鲜明的产业发展规划，实现产业协同、错位发展，大力引进国内外企业，率先推动治理科技政用核心业态发展，协同商用、民用发展，推动基础设施配套建设，推进关联、衍生等业态发展，充分借鉴国内外优势经验，对标国内外，发挥比较优势、抢抓发展机遇，在紧握发展主动权的同时，逐步完善治理科技生态链。大数据战略行动是贵阳的发展方向创新，在我国特别是内陆欠发达地区、省会城市践行"两山理念"的背景下，通过把握时代机遇实现治理科技的突破，具有重要的探索价值和借鉴意义。把治理科技的应用与经济和社会发展特征紧密结合起来，促进经济和社会转型以及创新驱动发展，发挥先行先试的示范作用，从而更好地获得国家的政策支持，形成产业发展和制度支撑互促互利的良性循环。

参考文献

张凯：《贵阳市建设"党建红云"平台打造"智慧党建"》，共产党员网，2016年9月20日。

付勇、邓文峰、谢樾：《贵州实施大数据战略行动取得的主要成就及经验》，贵州综合信息网，2019年7月4日。

附　　录

Appendix

B.18
大数据大事记

2019年

2019 年 2 月 5 日　德国发布《国家工业战略 2030》，其在时间上承接《德国高技术战略 2025》，提出加大国家投入，改变"德国失去关键的技术技能，在全球经济中的地位受损"的局面。

2019 年 2 月 7 日　美国白宫网站发布了题为《美国主导未来产业》的战略文本，这是一项描绘美国未来产业的发展战略，重点提及人工智能、5G、量子信息和先进制造等关键技术。

2019 年 2 月 12 日　工业和信息化部、国家机关事务管理局、国家能源局联合印发《关于加强绿色数据中心建设的指导意见》，明确提出要建立健全绿色数据中心标准评价体系和能源资源监管体系，打造一批绿色数据中心先进典型，形成一批具有创新性的绿色技术产品、解决方案，培育一批专业第三方绿色服务机构。

2019 年 2 月 18 日 北京国家新一代人工智能创新发展试验区正式成立，这是国内首个国家新一代人工智能创新发展试验区。

2019 年 2 月 18 日 上海虹桥火车站正式启动 5G 网络建设，这将是全球首个采用 5G 室内数字系统建设的火车站。

2019 年 2 月 20 日 在北京推进科技创新中心建设办公室第五次全体会议上，北京国家新一代人工智能创新发展试验区宣布正式成立，这是我国首个国家新一代人工智能创新发展试验区。

2019 年 3 月 12 日 教育部印发《2019 年教育信息化和网络安全工作要点》，共提出 10 个核心目标、11 大方面、35 项重点任务。

2019 年 3 月 13 日 英国政府发布《解锁数字竞赛》报告。报告对英国的数字时代建设进行审查时发现，英国数字市场建设面临体制和规则落后、科技巨头垄断和新规则亟须建立的局面。

2019 年 3 月 14 日 美国参议院提出《2019 年商业人脸识别隐私法案》提案，这是美国关于人脸识别隐私保护的第一部法案。

2019 年 3 月 14 日 工信部发布 2019 年信息通信行业行风建设暨纠风工作指导意见，覆盖用户个人信息保护和网络数据安全管理的各个方面。

2019 年 3 月 15 日 为规范移动互联网应用程序收集、使用用户信息特别是个人信息的行为，市场监管总局、中央网信办决定开展 App 安全资源认证工作，并发布《移动互联网应用程序（App）安全认证实施规则》。

2019 年 3 月 18 日 全国首张轨道交通区块链电子发票在深圳地铁福田站开出，正式宣告深圳市地铁乘车码上线区块链电子发票功能。

2019 年 3 月 21 日 教育部印发《教育部关于公布 2018 年度普通高等学校本科专业备案和审批结果的通知》，共 196 所高校获批"数据科学与大数据技术"专业。

2019 年 3 月 25 日 由苏州市相城公证处现场公证、同济区块链研究院提供梧桐链存证平台支撑，首次使用区块链公证摇号系统进行现场摇号公证和直播。

2019 年 3 月 30 日 国家互联网信息办公室发布了第一批境内区块链信

息服务备案编号，共有来自全国 18 个省份的 197 个区块链信息服务在列。

2019 年 4 月 3 日　国务院总理李克强签署国务院令，公布修订后的《中华人民共和国政府信息公开条例》，自 2019 年 5 月 15 日起施行。

2019 年 4 月 8 日　英国政府发布《网络危害白皮书》，首次将政府对社交媒体公司的监管具体化。

2019 年 4 月 10 日　公安部网络安全保卫局、北京网络行业协会、公安部第三研究所在"全国互联网安全管理服务平台"官网联合发布《互联网个人信息安全保护指南》。

2019 年 4 月 17 日　天津口岸上线区块链验证试点项目，这是国内第一个海关的区块链验证系统。

2019 年 5 月 7 日　可信区块链推进计划在南京市召开了第三次全体会议，正式发布了推进计划最新研究成果——全球首个《区块链电信行业应用白皮书（1.0 版）》。

2019 年 5 月 6 ~ 8 日　第二届数字中国建设峰会在福建福州市举办，主题为"以信息化培育新动能，用新动能推动新发展，以新发展创造新辉煌"。

2019 年 5 月 13 日　《信息安全技术　网络安全等级保护基本要求》正式发布，在标准名称、保护对象、章节结构、控制措施等部分进行了修改和更新，标志着我国网络安全等级保护工作正式进入"2.0 时代"。

2019 年 5 月 21 日　全国首个人工智能创新应用先导区在上海启动建设，将面向制造、医疗、交通、金融等先行领域，建设一批新一代人工智能产业创新应用"试验场"，不断释放人工智能新技术、新产品的"赋能"效应。

2019 年 5 月 26 日　2019 年中国国际大数据产业博览会在贵州省贵阳市开幕，会议围绕"一会、一展、一发布、大赛及系列活动"展开，习近平总书记再次为数博会发来贺信。

2019 年 5 月 27 日　国家互联网信息办公室会同相关部门发布《数据安全管理办法（征求意见稿）》，公开向社会各界征求意见，以保障信息和重要数据安全。

2019 年 5 月 28 日 国家互联网信息办公室正式发布《数据安全管理办法（征求意见稿）》，明确收集、处理、使用个人信息数据以及对其进行有效监管的相关规定。

2019 年 5 月 28 日 《欧盟非个人数据自由流动条例》正式生效，同步还出台了关于该条例的实施指南。

2019 年 6 月 6 日 工信部正式向中国电信、中国移动、中国联通放 5G 商用牌照，这标志我国正式进入 5G 商用元年。

2019 年 6 月 13 日 国家网信办发布《个人信息出境安全评估办法（征求意见稿）》，规定所有个人信息出境均应当依法向网信办申报并由网信办组织开展安全评估。

2019 年 6 月 由浙江省财政厅和支付宝发起，联合浙江省大数据局、卫健委、医保局共同打造的全国首个区块链电子票据平台——浙江区块链电子票据平台正式上线。

2019 年 6 月 20 日 杭州互联网法院首创上线"5G + 区块链"涉网执行新模式，通过 5G 技术实现执行信号毫秒级误差传输，让处于不同时空的申请执行人、被执行人都能通过音视频实时了解执行过程。

2019 年 6 月 21 日 首届长三角区块链应用创新大赛决赛在上海开幕。

2019 年 6 月 27 日 欧盟 2019 年《网络安全法案》正式施行。

2019 年 6 月 28～29 日 2019 年二十国集团大阪峰会（G20 大阪峰会）在日本大阪市召开，会上发布《二十国集团领导人大阪峰会防范网络恐怖主义和暴力极端主义声明》，强调保护公民安全、打击恐怖主义势力是国家政府的重要职责。

2019 年 6 月 30 日 在中国软件产业发展情况新闻发布会上，《国家网络安全产业发展规划》正式发布，工业和信息化部与北京市人民政府决定建设国家网络安全产业园区。

2019 年 7 月 1 日 工业和信息化部印发《电信和互联网行业提升网络数据安全保护能力专项行动方案》，在行业内部署开展为期一年的提升网络

数据安全保护能力专项行动。

2019 年 7 月 2 日 国家互联网信息办公室、国家发展和改革委员会、工业和信息化部、财政部发布《云计算服务安全评估办法》，自 2019 年 9 月 1 日起施行。

2019 年 7 月 1 日 国内首部大数据产业题材纪录片《大数据时代》在央视 9 套纪录频道首播，该片以宏大的国际视野，探讨中国大数据技术和应用创新。

2019 年 7 月 12 日 上海市人民政府办公厅印发《推进上海马桥人工智能创新试验区建设工作方案》的通知，将围绕城市管理、社会治理、民生服务等需求，搭建丰富的人工智能应用体验场景，成为集人工智能技术研发、成果转化、人才聚集、学术交流、展示推广等于一体的创新应用综合实践区。

2019 年 7 月 12 日 美国国防部发布《数字现代化战略》，这是美军首次发布以"数字的""现代化"冠名的战略规划。

2019 年 7 月 15 日 北京市教育委员会发布《北京促进人工智能与教育融合发展行动计划》，提出北京市人工智能教育三个阶段的发展目标，并明确了在基础教育、职业教育和高等教育阶段的主要任务。

2019 年 7 月 15 日 杭州互联网公证处基于司法联盟链打造的知识产权服务平台正式上线。该平台基于区块链技术，提供电子数据在线存证、出证服务，将缩短取证和出证时间，充分发挥公证职能。

2019 年 7 月 16 日 美国参议院银行委员会、众议院金融服务委员会公开举行了针对 Facebook 加密货币项目 Libra 的听证会。

2019 年 7 月 20 日 云南省人民政府与腾讯通过"游云南"平台共同开出全国第一张区块链电子冠名发票。

2019 年 7 月 22 日 国家互联网信息办公室、国家发展和改革委员会、工业和信息化部、财政部四部分联合发布《云计算服务安全评估办法》，自 2019 年 9 月 1 日起施行。

2019 年 7 月 22 日 中国数谷中英文版网站同步上线，该网站由贵阳市大数据发展管理局主办，是与贵阳"中国数谷"国际化品牌相匹配的官方门户和对外窗口。

2019 年 7 月 25 日 交通运输部印发《数字交通发展规划纲要》指出，到 2025 年，交通运输基础设施和运载装备全要素、全周期的数字化升级迈出新步伐，数字化采集体系和网络化传输体系基本形成；到 2035 年，交通基础设施完成全要素、全周期数字化，天地一体的交通控制网基本形成，按需获取的即时出行服务广泛应用。

2019 年 8 月 1 日 贵州省第十三届人民代表大会常务委员会第十一次会议举行第三次全体会议，表决通过中国大数据安全保护层面第一部地方性法规《贵州省大数据安全保障条例》，自 2019 年 10 月 1 日起正式施行。

2019 年 8 月 20 日 由北京市人民政府、工业和信息化部、中国科协共同主办的 2019 世界机器人大会在北京开幕。

2019 年 8 月 22 日 国家互联网信息办公室正式发布《儿童个人信息网络保护规定》，自 2019 年 10 月 1 日起施行。

2019 年 8 月 23 日 支付宝发布国内首个《生物识别用户隐私与安全保护倡议》，呼吁从事该行业的科技企业加入进来，保护用户信息。

2019 年 8 月 26 日 2019 年中国国际智能产业博览会在重庆开幕。国家主席习近平致贺信，对会议召开表示热烈祝贺。

2019 年 8 月 29 日 由国家发展和改革委员会、科学技术部、工业和信息化部、国家互联网信息办公室、中国科学院、中国工程院和上海市人民政府共同主办的 2019 年世界人工智能大会在上海举办。

2019 年 8 月 29 日 上海市人民政府公布国内首部针对公共数据开放的地方政府规章《上海市公共数据开放暂行办法》，自 2019 年 10 月 1 日起施行。

2019 年 9 月 3 日 由开放数据中心标准推进委员会（ODCC）主办，百度、腾讯、阿里巴巴等企业组织承办的"2019 开放数据中心峰会"在北京举行。

2019 年 9 月 4 日 联合国发布《2019 年数字经济报告》，报告指出，全

球数字经济活动及其创造的财富增长迅速。

2019 年 9 月 10 日 2019 世界计算机大会在长沙开幕，工信部等部门发布《2019 中国大数据产业发展白皮书》，并公布 2019 中国大数据企业 50 强榜单。

2019 年 9 月 16 ~ 22 日 2019 年国家网络安全宣传周活动在全国 31 个省、自治区、直辖市统一开展。

2019 年 9 月 27 日 在美国纽约联合国总部召开的第 74 届联合国大会上，中国代表团发布《地球大数据支撑可持续发展目标报告》。

2019 年 10 月 世界互联网大会组委会发布《携手构建网络空间命运共同体》概念文件，深入阐释构建网络空间命运共同体的时代背景、基本原则、实践路径和治理架构。

2019 年 10 月 11 日 中国信息通信研究院发布《全球数字经济新图景（2019 年）》，深入分析各国 ICT 产业和传统产业数字化转型的最新进展。

2019 年 10 月 19 日 我国首个国家新型互联网交换中心（Internet Exchange，Point IXP）试点于乌镇正式揭牌，标志着又一国家级互联网关键基础设施的诞生。

2019 年 10 月 20 日 第六届世界互联网大会在浙江省桐乡市乌镇举行，发布《世界互联网发展报告 2019》《中国互联网发展报告 2019》《乌镇展望 2019》等报告。

2019 年 10 月 20 日 国家发展改革委、中央网信办发布《国家数字经济创新发展试验区实施方案》，启动浙江省、河北省（雄安新区）、福建省、广东省、重庆市、四川省等 6 个"国家数字经济创新发展试验区"创建工作。

2019 年 10 月 22 日 由北京市人民政府、工业和信息化部、公安部、交通运输部、中国科学技术协会联合主办的 2019 年世界智能网联汽车大会在北京举行。

2019 年 10 月 24 日 中共中央政治局就区块链技术发展现状和趋势进行第十八次集体学习。

2019 年 10 月 25 日 发布《最高人民法院、最高人民检察院关于办理非法利用信息网络、帮助信息网络犯罪活动等刑事案件适用法律若干问题的解释》。

2019 年 10 月 26 日 第十三届全国人民代表大会常务委员会第十四次会议通过《中华人民共和国密码法》，自 2020 年 1 月 1 日起施行，这标志着我国在密码的应用和管理等方面有了专门性的法律保障。

2019 年 11 月 1 日 《海南省大数据开发应用条例》开始实施，继贵州、天津之后，海南省成为全国第三个出台大数据方面地方性法规的省份。

2019 年 11 月 1 日 长三角首个网络安全产业园落户南通市崇川区。

2019 年 11 月 6 日 以"强化网络法治建设，护航数字经济繁荣"为主题的第五届中国互联网法治大会在北京召开。

2019 年 11 月 15 日 《福州市政务数据资源管理办法》《福州市公共数据开放管理暂行办法》等四部数据资源相关管理办法正式印发实施。其中，《福州市公共数据开放管理暂行办法》是我国首个地级市政府出台的公共数据开放管理类的专项管理办法。

2019 年 11 月 15 日 国家发改委牵头 15 部门联合印发了《关于推动先进制造业和现代服务业深度融合发展的实施意见》，提出了先进制造业与现代服务业融合发展的目标、模式和路径。

2019 年 11 月 22 日 北京市人民政府、国家发展改革委、科学技术部、工业和信息化部共同主办的首届"世界 5G 大会"在北京开幕。

2019 年 11 月 22 日 工业和信息化部印发《"5G + 工业互联网"512 工程推进方案》，其中"512"是指，未来三年将打造 5 个产业公共服务平台，在 10 个重点行业进行内网建设改造，在 20 个以上典型工业应用场景形成样板工程，最终促成 5G 与工业互联网融合发展的态势。

2019 年 12 月 23 日 美国白宫行政管理和预算办公室（OMB）发布《联邦数据战略与 2020 年行动计划》，"将数据作为战略资源开发"是核心目标。

2019 年 11 月 26 日 在工业和信息化部网络安全管理局指导下，IMT –

2020（5G）推进组安全工作组在北京召开启动大会。

2019 年 11 月 30 日　中共天津市委网络安全和信息化委员会印发《天津市提升数据安全保障能力专项行动方案》，从 2019 年 12 月起实行为期两年的全市提升数据安全保障能力专项行动，这是全国首次开展的省级数据安全专项行动。

2019 年 12 月 3 日　中国首套无人驾驶智能沥青道路摊铺压实设备，在上海朱建路道路改建项目进行应用"首秀"。

2019 年 12 月 4 日　最高人民法院在浙江乌镇正式发布《中国法院的互联网司法》白皮书。这是中国法院发布的首部互联网司法白皮书，也是世界范围内首部介绍互联网时代司法创新发展的白皮书。

2019 年 12 月 5 日　中国联通在浙江新昌"5G 先行示范区"对外正式发布全球首个全 5G 工业互联网端到端应用，这项应用的基础是中国联通携手华为鼎桥、厦门四信共同研发的基于华为 5G 模组的工业互联网网关。

2019 年 12 月 6 日　国家发改委、教育部、民政部、商务部等七部门联合印发《关于促进"互联网＋社会服务"发展的意见》。

2019 年 12 月 9 日　河南省教育厅发布《关于推进中小学人工智能教育的通知》，提出推动中小学人工智能知识体系建设与课程开发、智能学习支持环境和智能教育教学资源建设。

2019 年 12 月 10 日　"互联网基础资源创新发展论坛（中文域名发展与应用高峰论坛）2019"在贵安新区举办，会上举行贵州省根服务器镜像节点和国家顶级域名节点运行发布会。

2019 年 12 月 10 日　由中央广播电视总台承担的超高清视音频制播呈现国家重点实验室建设项目在上海国际传媒港启动，这是中国首个超高清视音频国家重点实验室。

2019 年 12 月 15 日　国家互联网信息办公室发布《网络信息内容生态治理规定》，明确正能量信息、违法信息和不良信息的具体范围，自 2020 年 3 月 1 日起施行。

2019 年 12 月 17 日　韩国政府公布"人工智能（AI）国家战略"，以推动人工智能产业发展。该战略旨在推动韩国从"IT 强国"发展为"AI 强国",计划在 2030 年将韩国在人工智能领域的竞争力提升至世界前列。

2019 年 12 月 24 日 全国首个对外承包工程类企业跨境人民币结算业务便利化试点在北京正式落地。

2019 年 12 月 29 日 中国电子在海南自贸港首次面向公众和产业界正式发布《PK 体系标准(2019 年版)》及《PKS 安全体系》,《PK 体系标准(2019 年版)》是国内首个中国计算机软硬件基础体系标准。

2019 年 12 月 30 日 国家互联网信息办公室秘书局、工业和信息化部办公厅、公安部办公厅、国家市场监督管理总局办公厅联合制定《App 违法违规收集使用个人信息行为认定方法》。

2019 年 12 月 30 日 北京市自动驾驶测试管理联席工作小组颁发首批自动驾驶车辆道路载人测试通知书。

2020 年

2020 年 1 月 深圳市南山区人民法院受理并判决中国 AI 写作第一案,宣判机器人写稿同样拥有著作权。

2020 年 1 月 8 日 亿航智能完成双座版载人级自动驾驶飞行器(AAV)"亿航 216"在美国的首次公开飞行,并首次获得美国联邦航空管理局(FAA)颁发的飞行许可。

2020 年 1 月 9 日 由中国通信标准化协会主办的"5G 标准发布及产业推动大会"在北京召开,在会上中国首批 14 项 5G 核心标准正式发布。

2020 年 1 月 10 日 全国政协在京召开议题为"加强大数据时代个人信息保护"的网络议政远程协商会。政协委员与专家代表通过现场发言和手机连线方式提出意见建议,与中央网信办、工业和信息化部、公安部、国家卫生健康委、市场监管总局 5 个部委的负责同志互动交流。

2020 年 1 月 14 日 中国人民银行营业管理部公示首批 6 个金融科技创新监管试点应用,涉及国有商业银行、全国性股份制商业银行、大型城市商

业银行、清算组织、支付机构、科技公司等多家机构。

2020 年 1 月 16 日 浙江大学医学院附属第二医院一位高位截瘫病人通过"意念"控制成功喝了可乐。这一次研究的成功，标志着我国脑机接口技术在临床转化应用研究中已跻身国际先进行列。

2020 年 1 月 20 日 中国支付清算协会组织制定《人脸识别线下支付行业自律公约（试行）》，要求会员单位应建立人脸信息全生命周期安全管理机制。

2020 年 1 月 20 日 农业农村部、中央网络安全和信息化委员会办公室共同印发《数字农业农村发展规划（2019—2025 年）》，要求推进农业农村数字技术的发展和应用。

2020 年 2 月 4 日 工信部发布《充分发挥人工智能赋能效用协力抗击新型冠状病毒感染的肺炎疫情倡议书》，倡议进一步发挥人工智能赋能效用，组织科研和生产力量，把加快有效支撑疫情防控的相关产品攻关和应用作为优先工作。

2020 年 2 月 5 日 中国人民银行正式发布金融行业标准《金融分布式账本技术安全规范》（JR/T 0184—2020），规定了金融分布式账本技术的安全体系，适用于在金融领域从事分布式账本系统建设或服务运营的机构。

2020 年 2 月 9 日 国家网信办发布《关于做好个人信息保护利用大数据支撑联防联控工作的通知》，指出收集或掌握个人信息的机构要对个人信息的安全保护负责，采取严格的管理和技术防护措施，防止被窃取、被泄露。

2020 年 2 月 10 日 上海市经济和信息化委员会发布《上海市经济信息化委关于支持培育新型云服务 助力企业复工复产的通知》，进一步鼓励应用和支持培育新型云计算产品和服务，助力上海市企业开展复工复产。

2020 年 2 月 24 日 国家发改委、工信部等 11 个国家部委联合发布《智能汽车创新发展战略》，提出到 2025 年，中国标准智能汽车的技术创新、产业生态、基础设施、法规标准、产品监管和网络安全体系基本形成。

Abstract

How to seize the opportunity of digitization, networking, and intelligent technology, and tackle the challenges posed to the development of big data industry in terms of legislation, security and government management? It is one important proposition put forward by President Xi Jinping in his greeting message to China International Big Data Industry Expo 2019. Themed around this proposition, the *Annual Report on Big Data Development in China No. 4* focuses on index evaluation by developing the six major indexes (i. e. , global digital competitiveness index, big data development index, index of big data under the rule of law, big data security index, big data index of financial risk prevention and control, and big data index of governance technology), in a bid to make an overall evaluation of the big data development level in China, and build a solid foundation for China to improve the national competitiveness and participate in the governance of the world.

The first part is the Global Digital Competitiveness Index. It focuses on digital innovation, digital economy, digital governance, digital service and digital security to make the global digital competitiveness index. By evaluating the G20 countries and major cities in the world, it depicts the regional competition pattern in the process of digital transformation and analyzes their strengths and weaknesses, thereby providing important reference for different countries and regions to better seize the opportunity of digital transformation.

The second part is the Big Data Development Index, which elaborates on the adjustments in the national strategy on big data and the industrial development and innovation in major countries worldwide, as well as the dynamics and future trends of the overall development of big data industry driven by them. Based on these changes, it optimizes and improves the Data Value Chain Model, which is the core theoretical model of big data development index. On this basis, it supplements and

refines the priorities and key indicators of the index evaluation system. In addition, it continues to carry out overall evaluation and systematic analysis on the dynamic and static development of big data in different provinces and major cities, therefore offeringcountermeasures and suggestions for regional big data development.

The third part is the Index of Big Data under the Rule of Law. Starting from legislation and jurisdiction on big data and data rights protection, it carries out the research on the index of big data under the rule of law among the 31 provinces (autonomous regions and municipalities directly under the central government) in China based on indicator quantification, data collection and statistical analysis.

The fourth part is the Big Data Security Index. Based on the development trends of big data security home and abroad, it establishes the indicator system of big data security index from the four dimensions of security system, security facility, security capacity and security environment. 36 large and medium-sized cities are selected and overall evaluation are conducted to reflect the local big data security development.

The fifth part is the Big Data Index of Financial Risk Prevention and Control. Guided by the representative theories, it builds the theoretical model and evaluation index of big data – based financial risk prevention and control. From the perspective of macro-prudential supervision and sustainable financial development, it evaluates the status quo of big data-based financial risk prevention and control in various regions of China.

The sixth part is the Big Data Index of Governance Technology. It innovatively puts forward the idea of "governance technology" and develops the theoretical model for evaluation. Focusing on institutional guarantee, development environment, supporting capacity, scenario application and governance efficacy, it establishes the indicator system for governance technology to evaluate the application and efficacy of digital technology in modernizing governance nationwide, in a bid to provide reference for different regions in the application and development of governance technology.

Keywords: Digital Competitiveness Index; Big Data Development Index; Index of Big Data under the Rule of Law; Big Data Security Index; Big Data Index of Financial Risk Prevention and Control; Big Data Index of Governance Technology

Contents

Ⅰ Global Digital Competitiveness Index

Abstract: At present, the development of big data is changing with each passing day, with data and social economy deeply integrated. Data resources have become an important element of competition among countries and regions. Digital competitiveness has given new meaning to competitiveness, making it the core competitiveness of the future. With the digital value chain theory as its theoretical model, this paper focuses on five evaluative dimensions (i. e. , digital innovation, digital economy, digital governance, digital service and digital security) to make the global digital competitiveness index. By evaluating the competitive edges of different countries or regions in the digital transformation, and its capacity to drive the development of other sectors, it thereby provides important reference for countries and regions to better make use of local digital development trends.

Keywords: Digital Competitiveness Index; Competition Model of Digital Value Chain; Digital Value Chain Theory

B. 2   Analysis Report on G20 Countries' Digital Competitiveness

Index   / 017

Abstract： The digital development of the G20 countries is an epitome of the
world as a whole. The measurement and evaluation of their digital competitiveness
level can serve as an important reference for the digital transformation of countries
around the world. The paper conducts an overall assessment on the digital
competitiveness of G20 countries based on five indicators such as digital
innovation, digital economy, digital governance, digital service and digital
security. Based on the analysis of G20 countries, it can be summed up that China
and the United States take the lead in the overall digital competitiveness, with
European and Asian countries neck and neck, and African and South American
countries lagging behind. China ranks the 1st among the G20 countries in terms of
competitiveness indexes of digital economy and service.

Keywords： G20; Digital Competitiveness Index; Overall Evaluation

B. 3   Analysis Report on Digital Competitiveness Index of

Major Cities Worldwide   / 034

Abstract： In order to portray an objective picture of the status quo of the
development of digital competitiveness in major cities globally, the research team
develops an indicator system for urban digital competitiveness index from five
dimensions: digital innovation competitiveness, digital economy competitiveness,
digital governance competitiveness, digital service competitiveness, and digital
security competitiveness. It selects 15 major cities to quantitatively evaluate and
analyze their digital competitiveness. As indicated by the analysis results, the
increase in a city's digital competitiveness is in positive correlation with the
improvement in its economic conditions. Seen from the global perspective, the
United States is in a dominant position, while the latecomers of emerging

economies in Asia are catching up in terms of digital innovation and economy.

Keywords: Digital Economy; Digital Governance; Digitization Process; Digital Competitiveness; Technological Innovation

II　Big Data Development Index

B. 4　Research on Big Data Development Trends and

Big Data Development Index in China　　　　　　/ 052

Abstract: At present, global big data industry is entering a period of accelerated development. The national strategic layout and industrial development innovation centered on a new generation of information technology represented by big data have reached a new climax. The strategic competition among big countries, especially between China and the United States, is getting even fiercer. At the Fourth Plenary Session of the 19th CPC Central Committee, it was first proposed that data could be used as a production factor to participate in distribution according to contribution. The 2020 Federal Data Strategy Action Plan of the United States takes it as its core strategic objective to "develop data as a strategic resource". The shift from technology to capital is a common focus of national strategy of both China and the United States, which also drives important changes in the overall development trends and prospects of the big data industry. Based on these changes, it optimizes and improves the Data Value Chain Model, which is the core theoretical model of big data development index. On this basis, it supplements and refines the priorities and key indicators of the index evaluation system, while keeping it consistent with the previous system to the largest extent.

Keywords: Big Data Development Index; Data Value Chain Model; Big Data Development Trend

B. 5 Analysis Report on 2019 Big Data Development

 Index of Provinces in China / 070

Abstract: By carrying forward the research fields and priorities of the previous reports from 2016 to 2018, the report focuses on the application of big data for governmental, civil and commercial use, making dynamic comparisons of the big data development indexes from 2016 to 2019. As indicated by the analysis, China has seen a continuous increase in big data development index, with a sound overall growth trend for the development of big data industry. On the whole, the development of regional big data in China is roughly divided into three tiers. The eastern region is at the first tier, being far ahead of other regions in terms of big data development. The central and western regions are neck and neck, ranking at the second tier nationwide. The northeastern region is relatively weak, ranking at the third tier. In terms of the classification of big data development, the number of commercial-dominated regions has increased, and the value of big data in driving local business operations has gradually become manifest.

Keywords: Big Data Development Index; Big Data Index for Governmental Use; Big Data Index for Commercial Use; Big Data Index for Civil Use

B. 6 Analysis Report on 2019 Big Data Development Index

 of Major Cities in China / 089

Abstract: By carrying forward the research fields and priorities in the previous *Blue Book of Big Data*, the report focuses on the application of big data for governmental, civil and commercial use, and makes rational assessment of the big data development levels of different cities through further revision and improvement of the index evaluation indicator system. On the whole, the gaps in big data development among major cities are constantly narrowing down, with different cities all making progress. In terms of geographical distribution, from 2016 to

2019, cities in the eastern, central and western regions were all gaining momentum in the development of big data year by year, while the northeastern region was slightly on a decline. In terms of the classification of big data development, the number of cities of one-side dominated application and balanced application is on the rise, while that of low-level balanced application is gradually reducing, with governmental use still being the major type of big data development. Different regions have seized the opportunity of big data, with steady progress being made in its overall development.

Keywords: Major Cities; Big Data Development Index; Governmental Use; Commercial Use; Civil Use

Ⅲ   Index of Big Data under the Rule of Law

Abstract: The rapid development and widespread application of big data have posed new challenges to China's legal system. Aimed at helping the government and the society to better understand the development of big data under the rule of law and its regional differences, we adopt the index model to carry out a systematic assessment of the development of big data under the rule of law. Starting from three dimensions of big data under the rule of law (i. e. , legislation and jurisdiction on big data, and data rights protection), the paper establishes an evaluation system for the index of big data under the rule of law by adopting three 1st class indicators and nine 2nd class indicators. Through the analysis, de-construction, quantization and calculation, we aim to conduct a systematic evaluation of the status quo of big data under the rule of law.

Keywords: Index of Big Data Under the Rule of Law; Legislation on Big Data; Jurisdiction on Big Data; Data Rights Protection

Abstract: With the in-depth development of big data in China, the process of legislation on big data is also accelerated. Therefore, the paper calculates and evaluates the status quo of big data under the rule of law from three dimensions (i. e., legislation, jurisdiction and data rights protection). It studies the index of big data under the rule of law of 31 provinces (autonomous regions and municipalities directly under the central government) in China based on indicator quantification, data collection and statistical analysis. Through our study, it is found that the framework for big data under the rule of law has taken shape, with imbalanced development among different regions. The eastern region enjoys obvious advantages for the development of big data under the rule of law, the central region is at the medium level, and the western region has seen different levels of development locally. The northeastern region is relatively weak in this area. In terms of the sub-indexes, the data rights protection fares better than legislation and jurisdiction on big data.

Keywords: Big Data Governance by Law; Data Legislation; Data Justice; Data Protection

Ⅳ   Big Data Security Index

Abstract: Big data security is one of the key factors affecting the development of big data. The assessment of big data security should be put at the top of the agenda. Based on the development trends of big data security home and abroad, the paper establishes an indicator system of big data security index from the four dimensions (i. e. , security system, security facility, security capacity and security environment) , in a bid to quantify the big data security development from the local reality and identify the major factors affecting it.

Keywords: Big Data Security Index; Security System; Security Facility; Security Capacity; Security Environment

B. 10   Analysis Report on 2019 Big Data Security Index
in China   / 164

Abstract: In order to objectively reflect the overall development of big data security in China, we adopt the methods of non-dimensionalization and index weight value to conduct a comprehensive assessment for 36 large and medium-sized cities (Excluding Hong Kong, Macao and Taiwan) , including municipalities directly under the central government, provincial capitals and cities specifically designated in the state plan, which is based on the indicator system of big data security index. As indicated by the assessment results, cities in the eastern region score higher in general, reflecting a sound momentum. Guiyang and other cities in the western region have emerged to catch up with cities in the east. Meanwhile, cities in the central region enjoy relatively balanced development on the whole. The paper also makes some predictions and suggestions for the development of big data security, in order to provide reference for the local development of big data security nationwide.

Keywords: Big Data Security Index; Indicator-based Assessment; Large and Medium-sized Cities

Abstract: As countries around the world put forward their respective big data strategies, big data has become a fundamental national strategic resource and a basic factor of production in society. Meanwhile, the issue of big data security is becoming increasingly prominent, with big data security incidents emerging frequently. Against this backdrop, different countries and regions are introducing policies on privacy security, data security and personal information protection in the field of big data. This article focuses on case study and literature research to comprehensively analyze the big data security systems internationally in 2019 and compare them with the system development in China. Trough analysis and study, it summarizes the good practices and results of advanced countries and regions and also identifies the gaps between our system and their systems, as well as the weaknesses in our system. On this basis, it draws on the experience and inspirations of other countries, in the hope of offering some valuable reference for the big data security system building in China.

Keywords: Data Security; Network Security; Privacy Protection; Personal Information Protection

Ⅴ   Big Data Index of Financial Risk Prevention and Control

Abstract: At present, it has become a basic task to scientifically prevent and effectively dissolve financial risks, strictly guard the bottom line against systematic financial risks, and continuously maintain the steady operation of the financial sector. With the age of big data coming, new opportunities for finance emerge to have an integrated development with technology. Besides, financial regulation will also be supplemented by scientific and technological innovation. Against this background, it has become a new research proposition to measure financial risk level and prevent and control financial risks in an innovative manner. After analyzing a large number of research literature and guided by representative theories, the paper tries to explore our levels of regional financial risks and the mechanism of risk prevention and control from the perspective of macro-prudential regulation and sustainable financial development, by establishing the theoretical model and index for the big data-based financial risk prevention and control.

Keywords: Big Data Index of Financial Risk Prevention and Control; Financial Regulation; Risk Measurement; Big Data Technology

B. 13　Analysis Report on 2019 Big Data Index of Financial

　　Risk Prevention and Control in China　　　　/ 217

Abstract: It has increasingly become a common focus for the FinTech industry and regulatory authorities to strengthen the application of regulatory technology, actively use technologies such as big data, artificial intelligence and cloud computing to enrich the means of financial regulation, and improve the capacity of identifying, preventing and dissolving cross-industry and cross-market financial risks. In order to portray a true picture of big data to prevent and control financial risks in China, the report, based on official data and data released by authoritative agencies, conducts an evaluation to the current status quo of big data-based financial risk prevention and control in different provinces regions and cities in 2019, by establishing an evaluation system of the big data index of financial risk prevention and control, in a bid to provide reference for financial risk prevention and control at different regions.

Keywords: Big Data Finance; Risk Prevention and Control; Index Analysis

　　Abstract：As a core part of government's executive force concept, policy executive force has become a new major research task faced by government at different levels. However, due to the complexity of policies, it is hard to quantify the policy executive force. The paper tries to combine qualitative and quantitative methods to first analyze the overall trend in the policies on financial risk prevention and control introduced by the central government and different ministries from 2016 to 2019. It is found that the central government's policies are dynamically consistent and coordinated with priorities, which can be roughly divided into four major aspects in a timed sequence. Then, with the 20 important documents issued by the CPC Central Committee and the State Council since 2016 as the benchmark, it conducts an evaluation to the implementation of these documents by different regions and finds that the documents issued by different regions are in tune with those by the Central government, with the feature of highlighting each other's properties.

　　Keywords：Big Data; Financial Risk Prevention and Control; Policy Evaluation

Ⅵ　Governance Technology Index

　　Abstract：The Fourth Plenary Session of the 19th CPC Central Committee incorporated the promotion of governance modernization into the strategic framework of the Two Centenary Goals. In this way, governance modernization has become the fifth modernization goal after the modernization of industry, agriculture, national defense and science and technology. Governance modernization takes the modern governance system and capacity as its goal to realize good governance. The paper innovatively puts forward the idea of "governance technology" and develops the theoretical model for evaluation. Focusing on institutional guarantee, development environment, supporting capacity, scenario application and governance efficacy, it establishes the indicator system for governance technology to measure and evaluate the application and efficacy of digital technology in modernizing governance, in a bid to provide reference for different regions in the application and development of governance technology.

Keywords: Governance Modernization; Digital Technology; Governance Technology; Index System

B. 16 Analysis Report on 2019 Governance Technology

Index in China

Abstract: The modernization of governance system and capacity is a major task for realizing the national development strategy. The key to implement the strategy of building a cyber-power, a digital country and a smart society is to implement and arrange the governance technology well. Based on the indicator system of governance technology and open authoritative data, the paper focuses on institutional guarantee, development environment, supporting capacity, scenario application and governance efficacy to conduct an overall evaluation of the development and application of governance technology in different regions nationwide. The results indicate that digital technology provides a strong support for the modernization of the state governance system and capacity, and that the governance technology development index is in positive correlation with the regional economic development level and the level of digital technology application.

Keywords: Governance Modernization; Governance Technology; Index Analysis

Abstract: The governance technology is a factor supporting the realization of governance system and capacity modernization. Using its first-mover advantage in governance technology in the process of building the China Data Valley, Guiyang is constantly deepening innovation in theory and practice. It uses application scenarios as the driving force for new application, and takes the lead in carrying out the experiments with innovative application of governance technology in disciplinary inspection, Party building, public security, politics and law, and social and urban governance. By exploring the digital governance model, it offers replicable and propagable experience and models for other regions to learn from.

Keywords: Guiyang; Governance Modernization; Governance Technology; Application Innovation

Ⅶ   Appendix

皮 书

智库报告的主要形式
同一主题智库报告的聚合

❖ 皮书定义 ❖

皮书是对中国与世界发展状况和热点问题进行年度监测，以专业的角度、专家的视野和实证研究方法，针对某一领域或区域现状与发展态势展开分析和预测，具备前沿性、原创性、实证性、连续性、时效性等特点的公开出版物，由一系列权威研究报告组成。

❖ 皮书作者 ❖

皮书系列报告作者以国内外一流研究机构、知名高校等重点智库的研究人员为主，多为相关领域一流专家学者，他们的观点代表了当下学界对中国与世界的现实和未来最高水平的解读与分析。截至2020年，皮书研创机构有近千家，报告作者累计超过7万人。

❖ 皮书荣誉 ❖

皮书系列已成为社会科学文献出版社的著名图书品牌和中国社会科学院的知名学术品牌。2016年皮书系列正式列入"十三五"国家重点出版规划项目；2013~2020年，重点皮书列入中国社会科学院承担的国家哲学社会科学创新工程项目。

中国皮书网

（网址：www.pishu.cn）

发布皮书研创资讯，传播皮书精彩内容
引领皮书出版潮流，打造皮书服务平台

栏目设置

◆ **关于皮书**
何谓皮书、皮书分类、皮书大事记、
皮书荣誉、皮书出版第一人、皮书编辑部

◆ **最新资讯**
通知公告、新闻动态、媒体聚焦、
网站专题、视频直播、下载专区

◆ **皮书研创**
皮书规范、皮书选题、皮书出版、
皮书研究、研创团队

◆ **皮书评奖评价**
指标体系、皮书评价、皮书评奖

◆ **互动专区**
皮书说、社科数托邦、皮书微博、留言板

所获荣誉

◆ 2008 年、2011 年、2014 年，中国皮书
网均在全国新闻出版业网站荣誉评选中
获得"最具商业价值网站"称号；
◆ 2012 年，获得"出版业网站百强"称号。

网库合一

2014 年，中国皮书网与皮书数据库端口
合一，实现资源共享。

权威报告·一手数据·特色资源

皮书数据库
ANNUAL REPORT(YEARBOOK)
DATABASE

分析解读当下中国发展变迁的高端智库平台

所获荣誉

- 2019年，入围国家新闻出版署数字出版精品遴选推荐计划项目
- 2016年，入选"'十三五'国家重点电子出版物出版规划骨干工程"
- 2015年，荣获"搜索中国正能量 点赞2015""创新中国科技创新奖"
- 2013年，荣获"中国出版政府奖·网络出版物奖"提名奖
- 连续多年荣获中国数字出版博览会"数字出版·优秀品牌"奖

成为会员

通过网址www.pishu.com.cn访问皮书数据库网站或下载皮书数据库APP，进行手机号码验证或邮箱验证即可成为皮书数据库会员。

会员福利

- 已注册用户购书后可免费获赠100元皮书数据库充值卡。刮开充值卡涂层获取充值密码，登录并进入"会员中心"—"在线充值"—"充值卡充值"，充值成功即可购买和查看数据库内容。
- 会员福利最终解释权归社会科学文献出版社所有。

数据库服务热线：400-008-6695
数据库服务QQ：2475522410
数据库服务邮箱：database@ssap.cn
图书销售热线：010-59367070/7028
图书服务QQ：1265056568
图书服务邮箱：duzhe@ssap.cn

社会科学文献出版社 皮书系列
SOCIAL SCIENCES ACADEMIC PRESS (CHINA)
卡号：667623952966
密码：

基本子库 SUB DATABASE

中国社会发展数据库（下设12个子库）

整合国内外中国社会发展研究成果，汇聚独家统计数据、深度分析报告，涉及社会、人口、政治、教育、法律等12个领域，为了解中国社会发展动态、跟踪社会核心热点、分析社会发展趋势提供一站式资源搜索和数据服务。

中国经济发展数据库（下设12个子库）

围绕国内外中国经济发展主题研究报告、学术资讯、基础数据等资料构建，内容涵盖宏观经济、农业经济、工业经济、产业经济等12个重点经济领域，为实时掌控经济运行态势、把握经济发展规律、洞察经济形势、进行经济决策提供参考和依据。

中国行业发展数据库（下设17个子库）

以中国国民经济行业分类为依据，覆盖金融业、旅游、医疗卫生、交通运输、能源矿产等100多个行业，跟踪分析国民经济相关行业市场运行状况和政策导向，汇集行业发展前沿资讯，为投资、从业及各种经济决策提供理论基础和实践指导。

中国区域发展数据库（下设6个子库）

对中国特定区域内的经济、社会、文化等领域现状与发展情况进行深度分析和预测，研究层级至县及县以下行政区，涉及地区、区域经济体、城市、农村等不同维度，为地方经济社会宏观态势研究、发展经验研究、案例分析提供数据服务。

中国文化传媒数据库（下设18个子库）

汇聚文化传媒领域专家观点、热点资讯，梳理国内外中国文化发展相关学术研究成果、一手统计数据，涵盖文化产业、新闻传播、电影娱乐、文学艺术、群众文化等18个重点研究领域。为文化传媒研究提供相关数据、研究报告和综合分析服务。

世界经济与国际关系数据库（下设6个子库）

立足"皮书系列"世界经济、国际关系相关学术资源，整合世界经济、国际政治、世界文化与科技、全球性问题、国际组织与国际法、区域研究6大领域研究成果，为世界经济与国际关系研究提供全方位数据分析，为决策和形势研判提供参考。

法律声明

  "皮书系列"（含蓝皮书、绿皮书、黄皮书）之品牌由社会科学文献出版社最早使用并持续至今，现已被中国图书市场所熟知。"皮书系列"的相关商标已在中华人民共和国国家工商行政管理总局商标局注册，如LOGO（✍）、皮书、Pishu、经济蓝皮书、社会蓝皮书等。"皮书系列"图书的注册商标专用权及封面设计、版式设计的著作权均为社会科学文献出版社所有。未经社会科学文献出版社书面授权许可，任何使用与"皮书系列"图书注册商标、封面设计、版式设计相同或者近似的文字、图形或其组合的行为均系侵权行为。

  经作者授权，本书的专有出版权及信息网络传播权等为社会科学文献出版社享有。未经社会科学文献出版社书面授权许可，任何就本书内容的复制、发行或以数字形式进行网络传播的行为均系侵权行为。

  社会科学文献出版社将通过法律途径追究上述侵权行为的法律责任，维护自身合法权益。

  欢迎社会各界人士对侵犯社会科学文献出版社上述权利的侵权行为进行举报。电话：010-59367121，电子邮箱：fawubu@ssap.cn。

社会科学文献出版社